高职院校公共基础课能工巧匠系列教材·
新形态一体化教材

U0610186

你我
职业人

● 主编　倪淑萍　顾骏

高等教育出版社·北京

内容提要

　　《你我职业人》是金华职业技术学院开设的同名系列通识课程的配套教材。本书融入课程思政元素，以案例介绍为主要内容，以培养学生对职业教育和职业的正确认识、情感和态度为目标。

　　每个专业所对应的职业都是职场的展示窗口。本书透过 17 个不同专业的窗口，让今天的职业人与未来的职业人进行对话，通过众多生动鲜活的案例，帮助未来的职业人形成对现代职业的整体感受，使未来职业人深刻理解"职业之道""职业之德""职业之艺""职业之术"，提高他们对职业教育的认知和认同，帮助他们树立对职业教育的信心和兴趣，激发他们在职业中成长的自觉性和主动性，在国家需要、社会需求和个人发展的交汇点上找到人生的参照和努力的方向。

　　本书既可作为高职学生了解职业教育和职场生涯的通识读本，也可作为广大社会人士了解职业教育的参考书籍。

图书在版编目（ＣＩＰ）数据

你我职业人 ／ 倪淑萍，顾骏主编. -- 北京：高等教育出版社，2021.11
　ISBN 978-7-04-056448-8

　Ⅰ．①你⋯ Ⅱ．①倪⋯ ②顾⋯ Ⅲ．①职业选择-高等职业教育-教材 Ⅳ．①G717.38

　中国版本图书馆CIP数据核字（2021）第145212号

策划编辑	郭润明	责任编辑	郭润明	封面设计	王　洋	版式设计	童　丹
插图绘制	邓　超	责任校对	刘娟娟	责任印制	存　怡		

出版发行	高等教育出版社	网　　址	http://www.hep.edu.cn
社　址	北京市西城区德外大街 4 号		http://www.hep.com.cn
邮政编码	100120	网上订购	http://www.hepmall.com.cn
印　刷	鸿博昊天科技有限公司		http://www.hepmall.com
开　本	787mm×1092mm　1/16		http://www.hepmall.cn
印　张	14.5		
字　数	270 千字	版　次	2021 年 11 月第 1 版
购书热线	010-58581118	印　次	2021 年 11 月第 1 次印刷
咨询电话	400-810-0598	定　价	38.80 元

本书如有缺页、倒页、脱页等质量问题，请到所购图书销售部门联系调换

版权所有　侵权必究

物　料　号　56448-00

导读

　　《你我职业人》是今天的职业人与未来的职业人之间的系列对话。

　　同学们在课堂或实训场所遇到的老师都是职业人，他们既是教育界的职业人，也是授业的职业人。在这本书里可以见到网红、护士、汽车维修工、工程造价师、软件程序员、软装设计师、掌勺大师傅、旅行团导游、中药药剂师、机电工程师、"金华两头乌猪"养育专家等，17个行业的职业人跟同学们一起交谈，话题广泛，信息众多，既有理论知识、职场技能，又有人生道理。

　　每个职业都是职场的展示窗口，透过17个窗口，作为未来的职业人，同学们可以对现代职业的全貌有一个初步感受。

　　今天的职业人想告诉未来的职业人，人生的起点虽然重要，但更重要的是终点。有人把人生看作百米赛跑，只有发令枪响时抢先出线，才有机会夺冠。这没问题。但对大多数来人说，人生更像一场马拉松，出发时抢得先机虽有意义，但撞线时的位置更加重要。

　　本书的讲述对象中，不乏从中职毕业就开始职业生涯的，他们依靠不懈努力和持久钻研，最终攀上职场乃至人生的高峰。今天，他们以真正的"双高"职称——既有学校的高职称，又有行业领域的高职称——和企业家的身份，成为同龄人中的佼佼者。

　　马拉松只跑了半场，身后已留下一个个人生的里程碑。

　　起点，还会被谈起，但没有自卑，有的是自尊、自信和自豪！

　　今天的职业人想告诉未来的职业人，大学阶段选择专业很重要，要想获得未来职场的成功，有相关专业的系统学习和扎实基础固然非常重要。但是，专业再好，如果不努力学习，理想的职业岗位也不会自来。

　　在现代职场中，专业与职业要求一一对应的情形不是没有，但一个专业适应多个职业、一个职业接纳多个专业的情形更多。这本书里有不少例子说明，只要学好了，原本不如意的专业也能"有心栽花花就开"，原本不对口的专业也能"无心插柳柳成荫"！

"有志者，事竟成。"看似不对口的专业，如果学好了，能够灵活运用，往往会让人在职场上"如虎添翼"！

今天的职业人想告诉未来的职业人，从进入职业院校学习的那天起，同学们就要开始对未来的职业生涯进行思考和规划。在高考备考的紧要关头，高中生都听说过："不要怕苦，冲刺一年，考上大学就好了！"

其实这是为了激励疲惫的学生，高中老师故意在人生长远的大目标里分出的一个眼前的小目标，并不是说人生会止步于高考。可是有些同学误读了，认为进入大学之后就会过上幸福生活。马拉松途中只有补给点，没有休息站，更没有安乐窝。伴随大学录取通知书的到来，小目标已成过去，大目标开始展现：职业生涯浮出地平线。

同样是学习，高中和大学的风格截然不同。假如把高中比作吃盒饭，什么时候吃、吃什么、吃多少、吃多久，全由老师决定，学生只要吃完即可，那么大学就是吃自助餐，什么时间吃、吃什么、吃多少、吃多久，主要由学生自己决定。进了大学，如果仍然等着老师安排，不会自己选择，那就会营养不良。

高中毕业时，同学之间虽有差距，但不大；而大学毕业时，同学间可以相差很大。这主要是因为学习方式的不同。

大学校园里有许多学习机会，不仅有理论课和实训课，还有图书馆、实验室、学生社团和实习单位，只不过这些都具有"自助餐"的属性，阅读这本书也是。善加利用，会有意想不到的收获；视而不见，则不利于成长，而饥不择食，就可能落下虚胖的后果。学会选择是必需的，而一切选择始于目标的选择。即便不能精准确定未来的职业人生，也要对未来的职业生涯有心理上的准备。

这本书里有不少真实案例，展示了优秀学生如何在校园里制定和实施职业计划，在靓丽的成绩单之外，还有荣誉证书、技能等级、比赛奖牌、发明专利，等等。所有这一切都来源于他们入学后及时启动的职业规划。

此外，今天的职业人要给未来的职业人一个说明。不同行业的职业人集中在一起，跟同学们交流，一定会选自己熟悉的职业和擅长的角度进行介绍。对非本专业的同学来说，理解起来或许有点累，但好处是可以观察到多个原本未必会关注的职业。在有限时间里了解更多职业，感受现代职业的共同性，是高职学生应当努力做到的。如果同学们由此对某个职业有了特别的兴趣，可以放下书，去学习相关课程，或者直接求教相关老师。

最后，编者还想给未来的职业人说一句话。《你我职业人》对任何一个职业的描绘都是不完全的，充其量只是一个体量较大的片段。未来职业人要用自己的职场经历把某个片段扩展开来，将所有片段拼合，真正把握现代职场的特点和要求，照亮和完成自己的职业生涯。

如果《你我职业人》有再版，希望里面会闪现出今天读者的身影，作为学弟学妹的标杆！

顾　骏

2021 年 1 月 18 日

目录

目录

01 | 职业之道
篇首语

　　现代职业千姿百态，各有不同。每一个职业有自己的道理，所有职业也有共同的道理。掌握一门职业的道理，可以成为一个行业中的高手，而通透了所有职业的共同道理，则可以在不同行业中如鱼得水，正所谓"一通百通"。

　　职业来自分工，分工离不开交换。职业人以自己的专业表现，与其他职业人进行等价交换。"一分耕耘，一分收获"，这个道理在职业领域展示得淋漓尽致。不要心存幻想，"天上掉馅饼"，个人坐享其成，不用付出就能得到高回报的"职业"是不存在的，因为那违背了等价交换原则。"看看你能成网红吗"，说的是即便是网上传播能人，其由流量带来的收益与付出也成正比，并非人们想象得那么轻而易举。想做网红，没问题，但同样需要从小事做起，付出最大的努力。

　　在职场上，每个职业人都希望获得最大回报，而要实现这个目标，只有一个办法，那就是尽量让自己的职业表现达到更高的专业水平。职业代表着专业化赛道，只有精准把握职场的要素，才能以最高效、最优质的产品或服务让消费者满意，从而在交换中获得更高的回报率。因此，不断学习、精益求精成为职业活动的精神气质和实践准则。"你会'种地'吗"告诉我们，现如今农民都走在专业化的进程中，遑论其他！

职业活动的本质是人与人的交往，无论产出的是产品还是服务，最终都是为了满足人的需求，职场的专业性不但体现为规模化，也体现为个性化。因人而异，既指消费者都有个人的喜好，"百货中百客"，更指与物品、科学或效率所体现的物性截然不同的人性。产品再精美、服务再周到，只要不符合人性，就很难找到市场。"你看的是'病'还是人"，用护理专业的眼光，让我们看到职业之道以人为本。

职业自诞生以来，就在持续演进，新的职业不断产生，旧的职业次第退出，从未止步。今天人类来到了一个职业的转折点：智能机器出现并在各个领域中得到越来越广泛的应用，将开启一个人与机器同台竞争职业资格的全新时代。不断提升自己，始终保持对机器的压倒性优势，才能不被机器取代。未来的职业人需要时时自问："未来已来，我准备好了吗？"

第一讲

看看你能成网红吗?

网红不是无根之木,没有专业技艺在身,没有殚精竭虑,全身心投入,红不起来,更难持久。

互联网的普及给社会生活带来许多重大变化,在职业范围内,最大的变化莫过于造就了一个新的职业——"网红"。

就其字面含义而言,"网红"是"网络红人"的简称,而就其性质而言,则是借助互联网,通过自己的创意和表现,来吸引流量并变现为经济收入的个人。

一则由于互联网提供的平台门槛较低,普通人靠自己的努力有可能一炮走红;二则互联网能量巨大,普通人一旦走红,收益可观。

"灰姑娘"不需要"王子",也能"从此过上幸福生活",这一现象让普通人的谋生逻辑发生巨大改变,对年轻人尤其是大学生产生了难以抵御的吸引力乃至诱惑。一时间,"我也要当网红"成为许多人的愿望。

但是,看到网红成功的人很多,了解网红真实工作和生活状态的人很少。所以,让大学生知道作为职业的网红到底是怎么一回事,有其价值。

一、网红也像明星,前呼后拥?

2019 年,我受韩国外交部和新浪微博国际部的共同邀请,作为 2019 年第 11 届中国人气博主访韩交流团的唯一学术成员前往韩国,进行为期五天的访问交流。

这次活动的中方代表,除了新浪微博官方的工作人员和我,其他成员都是微博上相关行业顶级的网红,在微博体系中,他们一般被称为"微博达人"。根据活动安排,中方代表团会在韩国外交部和韩国的网红进行座谈。启程之前,我就对这次活动充满好奇(图 1-1)。

首先,我想近距离观察一下这些中国顶级网红的生活和工作状态到底是什么样的。在微博上,他们遥不可及,仿佛不食人间烟火,所以,我特别想看看他们在人间到底是什么状态。我的预设是:他们和我们普通人差不多,最多不过长得好看些、有

▲ 图 1-1　2019 年第 11 届中国人气博主访韩交流活动合影

某种特长，而这些特长又被互联网做了放大处理，仅此而已。然而我与她们一起待了几天之后，我发现这个预设错得离谱。

整个团队在首尔机场集合，成员从北京、上海、广州、深圳各地飞来。等所有人都到齐后，我惊奇地发现，整个团队除我之外没有一个男士。

这些微博上顶级的网红年收入大都在一亿人民币以上，主要集中于母婴、旅游、时尚、童装和漫画等行业。出行时，网红人手一个大包。作为全团唯一的男士，我得表现得绅士些，主动提出帮一个网红提包，她连连挥手说不用，我还是热情地硬夺了过来。可没提多久，我就"自觉"还给她了。包实在太沉，我提不动。

这群网红没有一个人带助理或者秘书，都靠自己拎包。所有的户外活动，没有摄影师，全靠自己拍摄和录像。我有时候出差，还让研究生当助理，年收入过亿的网红竟然没有助理，太让人意外了。她们不是不带，是真的没有。

她们包里的东西各有不同，但有十几件东西是必备的：两部及以上的苹果手机，一部最高配的华为手机用于夜晚拍星星、月亮和灯光夜景，一个自拍杆，一个小三脚架，一个大三脚架，一个收音器，一个单反相机，一个微单，一台笔记本电脑，一台 iPad，两到三块充电电池，还有若干连接线以及其他物品，林林总总几十样东西，装满了一个大包。

除了以上这些必备物品，每个网红的包里还有各自的"利器"，甚至还有无人机和其他见所未见的神奇玩意儿。

这么多东西，都放到一个包里，有多沉可想而知，而且行走时必须小心翼翼，以免碰坏包里的东西。不让我帮着提包的原因也就好理解了：一则应该是出于对我的爱护；二则确实怕东西被我摔坏了。女性提着这么沉的包走来走去，真不容易。

二、网红身材不错，吃不吃饭？

这不是笑话，而是一个非常严肃的问题。没错，人都要吃饭，可是这群网红却不怎么吃饭。不为减肥，只是因为没时间。

这次出行，韩国外交部为了推广韩国美食，安排导游带我们去了各种各样富有代表性的餐厅。有时，承办方恨不得让大家一天吃六顿，就为展示韩国美食的优点。

面对美好的食物，网红们居然很少动手。对她们来说，吃饭的环节不是进食的时间，而是工作的场合。到了吃饭时，我才意识到，我参与这次出访，最大的价值就是给网红们当演员，而且是唯一的演员。

吃饭时，表面上大家坐成一排或者围成一圈，其乐融融，其实只是为了拍照和拍视频。拍完合影，网红就开始工作，小三脚架、大三脚架，一个个立了起来，也有网红手拿自拍杆开始解说。需要的话，无人机也会飞起来。我的任务是按照网红们拍摄的要求，坐在指定位置上，将各种饭菜都装模作样地吃上一口，还不能吃多了，只能吃一口。

我吃的时候，边上一定会有人拿着摄像机或者手机问我："刘老师，好吃吗？"

"嗯，非常好吃。"

拍完这张，换个角度，再吃一口，再拍下一张。从这头吃到那头，每个菜动一口，很快就吃撑了。网红们不是一点都不吃，但吃得极少，因为她们的关注点在于如何让网友、粉丝感觉到食物的美味，看着视频垂涎三尺。

整个行程中，网红们的吃饭时间全被各种拍摄、各种解说占据。我很好奇，她们是怎么活下来的。有时候，我在想，她们吃得少、干得多，真不容易。

三、网红作为职业，什么样的节奏？

访问期间，韩国外交部安排了一辆豪华大巴全程陪同。平时跟着旅行团出行，经常是上车睡觉、下车唱歌，所谓"唱歌"的意思是上厕所。我基本上也是这样的状态。但是，网红们在干什么？

她们不睡觉。上车以后，网红们纷纷拿出笔记本电脑或者手机，忙着修片，剪视频、配音频，做抖音版本、微信版本、微博版本，三个版本都要自己动手做。我坐车时，看手机都会晕，人家坐着车，还能工作。一个男人吃饱喝足，躺在车上，晃晃悠悠，似睡似醒，而这些名动天下的女性都在全神贯注地工作。如果有人把这一幕拍下来，必会让我羞愧难当。

一觉醒来，她们已经剪完视频准备发布。发布之后还要盯数据，如果发现没有浏览量，就会调动多个公众号、小号，在各种微信群转发，同时会动用公司的各类资源推广内容。为了提高效率，她们一般都直接通过语音安排工作。一群中国网红坐在韩国的车里，指挥中国的团队干活，如此场景实在有意思。

来到下一个景点，刚一下车，她们又马上进入了新的工作状态。我开始玩耍，她们开始各种拍摄，拍视频、拍 vlog、拍照片。我在旁边看着都觉得累。

好吧，既然车上不睡觉，晚上总要睡觉吧。没想到，她们到了晚上比白天还精神。

这次访问，除了首尔之外，我们还去了一个只有 17 万人的小城市——安东。在韩国，安东非常有名，如果你看过韩国历史剧，就知道很多名门望族都来自安东。安东这个城市，被称为韩国儒教之乡，类似于中国的曲阜。韩国安东的李家和中国的孔家、孟家交好近百年，各家有红白喜事还会互相往来。我们到达安东的那晚，住在临江半山腰的韩屋里，晚上吃饱了，我想出去跑跑步，顺便看看城市的风貌，这是我最喜欢的观看城市的方式。出发前，我问她们能不能陪我一起去。她们问为什么，我说一个人有点害怕，结果她们全都果断地拒绝了我。我只好一个人出去跑步，1 个多小时后，我本来想接着跑一个半程马拉松。可是，突然一个念头升起："这群姑娘们现在都在干什么呢？"

我悄悄回到韩屋，结果看到网红们齐刷刷地坐在投影幕布前，正在评论白天各自拍的视频和照片。我没想到，来韩国旅行，她们居然还带着投影仪！

她们把白天拍下的视频和照片投影在幕布上，彼此点评着：这段好，那张没有意义。在这样一个美丽的异国夜晚，一群来自中国的网红姑娘，争分夺秒地进行业务交流。其间，她们还交流了与广告商的合作事宜：你的广告多少钱，我的多少钱，为什么我的价格比你低；为什么你能和广告主直接对接，而我只能从广告公司手里接订单，我们有没有可能形成一个联盟，大家一起直接面向广告主，跳过广告公司直接接单，流量大，丰富性够，利润也高。

看着她们兴致盎然的样子，我却困意袭来，便回自己的房间睡觉去了。12 点多，突然有人来敲门。门外姑娘们在说话："刘老师，一会儿出去喝两杯呗。""我才不去呢，我知道，喝酒的时候还要拍照，拍视频，一定要拍出那种很高兴的感觉，缺了男演员，怎么行？嘿嘿，我才不上当。"

在她们拍的视频中，每个人都在吃饭。假的！满屋子的人只有我一个人在吃！所以，这次旅行对我的身体摧残很大，吃得太多了！

第二天一早，我6点半左右起床，心想，是不是该叫上姑娘们一起去看朝霞？转念一想，她们夜里还去过酒吧，算了，太辛苦。于是，我径直朝大门走去。刚走到大门，网红们扛着相机等各种设备有说有笑地回来了。原来人家五点就出发了，怕影响我休息，没叫我。

我几乎"石化"在大门口，她们不吃饭也就罢了，难道连觉也不用睡？我当时只有一个感觉：她们真的不是一般人。

四、网红个个是疯魔？

从韩国回来后，有三位博主被我邀请到上海大学为学生做分享。她们一个在北京，一个在广东，一个在深圳。

一位被我称作小D的亲子旅行博主同时也是一家央媒的特约记者和特约摄影师，她来上海大学讲课前，很多学生已看过她的视频和微博。上课时，有学生提问："小D老师，我超级喜欢您拍的视频，太有创意了！我好奇的是，您每天都有好几个视频要发布，需要那么多的创意，这些源源不断的创意都是怎么产生的？有团队专门做这件事吗？"

小D说："我是创意的主要生产者，我每天，请注意，是每天，平均拍摄的时间是6~8小时，处理视频和照片的时间是7~8小时。大家算算，这就15小时了。"小D接着说："每天我都在不停地拍摄和处理素材，几乎随时随地都在思考，这些内容未来可以用在什么地方，可以进行什么样的组合，可以和以前的哪些素材合并在一起，应该怎么编号。当你投入的时间足够多、当你全身心地做一件事情、当你把自己的才智调用到极致，创意自然而然就会产生，就像源源不断的泉水。我每天看视频、拍视频、剪视频，量变产生质变，可能就是这个道理。"

大家看，经常有人说1万小时定律。1万小时定律当然没错，但是，大家要知道的是，这1万小时不是低水平、简单地重复1万小时，而是高水平、全身心地投入1万小时。

小和尚念经，有口无心，不要说1万小时，就是10万小时，也念不出一个高僧来；高僧只需要1秒钟就能顿悟。这就是差别。所以，要成为网红，一定不要盲目地追求低水平的1万小时。

小D说完，又有同学提问："小D老师，按照您刚才说的，您这一天有十五六个小时在工作。日常生活中有各种各样的琐事，我很难想象，您是怎么工作这么长时间的，您还有别的事情，比如生孩子什么的，这总不能也一天工作十五六个小时吧？"同学说完，大家哄堂大笑，小D也笑了。

小D笑着说："那我就跟大家讲讲，我是怎么生孩子的吧！生我女儿的那天，医生说得剖宫产。就在医生要推我进产房的时候，我叫住医生，说我要和老公说几句话。"小D笑着对同学们说："如果是电影或电视剧的桥段，这个时候我应该对老公说什么？"

有个同学举手回答："你可能会说，如果出现意外，一定要保住我们的孩子。你也可能会说，如果遇到最坏的情况，你一定要对孩子好，否则我不会原谅你的。"

话音未落，全班同学笑得前仰后合，小D也乐不可支。她说："刚才这位同学没少看电视剧。你看，就这桥段，用了多少年了，各位同学未来有拍电影的，可千万别再拍这样的桥段了。"

小D接着说："但事实上，我告诉我老公，快去把我的微单给我拿来，我要第一时间从我的视角拍下孩子出生的视频和照片。大家想想，有哪个产妇从这个视角拍过视频？况且我还是个难产的产妇。当然，难产的产妇不少，可是会拍视频，而且能拍视频的，则少之又少。在那会儿，我觉得特兴奋，这肯定会是个好作品。"

"结果，很遗憾，我被医生制止了。医生训斥我：'你当产房是你家的客厅，可以随便折腾？胡闹！人命关天，你还要拍照片！'"

"我当然没拍成照片，至今都觉得遗憾。你说，我一辈子就生一次孩子，又不能再来一回，这遗憾在心里得放一辈子。"

这就是顶级的网红，她们为什么有那么多创意，正是因为全身心地投入。以前梨园行里有一句老话，"不疯魔不成活"。"疯魔"，就是人一旦投入，甚至分不清自己是唱戏的，还是戏中人。那些走到职业金字塔顶端的人，哪个没点"疯魔"的劲？这种"疯魔"的劲，既不是1年365天全年无休，也不是"996"，那都是被迫的、机械的。"疯魔"的人是把职业当成人生乐趣，甚至是唯一的人生乐趣，用生命去燃烧工作，并从中获得快乐。当然，我不是主张每个人都变得疯疯癫癫，但是，大家如果找到自己喜欢的人、喜欢的事、喜欢的工作，至少在年轻的时候，值得为此"疯魔"一把。

小D上课的时候，还有同学说："小D老师，我看到您的女儿今年4岁了，去过很多国家，中国也走遍了。她从很小就跟着您全球旅行，看各种各样的山水，做您的女儿好幸福呀！我们一生都未必能看到的东西，她在那么小的时候就全部领略了。"

小D笑着回答说："你看，这就是每个人的视角不一样，得出的结论完全不同。

你想的是诗和远方，你想的是游山玩水，你想的是旅行，可我想的真不是这些。对于我来说，只有作品才是第一位的。我为什么要带着我的女儿去那么多国家、去那么多地方、看那么多的风景呢？没错，我想让她增长见识。大家想想，这世界上，什么最可爱、什么最美丽、什么最有意思？真的是山水？景色？我觉得都不是，归根到底，人是最有意思的。而小朋友又是最可爱、最有意思的人。那些壮丽的河山、秀美的风景、宏伟的建筑，看多了都会觉得枯燥，都会觉得千篇一律，都会觉得缺乏灵动和人的气息。而一旦有了一个可爱的小朋友，不管是坐着还是站着，所有的风景都活了，所有的风景都可爱了，所有的风景都有意思了，甚至所有的风景都有故事了。"

五、网红是"平地一声雷"？

来到我的课堂的另一位网红叫苹果，她既是时尚达人，也是童装类达人。最近，她最新的一家连锁店在上海开业，生意非常好。苹果毕业于某军医大学，后来在一家非常著名的医院做心脏内科医生。她告诉我，30 岁生日那天，她突然决定要换一个活法，决定辞职。她克服重重阻力，办完各种手续之后离开了医生岗位，开始人生新方向。特别有意思的是，她在开启所谓人生新方向的时候，自己都不知道要干什么。于是她开始学习，向各种各样的人学习，去各种各样的地方学习。苹果说，她喜欢拍照片，喜欢给孩子们买衣服、喜欢做衣服，慢慢地开始聚焦在这个领域，一点一点地学，就这样一步步今天成了中国顶级的网红。不得不说，聪明人干什么都行，一通百通，触类旁通。

还有一位年轻的 90 后网红叫盈盈，她来自深圳。她毕业于一所不知名的学校，从漫画行业起步。她来上海大学授课时也有很多趣事。她的时间安排得满满当当，当天直接从深圳飞来上海讲课。我的课程是下午 6 点开始，她乘坐的飞机 5 点落地虹桥机场，5 点 55 分她就已经出现在上海大学门口了。

那天，我的课程还请来了另外一位"90 后"女生郭婷，她不是网红，但也是一个非常有意思的姑娘，为了来我这儿上课，她那天特意从工作地——马来西亚首都吉隆坡飞来上海。我曾经写过一篇文章《一个乡下女孩的三级跳——天津，上海和新加坡》，这篇文章被收录在我 2016 年出版的书《互联网＋社会化营销：用匠心创意点燃交互》中。为什么说她的经历是人生三级跳呢？

郭婷的父母是青海油田的员工，工作单位在敦煌郊区。郭婷出生在那里，一直生活到高中毕业。高中毕业后，郭婷考上天津财经大学，实现了从小城市到大城市的人生第一跳。

2013年，她本科毕业，第一份工作是在天津一家五星级酒店做微博专员。在酒店行业，这属于最基层的工作。但就是这么一份工作，郭婷干得风生水起，不但把酒店的企业微博做到天津企业微博的前十名，还通过微博开始尝试社交领域的营销以及电子商务项目。在这个过程中，她表现出惊人的天赋和独特的能力。

2014年，郭婷所在酒店的总经理被调任到上海某酒店任总经理，这是位于上海市中心、紧邻人民广场的一家五星级酒店。郭婷作为老板的爱将，也被同步调往上海，并被任命为该酒店的电子商务经理。从天津到上海，她实现了人生第二跳。

在上海一年，郭婷的工作干得非常漂亮，还在集团大会上分享了她的"上海经验"。于是，新的机会再次到来，2015年，郭婷被调往新加坡，担任整个集团在亚太地区的电子商务和数字营销经理，负责整个集团亚太地区所有酒店的电子商务及数字化营销的统一规划。从上海到新加坡，郭婷完成了人生第三跳。

事实上，她后来又再次跳槽，去了洲际酒店亚太区，在马来西亚吉隆坡工作，负责马来西亚、新加坡和泰国的数字媒体业务。去年底，她得到德国一家酒店连锁集团的邀约，远赴欧洲，重新开始新的挑战。她今年才30岁，而她的人生已经比这个世界上许多人都精彩。

现在，我们回到盈盈这里。

一见到盈盈，我就问她，吃晚饭没有？她说没有。但也确实来不及吃了，先上课。然后我问她，今晚住哪里？她说上完课马上就去虹桥机场，自己在虹桥机场随便找一个酒店住，第二天一早飞回深圳。盈盈说的时候，恰好郭婷站在旁边，就对她说："别去虹桥机场住了，到我这里来住，反正我住的是一个大的行政套房，你住外面，我住里面，你看行不行？"这是两人第一次见面说的第一句话。盈盈也很爽快，几乎没有思考，就说："好呀！"那天晚上上完课后，她就跟着郭婷一起去了酒店。她们现在是非常好的朋友，两人相见恨晚，我相信，她们未来一定会有很多合作。

六、网红有哪些共同的特质？

在这些年纪轻轻就取得巨大成功的年轻人身上，真的有一些常人难以企及的特质。我们一起来看看，网红们都有什么基本特点？

第一，360行，行行出状元。请不要把网红庸俗化和贬义化，网红是网络时代各行各业的专业人士，他们不是仅靠外表走红的。今天的网红，既有普遍意义上的大众网红，也有各种领域的专业网红，比如旅行达人、母婴博主、考研培训老师，等等。未来各个领域里一定会出现更多的网红。

第二，今天很多人一提到网红就说李佳琦、薇娅。我的一位朋友，他是新浪微博最早的创立者之一，微博上市后获得了财务自由，他是李佳琦所在公司的早期投资人之一。我们非常钦佩他的投资眼光，我曾经问过他，你怎么能在那么早就预判李佳琦会成功？他说，那是因为我投资了几十家这样的公司。数量足够多，总有一家会成功。

其实，今天各位看到的李佳琦、薇娅这样的顶级网红，他们不但需要超人的能力、常人难以企及的勤奋、强大的团队，还需要足够的运气，以及敏锐的感知能力。他们能够迅速感知用户的变化、感知市场的变化，感知技术的变化，感知需求的变化、感知人身上细腻的东西，同时还有快速学习的能力，在各种地方、各种场景都能快速学习。

有一句谚语说："凡有所学，皆成性格。"除了快速学习之外，这群人还有一个特点，就是始终保持稳定的交付能力。做网红不能光是学习，学习之后要有产出。产出必须是持续的、稳定的，不能今天学习很高兴，写了 1 万字，明天不写东西了，如果天天写 20 个字，量太少也不行，必须保持持续、稳定、高效的产出。

七、不做网红，也能胜似网红？

就传媒和传播而言，网红这个词有其时代特征。传媒造星从来没有停过，在广播时代，有讲故事的孙敬修老爷爷，说评书的单田芳先生；在影视剧时代，有数不清的影视明星；到了网络时代，网络明星就应运而生。

传媒造星是大势所趋，网络明星成为网红，并形成独具特色的网红经济，这种网红经济不断走向产业化和职业化，也是商业必然。李白有一句诗，"天生我材必有用"。怀才不遇的人引用这句诗的时候，潜台词是："天生我材被埋没。太冤了，我这么有才的人怎么什么机会都没有。"在今天的传媒时代，你会发现那些真正有才华的人很难被埋没，连被忽略的可能性都很低。

机会会垂青哪些人呢？机会垂青那些真正有准备的人。不管身处何方、无论家世如何，只要有一技之长、只要有过人之处，一个人的价值就会被网络无限地、快速地放大。

还有一位名叫王磊的人也来过我的课堂，这个人是中国当下影视剧和广告行业顶级的食品造型师，他上课的题目叫"你的眼睛一定吃过我做的菜"。但凡看过肯德基、麦当劳、哈根达斯、星巴克的广告，那就一定看过他的作品。

什么叫食品造型师？肯德基的香辣鸡腿堡，如果直接从店里拿个实物过来拍广

▲ 图 1-2　食品造型师在学校作交流

告，那一定很不上镜。屏幕之上，汉堡上面放多少颗芝麻，几颗白的，几颗黑的，怎么分布，都要仔细考虑，由食物造型师做出来专门用于拍摄广告。

　　比如，拍一个哈根达斯的冰激凌广告，拍摄时要用到激光，导致冰激凌融化，所以需要造型师制做假冰激凌代替（图 1-2、图 1-3）。王磊在课堂上现场制做了一支冰激凌，有学生问："老师，我能吃一口吗？"有学生说："这冰激凌看上去太棒了，太想吃一口了！"王磊说："最好别吃。"下课后，那个同学偷偷尝了一口。我问味道如何，他回复了一个一言难尽的表情。

　　王磊是上海一所普通职业学校的毕业生，在来我这儿讲课的时候，我问过他："为什么初中毕业去读了一个职高？"要知道他的父母、爷爷奶奶以及外公，一家人都在上海电影行业从业，

▲ 图 1-3　食品造型师展示
冰激凌造型过程

结果他初中毕业却去学了厨师！为了抵抗家庭的阻力，他选择离家出走，一个星期之后才回来，家里人没办法，只好尊重他的意见。

于是他学了厨师。我问他，这是受谁的影响？他说，是因为童年时代看过一部动画片——《中华小当家》，引起了他对厨艺的强烈好奇。上职高的第一天，他们拿着几十斤的锅在那里练，第一节课下来，很多人哭了。因为他们很疑惑，我们来上课就学这个？上职高的这群孩子，大多数心里都有很强的挫败感。觉得别人上高中，我们却练举锅，因此心情很郁闷。但王磊却说："我第一节课拿着锅瞬间觉得，这就对了，特别高兴。"所以他虽然瘦，但有肌肉。别人练着练着很苦恼，他却在乐呵呵地练肌肉。

在厨师学校毕业后，王磊如愿以偿地进入一家五星级酒店当厨师助理。我问他，厨师助理是什么工作？他说很重要，第一件事要切葱，把葱切得很细很细。我说还有呢？他说剥蒜，把蒜剥得足够精致。我说然后呢？他说拍蒜。我说还有呢？他说把花椒切得更细。我说还有呢？他说还要把辣椒切得更细。我说还有呢，他说没有了。

两年厨师助理，他干得很高兴，后面因为机缘巧合，他进了广告行业，现在成了行业里顶级的食品造型师。

有一次，他和陈可辛导演合作。广东有一个小熊蛋糕，当时导演请他去品鉴一下，看看哪个大厨做出来的东西在电影里拍出来更好看。他去看了一下，说："都挺好吃的。"陈可辛问他，哪个好看？他还是说，都挺好吃的。导演不明白他的意思，就说那就你来做一个吧。于是，他回家真做了一个，所有大厨都说这个最好看，但是不能吃。他说他做的东西只负责好看，但是不能吃。以前这个行业里有一个日本大师，在他们同台竞技了一次之后，那个日本的大师就经常主动跑到上海给他"打下手"了。

那天他在课堂上说，当我的作品第一次出现在电影里的时候，爷爷终于说："可以，这也是一条路！"电影中经常有做菜的镜头，屏幕那么大，鱼香肉丝或者红烧肉在屏幕上一放出来太难看，必须让造型师来做。

王磊出门会带很多道具，过安检时经常会被拦截，因为这些道具包括各种各样的液体和化学物质。他所做的东西都是为了好看，至于他做菜好不好吃呢，业内评价是可以吃。他好歹也是受过专业烹饪训练的，手艺还不错，只不过不是专长。所以他来讲课时，我一下子明白了，不一定要"985"，不一定要研究生，只要有一技之长，也可以在自己的领域里发光发热。

八、无论网红与否，如何无愧于时代？

这是一个充满机会的时代，对于真正有才华的人来说，这是一个非常美好的时代！

这个时代尊重才华、尊重个性、尊重每个人的每一个闪光点，只要自己足够强，这个时代会让你足够亮。

最后，我们会看到成功者都有以下三个特征：

第一，要有平常人无法企及的天赋。

第二，要有普通人无法超越的努力。

第三，要有正常人难以忍受的坚持。

当这些要素综合在一起的时候，成功就离我们不远了。

今天，在网红这个领域有一个说法，叫"机会主义者必败"。对于那些只想从大时代的红利中分一杯羹、拼命挤上时代列车的追风者而言，更多时候只会被时代的车轮撞得头破血流，这可能是追风者的代价。

现在做直播，确实门槛很低，但是要做成有商业价值的网红直播，门槛是非常高的。未来会有更多、更新、更多样的网红出现，方法很多，形式也很多，但成功的道路永远只有一个，"惟进步，不止步"。

三百六十行，
行行出状元

本讲教师简介：

刘寅斌，博士，上海大学管理学院副教授，商业创新及市场营销专家。目前担任微博传播顾问、春秋航空营销媒体顾问、骏地设计独立董事。第一财经"头脑风暴"节目特约专家，天津卫视"创业中国人"节目专家团常设嘉宾，海南卫视"直通自贸港"节目特邀专家。

主要研究方向：互联网创新及互联网营销。在互联网及社会化媒体领域，为包括德勤、中国银行、招商银行信用卡中心、百联集团、百胜餐饮、东方航空、大众汽车、上海汽车、中国移动、上海家化在内的百余家企业和机构提供过辅导、咨询和培训服务。2016年出版《互联网+社会化营销：用匠心创意点燃交互》，获得新华传媒神笔奖。2018年出版《聚丰园路是一条快乐的街道》。2019年，受韩国外交部邀请，成为"中国人气博主访韩交流活动"学术成员。

第二讲

你看的是"病"，还是人？

你看的是"病"，还是人？这不是一个新鲜的话题。纵观医学和护理学的发展，围绕这个命题的理论争辩从未间断。临床上也常有直观的体现：某人切切实实经历着痛苦，却不能通过仪器和化验而观测到或检验到；有的人不曾有任何身体感受，却被检查出来身患疾病，如一些癌症的早期症状。因此，医生看的是"病"还是"人"，这一问题真值得探讨。

在临床医学中，医生或医院凭观测和检测结果做诊断，而病人则根据个人感受来判断，两者在疾病叙述和解释上，从一开始就有分歧。在整个医疗过程中，前者较多地着眼于医疗技术的可行性和有效性，而后者在技术因素之外，还受制于现实条件，特别是经济支付能力，医患矛盾的产生就同上述两者的不一致乃至冲突有关。

世界的复杂之处在于，生活中不只有一套标准是合理的，站在不同的立场或从不同角度看，两套甚至多套标准都是可以成立的。未来的职业人需要站在职业的立场上，运用不同的视角，理性地看待任何职业都必定存在的技术主导和服务主导的矛盾。

提出"看的是病还是人"这样尖锐的问题，不是为了挑战和质疑技术在医疗服务行业的话语权，而是为了解读医学的科学性与人文性、生命的伦理性和世俗性，以及疾病体验的经验性和约定性之间的关系，引导学生叩问医护职业的重要问题，加深对"医学是什么""护理是什么"等问题的认识，提前熟悉未来职业生涯中的学识或见识，努力成为具有人文情怀的复合型技术人才。

一、"救死扶伤"：护理职业靠什么保障？

在"看病还是看人"的问题上，首先当然是看病，病是一种生理现象，治病属于科学的领域，技术自然是第一需要。

1. "救死扶伤"是一门技术活

护理工作是医疗卫生事业的重要组成部分，在维护和促进人民群众的健康方面发

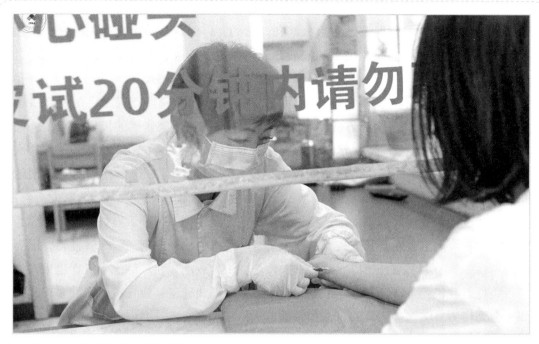

△ 图 2-1 医护人员工作的场景

挥着不可替代的作用，广大护士肩负着救治生命、减轻痛苦、提供健康支持的专业职责（图 2-1），这是社会给护理这个职业的定位和期望。

一个人选择一个职业，干了一辈子，如果被人问起缘由，或许只是起因于人生中的一个瞬间。小时候，我的好朋友小梅喜欢用气球爆裂后残留的胶皮制作小气球，称得上技艺高超。有一次，她像平时那样操作，把胶皮绷紧，贴在嘴唇上，用力吸气，想利用口腔内的"负压"让胶皮形成空囊，不料用力过猛，将整块胶皮吸进了气管。只见小梅手捂脖子，说不出话来，很快就脸色发紫，倒在地上，一动不动。事出意外，所有小朋友都吓呆了，等反应过来叫来大人，已经来不及了。这件事让我深受刺激，在好长一段时间里，我都会问自己："如果我是医生，我能把好朋友抢救过来吗？"

中学毕业后，我考上了卫校。通过学习，我了解到这是异物堵塞气道，窒息导致的严重缺氧，1 分钟后病人就会意识丧失、陷入昏迷，随之心脏停止跳动。如果立刻采取海姆立克急救法，可能在几秒内救人一命，而这种急救技术需要操作者及时判断、准确定位和正确用力才能达到救命的效果。

只要是在医院急诊室工作过的人，对技术的重要性都会有深刻的体会。

技术超群的医护人员通力合作，争分夺秒，与死神赛跑，挽救病人生命。时间长了，就可以见证技术发展带来的生命红利。比如，以前百草枯中毒病人的死亡率超过 90%，后来随着血液净化技术的发展，死亡率逐渐下降，目前抢救成功率已超过 70%。

刚参加工作的年轻护士往往会有让自己终生难忘的"第一次"。我在急诊室第一次做气管插管时，就因为方法不当，用力过大，导致开放气道的操作失败了，还造成病人牙齿掉落。幸亏护士长以精湛技术及时相助，才救下病人的生命。这次"惨痛的经历"让我记住了"精湛的技术是救死扶伤的基石"这个朴素而又坚实的"真理"。

自此以后，我在实训室勤学苦练，注重每一个操作细节，不敢有任何松懈。熟能生巧，有一天晚上，轮到我值班，一连来了 7 个危重症病人，都需要气管插管，因为有技术在手，心中不慌，所以我的所有操作全都一次成功。在场的医生看在眼里，事后由衷地对我说："你真了不起！"因为技术过硬而得到肯定，让我高兴了好多天，强烈体会到作为一名医护人员的自信和骄傲！

我虽已从事护理工作多年，但仍然对当年惊心动魄的一幕记忆犹新。急救车送来一位因大出血而休克的危急病人，需要马上输液输血，但因为周围静脉萎陷，护士找不到静脉血管，无法开放输液通路，所有的抢救措施犹如重装大军困于高城之下无所施展，医生焦急万分。随着时间流逝，病人的生命体征不断衰弱，那一刻，我前所未有地感到了职业之重、生命之重！

同样的案例如果发生在今天，一旦开放静脉通路遇阻，就可以改变抢救策略，在 1 分钟内开放骨髓通路，开辟另一条生命通道。技术的发展给生命带来了更多保障，医护人员必须坚持终身学习，及时掌握各种新知识、新技术，这是救死扶伤神圣职责的基本要求，不可拒绝！

凡在重症加强护理病房（ICU）工作过的护理人员，都会越发认同技术的重要性。ICU 是最近 30 年逐渐发展起来的科室，在那里有医院最先进的仪器设备，能对危重症病人提供先进的技术支持，比如新冠肺炎疫情中挽救了许多重症病人的体外膜肺氧合技术（ECMO），即是用于代替病人心脏和肺脏功能的机器，无论原理还是操作，技术都十分先进。正是因为这些先进的机器和相应的技术操作，才让 ICU 医护人员在抢救生命时如有神助，信心倍增。

人们谈到急救护理，眼前通常会出现这样的画面：病人突发心脏疾病，心电监护仪发出尖锐的报警声，一个装备齐全、操作娴熟的医护小组迅速集结，有条不紊地展开营救，有人负责胸外按压、有人提供呼吸支持、有人开放用药通道使用药物、有人负责体外除颤、有人指挥协调，几分钟后病人心跳恢复，小组成员发自内心的灿烂笑容完全遮掩了紧张后的疲惫！医护人员高超的技术和完美的操作让抢救病人变得如同探囊取物，易如反掌！

其实，这样的情境更多地见于影视作品，表现的是幸存者偏差现象。在现实生活中，实施胸外心脏按压时，病人发生肋骨骨折的概率非常高，心肺复苏的成功率大约只有15%。再先进的机器、再高超的技能，都只是抢救成功的必要条件，远远不算是充分条件。

因此，在医学院校的课堂上，老师们对学生的要求近乎苛刻。学生在学习心肺复苏这项技术时，不仅有时间的要求，必须在10秒内准确判断并决定采取的措施，2分钟内完成150次有效的胸外按压和10次的人工呼吸；还有按压深度和按压频率的要求，学生们会在实训室的模型上进行上百上千次的练习。为了鼓励学生，老师们会特意提醒爱美的女孩子："这是练就小蛮腰的绝好运动。"因为按压过程中真正用力的地方是腰部。

2. 技术是"护理"职业人的基本要求

护理作为一个职业，有其职业要求和需要获取的执业资格。选择护理专业就意味着要经过系统的课程学习和严格的技能训练，满足学分、实习等学历认定的要求后，再通过执业医师考试，才能成为一名职业护理人。正是因为护理人员高超的知识和技能水平，人们才敢把性命相托、健康相交。在医护类专业的教学和实践过程中，必须首先培养学生"时间就是生命"的意识和娴熟的医护操作技术，在极端情况下，一分钟甚至一秒都足以决定病人的生死！具备娴熟的护理操作技能是对护士的基本要求，学生在校内要苦练各项操作技术，每项操作考核过关后方可进行临床实习，在实习过程中更是每科必考，反复训练才能达到要求。毕业工作后仍然需要经历每月一小考、每年一大考，永无止境，直至退休。

护士每天都可能投入生与死的战斗，从死神手里抢救生命。因为人的生命只有一次，哪怕千分之一、万分之一的失误，都可能造成严重的后果。

护理专业是这样，其他专业也是如此。金华职业学院一共有67个专业，每一个专业都有科学合理的课程设置和考核要求，完成课程学习后，很多专业都有顶岗实习（实践）的要求，只有在通过各种执业考试后，学生方可以合格的身份成为一名职业人（图2-2、图2-3）。

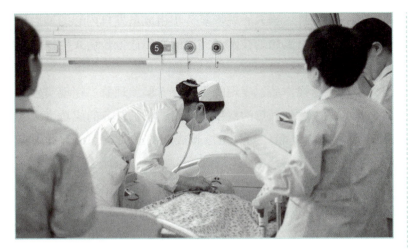

▲ 图 2-2　严格的实践教学场景 1

▲ 图 2-3　严格的实践教学场景 2

二、"终极关怀"：职业内涵为什么要有人性温度？

在当代的护理教育、研究和医疗体制中，"人文关怀"是高频词汇，常常有激荡的话语亮点，却无清晰的学术面目；有个体思考、批评路径和倡导高度，却无概念辨析、边界廓清和系统构建；上课无理论支撑，研究无规定路径，临床无标准判定。在不少师生眼里，"人文关怀"是文字游戏，是浩瀚星空中的一弯新月，虽然引人遐想，却远不如昏暗的路灯来得实用，更能解决问题。

如此言论，作为私下里的调侃，无伤大雅，但医护人员却始终相信，没有人文关怀，纵有技术的翅膀，护理行业也飞不高、飞不远。在形而下的知识和技能教育之上，一定有形而上的人文教育，而且这种教育必须采取具象的形态，让学生看得见、摸得着，这样学生才能在逐渐感悟、不断反思的过程中内生出足以支撑他们职业生涯的信念和情怀。具备人文素养对于医护人员尤为重要，每天行走在生死边界的白衣天使，更需要心理的能量、精神的力量！

1. 安慰也有"疗效"

我刚到医院脑外科工作时，就碰到因车祸导致颅脑外伤的病人。这位受伤的小伙子一直很烦躁，不配合治疗，导致血压升高、颅内压升高。因为使用镇静剂会抑制呼吸，所以护士只能想办法用其他方法让他安静下来，该用的方法都用了，还是解决不了问题，最后只好使用约束带。正在这时，一位老护士走过来，什么都没说，只是将病人抱进怀里，轻轻地拍着他的背，告诉他"我们都在"，病人很快就安静下来，随后血压、颅内压也下来了，后面的治疗开始有条不紊地展开。

多年以后，我已经成长为护理专业的教授，在课堂上，我多次以这个案例组织学生展开讨论：病人为什么会就此安静下来？为什么老护士能想到，我就没想到？一个人生病时最渴望得到什么？对于护理人员来说，在技术之外有没有其他重要的素质？

每次同学们都会热烈发言，各抒己见，最后总会达成几点共识：只有充分评估、了解病人的需求才能提供最有效的支持，要充分考虑病人的心理需求，在职业活动中要注意经验的积累和学习，要时时从人的角度出发考虑他们对医护服务的需求，而不仅仅是提供技术层面的服务。

2. "病"和"人"：不同思维的起点

其实，无论哪个科室，医护人员都有无奈的时候：医疗技术手段有限，结果不尽如人意。这时，无关技术的人文思考就会产生。在许多人看来，人文思考是一个高深的哲学命题，涉及复杂的理论体系，但在一线护理人员看来，这更多的是一份源自体验的发问和追思。

若医护专业教育持技术优先和注重学术的价值观念，以此作为评判标准，人文的知识与素养既无关于杀灭细菌病毒，也决定不了病人的预后走向，更不能扩充科学理论层面的知识架构、丰富操作层面的动作训练，充其量只能起到边缘辅助的作用。

但"人文关怀"真的是无用的学问吗？细细分析，却不尽然。从前文那些案例中我们不难发现，有时候"说不清道不明"的人文关怀却能解决问题，这就引导我们思考"人"的复杂性和技术的局限性，反思当代社会很多服务类专业过度追求技术，而在面对"人"这一服务对象时难免出现精神向度缺失的问题。

人文关怀并不神秘，作为一种理念，它主张以人为中心的专业价值观。今天的医患矛盾表面上看是病人的主观体验叙述与医护人员科学检测之间的分歧，本质上是"病"与"人"的思维差异以及技术与人性的碰撞。医护人员在评估病人病情、采集病史的过程中重视机器的检测与观察，忽视病人体验层面的叙述；医护人员对疾病的理解指向生物化、客观化，漠视症状背后丰富、立体的社会心理和文化内涵，这就是关注"病"与重视"人"的差异。

3. 实践与反思：培养人文情愫的主要路径

护理服务的对象是人，是生命。客观性、严谨性、科学性是职业原则，没有价值倾向的、冷冰冰的机器提供的证据高度符合这些原则，因此很多时候医护人员会更相信机器报告，而不是病人喋喋不休的倾诉，这是医学生们一直以来所受的教育导向。但对于病人而言，最迫切的需求是倾诉主观体验，然后获得帮助和关怀，常常表现为极度个性化的心理活动，其中最常见的是私人化的痛苦与体验所致的恐惧与无助。这需要护理人员耐心沟通、仔细梳理，抽丝剥茧，才能从种种迹象中揣测出病人的真实意图。这是一个吃力不讨好的过程，其结果也只有一半对一半的胜算。从这个角度分析，似乎相信机器的报告，从"病"的角度去思考和实施操作更轻松、实用价值更高。

病人首先是"人"，这是基本前提，其背后的所有社会关系、经济基础、性格习惯都与"病"的表现有着紧密联系，不可分割。护理人员要让技术处置与人文关怀同频共振，就需要在知识储备、生命价值、反身自省方面付出艰辛的努力，这种蜕变很难从人才培养模式的改革和课程教学内容的重构中得到实现，而是需要在实践中通过体验、感悟和积累而完成。每一位职业人根据自己的认知个性、人格取向，建立各自有序、有益、有趣的职业生活，通过职业实践中的观察、体验和反思来培养人文关怀。

在护理专业的学习和临床实践阶段，有如何评估并处理病人常见的心理和精神问题，比如孤独、绝望、痛苦等的教学安排和内容，至于如何应对疾病带来的死亡恐惧，更像某种职业"禁忌"。国际重症监护学专家威肯·赫尔曼写过一本书《生死思考》，其中写道："在重症监护室各式高新科技和挽救生命的行为背后，隐藏的是个人的绝望深渊。"大多数病人离开了重症监护病房后就再也没有康复。病人对那段时光的记忆扭曲失真，只剩下焦虑、沮丧、幻想和噩梦。许多人出院后与家人关系破裂，滥用酒精或药品，还有相当数量的人患上创伤后应激综合征。这些人大脑并没有受损，但性情大变，饱受噩梦和癔症的折磨，更别提那些照顾他们的家人。在技术如此发达的今天，医护人员仍无法解释这些变化从何而起，又该如何应对。

健康护理的首要目的是挽救生命，但那些使经历过死亡威胁的康复者不胜其扰的精神问题有时却是生命难以承受的。护理学和医学一样，不仅有技术目标，还有关于疾病、痛苦、残障、健康的社会共识以及千姿百态、变化万千的个人体验表达和共鸣。

正是这种基于自我临床实践基础上的感悟和反思，有时会让护理人员非常痛苦。因为，在整个医护系统里面，个人只是渺小的一分子，无法改变这一切。在当今学校的专业课上，老师也很难引导学生们去沉思、体会生命背后的沉重和无奈。老师只是引渡人，就让时间给他们答案吧。

4. 己所不欲，勿施于人：普世立场对护理的启示

说到人文关怀的普世性，医护类专业有天然优势。因为生老病死是人生的必然，每个人都有发言权。人生如此简单："要么在医院，要么就在去医院的路上。"每个人都可以回忆起这样的场景：生病了，感觉很不舒服，当时最渴望的是什么？

不出意外，大家会给出这样的答案：希望那个最懂自己的人守候、陪护在身边。

为什么？

懂自己者，知自己所需。懂自己者，投自己所好。

一切幸福在于心有灵犀的默契。

一切美好在于别人给的正是自己想要的契合。

我曾经因为口腔疾病做了一个小手术，先生请了假在家陪我。口腔手术虽然不大，但术后疼痛肿胀，只能接受流质饮食。先生不是学医的，朴素地认为手术后需要大补。于是买了虾，煮了排骨，殷勤地端到我面前。这些却让我情绪瞬间失控，直接回了娘家，留下一头雾水的丈夫和他精心准备的饭菜。

回到娘家后，妈妈马上就做了炖肉糜稀饭，那一刻才是病人最幸福的时刻。什么都不用说，妈妈自然知道我最想要什么。这就是需求被满足的幸福感。

生病时人的心理会特别敏感脆弱。只要想一想自己生病时的感受和体验，用同样的心情去思考患者的需求，就不难理解患者对医护人员的期待。

己所不欲，勿施于人。这是最普世的伦理观。从了解病人的体验和分享开始，自我追问，叩问什么是康复、治愈？什么是同情、悲悯？什么是关怀、扶助？什么是人道主义？自然不会觉得空洞无物。医护人员不仅要追问生命的意义、躯体疾病的意义，同时也要对普适性的职业价值和意义提出灵魂之问。

史铁生曾对康复做了这样的描述："让不能行动的人重新可以行动，使不能工作的人重新能够工作，为丧失谋生能力的人提供生存保障，这无疑是非常重要的。但是，若仅此而已，只能算作修理和饲养，不能算作康复……康复的意思是指：使那些不幸残疾了的人失而复得做人的全部权利、价值、意义和欢乐，不单是他们能够生存、能够生产……因为只有人才不满足于单纯的生物性和机器性，只有人才把怎样活

着看得比活着本身更要紧，只有人在顽固地追问并要求着生存的意义。"

随着微生物不断被发现，疾病的种类越来越多，护理人员不仅要有救死扶伤的职业豪情，还要认真学习、苦练技能。除此之外，生命的温情也需要呵护，病人的心理也需要支持。有一句话叫作："有时去治愈，常常去帮助，总是去安慰。"这才是护理职业的真正内涵。

三、"仁心仁术"：职业需求如何引导技术向善？

中国传统上对医护职业评价甚高，有"是乃仁术""修合无人见，存心有天知"之类的箴言。这就是文化在价值规范层面引导职业的体现。

1. 选择陷阱引发的终极思考

小李和小王同是呼吸内科的护士，年龄相当，资历相近。小李是技术操作能手，专业知识扎实，参加各类比赛经常获奖，动作利索，但性格大大咧咧。小王在操作方面不如小李，静脉输液有时要打 2 针才能完成，但她耐心、细心，对病人嘘寒问暖，对病人及家属热情，能及时关注病人的情绪变化，和科室的其他医护人员相处非常融洽。

每次科室评选"最美护士"，小王都会被选上；每次技能比赛，小李都能获奖。如果现在需要在两人之间挑选一位作为你的责任护士。病人会选谁？为什么？

这是一个非黑即白的选择陷阱。

疾病是肉体的痛苦，也是心灵的伤害，任何医疗的交往都是人与人之间身心救助的过程。有时候需要技术来拯救生命，有时候需要人本、人性的光芒为心理提供依托，"仁心仁术"从来都是一体两翼不可分割的，为什么不能将两者融合呢？

在护理教育过程中，经常会发现有些学生动手能力强，但对病人的关爱却不够，对于这样的学生，老师应该在人文关怀的层面给予额外的引导、训练；而有些同学表现出很强的同理心和同情心，但动手能力不够，这就要多给他一些机会，反复练习提升其动手能力。真正的职业人应该同时具备专业素养和人文关怀，面对不同的病人和场景，根据需求，提供有针对性的专业医护服务。

技术和人文关怀并不互相排斥，而是互相补充、互相支撑的关系。

"爱在左，技术在右，走在生命的两旁，使生命脆弱的人，即便是踏着荆棘，也不觉得痛苦，有泪可落，却不悲凉。"

2. 职业发展需要传承和创新

金华职业技术学院的护理专业发轫于 1915 年创办的金华福音医院高级护士职业学校，距今已有 105 年的历史。1996 年，浙江省唯一的"全国重点卫生学校"——金华卫校在办学阶段率先入选浙江省高职教育护理专业试点。21世纪以来，历经高职国家级示范专业、省级重点专业、省级特色专业、省级优势专业、省级名专业、省级示范性中外合作办学专业和首批全国职业院校养老服务类示范专业点等项目建设的锤炼，金华职业技术学院的护理专业已跻身全国高职一流专业前列。在专

▲ 图 2-4　医护专业教育教学场景 1

业发展过程中，一代又一代的护理职业人秉承护理职业精神，传承"上善若水"的专业文化，精益求精练技能，同时结合时代发展和技术变化新需求，勇于探索、敢为人先，撑起职业的良性发展。

结合专业人才培养定位和目标规格，梳理"仁心仁术"的专业内涵和要素，将"仁心仁术"的职业精神融入人才培养全过程，将其基本要素镶嵌在教育教学的各个模块中，有效整合各种教育教学资源，形成基于"仁心仁术"人才培养的路径和方法。师生在教学和生活过程中以此为标准形成事事践行、时时践行的文化自觉性（图 2-4、图 2-5）。

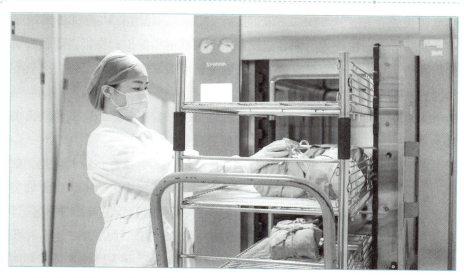

▲ 图 2-5　医护专业教育教学场景 2

陆月林，一位年逾百岁而不"退休"的护理人，一位在教育战线上辛勤耕耘了近80年的护理教师，一位视"病人利益高于一切"的老护士，她用平凡而炙热的人生向我们展示了"仁心仁术"的真正内涵。

陆月林出身书香门第，18岁时，突患的重伤寒将她掷在生死边缘，是护士的及时发现和抢救带给她新生。从那时起，陆月林便决定了自己未来的人生目标——当一名充满爱心的护士。天遂人愿，她踏进了上海协和高级护士职业学校的大门，经过三年半的寒窗苦读，她掌握了扎实的护理基础知识和熟练的操作技术，毕业后留校任教。1947年，她调任金华福音高级护士职业学校，先后担任过学校的校长、教务处主任，也做过普通教师；她担任过医院的护理部主任，也做过普通的护士。不管在哪里，不论从事什么岗位，她对护理事业都深情不减，献身护理事业的理想也从未改变。

陆月林是一位护理事业的践行者，更是一位护理事业的传承者。她始终把培养人才视为义不容辞的使命，悉心指导年轻的护理老师，只要有空就去听年轻老师的课，一字一句地帮助其修改教案，指导教学方法。

每一个熟知她故事的人都能从中感受到个体生命与事业息息相通、紧紧相依的深厚情怀，感受到朴实奉献的人生真谛，感受到普通榜样的崇高力量，并深深为之动容。每一份执着的追求，必蕴含着深沉的爱。正是这种职业的传承才让我们的护理专业有了今天的收获。

四、角色冲突：医患矛盾原因何在？

医患关系是一个十分复杂的问题，一方面，患者自认为权利受到伤害，怨气冲天，另一方面，医护人员的合法权利得不到尊重和保护；伤害患者身心、情感的案例层出不穷，伤害医护人员、致死致伤的案件屡屡发生。

究竟是谁之过？

民谚中有"话不投机半句多"之说，将交流中的失败归咎于"彼此心意不同"。那么，如今的医患沟通是否存在这样的问题呢？

首先，医患双方对疗效的期待和对医学功能的解读存在巨大落差，这是造成"无语"的重要原因。长期以来，技术至上的媒体宣传将世人引入医疗万能与完美康复的误区，更别提那些过度夸大医疗效果的广告，这些信息都不恰当地提高了百姓对医疗治愈、康复程度和进展的期望值，使实事求是的临床评估和治疗成为难以接受的现实，甚至被怀疑为医护人员无能和失职的托词，而治疗失败结果的告知则成了医患冲突的导火索。近年来，社会仇医情绪发酵，医护人员的从业风险急剧增高，为了维护职业尊严、保护自身安全，医生与患者的沟通越来越少，最终医患矛盾的解决似乎走入了恶性循环的无望之境。

其次，医疗服务不能成为单纯的商业活动。哈佛大学查尔斯·罗森伯格教授在专著《来自陌生人的照顾》中写道："现代医患关系本质上是'陌生人'对'陌生人'的求助与救助，也是一次'陌生人'之间涉及药品与医疗服务的交易活动。"他一直不能理解的是，健康的人们生活在适意、温情的家庭与社区之中，享受着来自亲人和朋友的照顾与心灵抚慰，一旦生病，在病人承受躯体和心理痛苦之际，反而要撤离原来的亲情支撑，将他从原来的生活圈中推出，交给一群完全陌生的人，去接受各种精深仪器冰冷的接触和无情的解读，这难道不是"雪上加霜"的过程吗？

于是，病人对医护人员既期望用最小的支付来获得超值的服务，同时又以"华佗在世""妙手回春"这样的标准来要求医护人员，期望他们能身怀绝技，又慈悲为怀，成为绝对的"毫不利己、专门利人"的人。但是，处在市场机制下的医护人员乃至医疗机构根本无法扮演"人道主义先行者"的角色。现代医学本质上无法逆转生命的衰亡、死亡的降临，也难以杜绝医疗过程中的失误与无效治疗。在其他商业交易中，失败的结果可能是项目清盘、支付归零，但医疗服务不一样，它需要病人承担治疗失败的悲痛甚至生命逝去与医疗成本支出的双重后果。因此，一旦出现意外的失败结局，人们就会无法承受。

最后，医学是一门"顶天立地"的学科，一方面高耸入云，站在一个时代科学与技术的尖端；另一方面深入大众，与每一个人的生老病死息息相关。正是医学学科的深度和广度容易让人产生知识理解上的"鸿沟"。当代医学技术的发展可以用"一日千里"来形容，但是职业标准、职业忠诚和职业道德很难同步发展。纵使困难重重，我们仍然呼唤全社会对医护行业的信任与尊重。医患矛盾是一场双输的博弈，不仅构成社会的医疗恐慌与敌视，更构成弥漫性的职业焦虑，对医护行业乃至全社会的发展都是极为不利的。

医护人员应反思自身是否从民生福祉、社会和谐的角度来调整技术的适应性，来规划适度、有效的技术应用水平，是否更多地从人文关怀层面来端正自己的职业形象。在治疗和护理每一个病例的细节中渗透出科学、技术、社会、心理、人文的多元关怀与全面提升，体现仁心仁术的协同共进。倘若现代医学停止发展的脚步，那绝不是因为技术上无路可走，而是缺乏对人性的关切与解读。社会要求在技术飙升与人文抚慰之间实现一份平衡，创造一种和谐。护理人员的眼里不能只有疾病，没有痛苦；不能只有疾病的病理生理机制，没有心志压抑的痛苦机制；不能只有救助技术，没有心灵的洞察和抚慰；不能只有对疾病的探寻，而没有人文关怀的自觉与领悟；不能只有职业操作，而没有职业信仰；不能只有专业精神，而没有职业精神。

五、换位思考：如何保持健康的职业心理？

健康职业心理是人们在职业活动中表现出的认识、情感、意志等心理倾向或个性心理特征，而健康职业心理是在职场环境熏陶下个体对工作的不同看法经过长期的修养逐步内化的一种心理结果，是职业心理的最佳状态。

同理心又被称为换位思考、神入、共情，指站在对方立场设身处地地理解他人。在人与人的交往过程中，能够体会他人的情绪和想法、理解他人的立场和感受，并站在他人的角度思考和处理问题，主要体现在情绪自控、换位思考、倾听能力以及表达尊重等方面。

护理人员在工作中需要以同理心与病人交往。通过揣摩他人的心理、情绪和感受，做出相应的行为来达到一种理想的沟通效果。这个过程一般有四个步骤：观察—感受—需求—反馈与回应。

同理心在服务类行业很重要，但在过程中要注意把控"度"。

首先，"同理"他人不是"同情"他人。"同情"通常和"可怜""怜悯"等词汇相近，带有居高临下的色彩，容易被对方视为负面的心情和态度。"同理"则强调双方的平等。

其次，"同理"他人不是简单地"赞同"他人。"同理心"是用一种"我维护你说话的权利，努力理解你说话的内容，但不同意你的观点"的态度来与人沟通交往。

我最初在神经外科工作时，才第二个月就遇到一个病人死亡的情况。小伙子才27岁就因为脑外伤去世了。这是我经历的第一个死亡病人。在与病人的姐姐一起给死者做最后整理时，我不停地流泪，不能自已，感叹生命之脆弱、人生之无常！

随着经历第二个、第三个、第四个……第N个病人的死亡，我对死亡的感受也逐渐淡化，工作中也不会再因为死亡而轻易影响情绪。在抢救病人时永远会全力以赴，但对结局则能坦然处之，这是每一位医护人员必经的心路历程。这并不是说医护人员变得越来越冷血、越来越没有人情味，而是人类心理防御机制在起作用。同样的疼痛，人的感受阈值会越来越高。

六、因人而异：说真话还是说假话？

一个人得了绝症，生命只剩下几个月的时间，医护人员是该告诉他真话还是用善意的谎言来安慰他？

其实，生活中没有绝对的对与错，如何处理要视病人的具体情况而定。面对一个坚强的病人，其希望在有限的时间内去完成一些未了的心愿，医护人员不妨如实以告。而对一些心理脆弱敏感的病人，告知真话会让他受到极大的打击，甚至可能让其产生轻生的念头，那就需要给予善意的谎言。总之，医护人员要充分评估病人的性格、心理特点、社会支持系统等，然后做出最佳选择。

如果说，真话具有生活一样的残酷性与现实性，那么善意的谎言就可以解读为一种人文关怀。职业活动中要有技术、责任、爱心，同时还需要有智慧。医护人员面对死亡这个沉重的话题，有很多"两难"的情景，也有很多的争论。脱离了具体"人"的争论没有任何意义。只有在职业活动中充分考虑"人"的元素，从最有利于"人"的角度出发，才能实现病人利益最大化。

其他职业活动中是不是也同样存在这样的两难情景呢？我们又该如何去思考和解决这些问题呢？

七、职业伦理：护理学生的终极使命是什么？

护理人员是生命的见证者：在新生命诞生时，他们是迎接者；在疾病治疗过程中，他们是生命的拯救者和痛苦的疏解者；在衰老进程中，他们是生命质量的维护者；在患者临终时，他们是抚慰者和送别者。

学生总要离开学校，开始自己的职业生涯。护理人员在漫长的职业生涯中要学会建立自身的职业伦理，建立服务关系的过程中要具备充分的自信、互信与他信，在努力学习技术的同时谨记人性的关怀，恪守职业的底线和品格。要以人为本，追问"什么是护理""什么是医学"；反思疾病之轻、人性之轻；探寻疾病体验的意义，追问医患矛盾的终极原因，扭转"见病不见人，技术是唯一解决方案"的职业偏见。

护理要回归人性化与艺术化，实现德、行、技、艺的统一！

金职五代护理人
薪火相传

本讲教师简介：

胡爱招，金华职业技术学院教授，医养健康专业群主任。全国模范教师，浙江省"万人计划"教学名师、浙江省高校优秀教师，浙江省高职高专护理专业带头人。

主要研究方向：急危重症护理和护理教育。担任全国卫生职业教育教学指导委员会护理类专业教学指导委员会委员和护理专业教学指导委员会委员，担任全国高职护理案例教学协作组组长。主持国家精品课程、国家级精品资源共享课程和国家精品在线开放课程"急危重症护理"建设，主编"十三五"职业教育国家规划教材。

第三讲

你会"种地"吗？

今天中国虽然还存在着城乡二元结构，城市人享受的各种待遇仍然好于农村，但许多变化正在悄悄发生。不是开玩笑，今天虽然农村人进城还要过几道门槛，但城里人要进农村，几乎连门都没有。当你进入农村拥有土地后，你会种地吗？在判断自己会不会"种地"之前，最好先了解一下现在的农村是怎么种地的。

一、种地也需要学习？

有人说，世界上有两个非常重要的职业，却不需要学习，也不需要执业证书：一个是做父母，一个是种地。做教师需要教师资格证，为人父母远比做教师难，却不需要执业证，只要领了结婚证，就可以名正言顺为人父母。

"民以食为天"。种地关系到国家粮食安全，但我国农民整体受教育程度较低。如果种地也要学习，也要考证，他们是无法接受的。农民的爷爷奶奶虽然没上过学，但会种地，农民的爸爸妈妈没上过几天学，也会种地，年轻人还需要念完大学来学种地？

不过仔细想想，从爷爷奶奶到爸爸妈妈，种的还是那块地，但农业技术有了很大的发展。同样是种菜，爷爷奶奶把菜种在露天的土地里，靠天吃饭，如果老是下雨、病害多，菜就会烂在田里。爸爸妈妈种菜，种在大棚里，有了遮蔽，还有滴灌，不怕下雨，也不怕不下雨。到今天，种菜可以采用无土栽培、立体栽培技术，同一块田上，过去种一茬，现在可以种三茬。真到种菜的时候就会发现，如果没有系统学过蔬菜种植，没有学过无土栽培，就不敢说自己会种菜了。

有一位"农民"，从大学蔬菜专业毕业已经30多年，算得上是专家了，却说自己越来越不会种菜，因为今天种蔬菜要学得实在太多了。现代农民要学栽培技术，掌握不同的环境适合种植的品种、播种时间、肥料类型、病虫害防治、采收时间，等等，不学就无法跟上时代发展的步伐，这还只是栽培技术这一方面。

能让地里长出蔬菜，虽然不错，但自己种自己吃的只能叫产品。靠地里这点蔬菜

▲ 图 3-1 科学栽培

产品满足了不了家庭多样化的需要，必须卖掉一些，换成钱，购买其他物品或服务，才能解决更多的生活需要，这时可以称之为商品。商品一定同市场和销售有关。于是，蔬菜种出来之后怎么卖的问题就来了。同样的菜，一斤有卖 5 毛钱的，有卖 1 元的，有卖 10 元的，销售方式不同，效益不一样，不学习相关知识，卖便宜了，太吃亏。

仅会种地、会销售还不行，因为蔬菜涉及食品安全和健康，菜种得好，不但要产量高，还要绿色、有机、富有营养，这又是一门学问（图 3-1）。

消费者对蔬菜的要求越来越高，不仅老专家遇到新问题时要说不学习不行，就是在大学里学过三四年农业专业的毕业生，没有"活到老，学到老"的精神，也"跟不上趟"了。

二、现在谁在种地？

重农固本乃安民之基。在任何时代的任何时期，都会强调农业的重要性。农业是人类最古老最传统的产业之一，被归为"第一产业"，属于人们衣食温饱须臾不可离开的产业，承载着保人民安康、保家国稳定、保经济繁荣、保社会发展的重大使命。

既然农业这么重要，那么现在又是谁在种地？

有的城市人对农民的第一印象是：一群生活在农村，习惯了日出而作、日落而息的农耕生活，日复一日、年复一年在田间劳作的人，他们皮肤黝黑，穿着朴素，头戴笠帽，赤脚下地，一说话就露出憨厚的表情。

这纯粹是城市人的臆想！

事实上，今天的农村远非我们想象的那么简单。随着乡村振兴战略的实施，中国农业正在从传统农业转向现代农业，"三农"的产业格局正在发生巨大变化，城与乡的关系也在经历深刻变革。

一方面，传统农民靠经验指导生产，靠人力、畜力等传统生产要素为主要手段，靠增加产量来实现收益增长，种田难挣到钱，与从事工商业的收入差距悬殊，青壮年纷纷进城务工，从农村走向城市。

2017 年全国外出务工农民达到 2.8 亿人，打工经济已成为当前农村一道独特的风景线。农民工资性收入占 40%，经营性收入为 38.3%。现在许多农民家庭的收入来源主要是打工，种田挣不了多少钱，远没有打工挣得多。

举个例子，种水稻 1 亩地产量约为 500 公斤，稻谷单价每公斤 2 元，毛收入 1 000 元，除去各项开支，比如农机耕地 50 元、肥料种子成本 200 元、机器收割 50 元、浇地水费 50 元，辛辛苦苦几个月只剩下 650 元，如果把农民自己的劳动成本算进去，直接就亏本了。之所以还有人种地，是因为农民自己也要吃饭。

在这样的情况下，现在农村里主要人口是老人、留守妇女和儿童，光靠他们是没有办法种好地的。习近平总书记说："手中有粮，心中不慌，在任何时候都是真理""要把保障粮食安全放在突出位置""中国人的饭碗任何时候都要牢牢端在自己的手上"。如果仅靠老人、留守妇女和儿童，把饭碗牢牢端在自己手上是很难的。

菜贱伤农。金华莴笋种植面积很大，一年有 8 万亩，行情好时农民效益就高，莴笋生长期 70~80 天，亩产 4 500~5 000 公斤，单价在 2 元 / 公斤，1 亩地产值就有 9 000~10 000 元。而一包种子成本 2 元，一包肥料一百块钱左右，种下之后不需要太多管理，病虫害也少，农民收入还是可以的。但行情不好时就只有 0.1 元 / 公斤，菜烂在田里，农民也不去收割，因为卖完都不够支付收割花去的劳务费用。在这样的情况下，明年种不种？有农民说："不种了，亏本。"也有农民说："还种，说不定明年行情又好了呢？大家不种，只有我种，就赚了。"无论种还是不种，每个农民的决策都带有盲目性，因为他不知道别人种不种，只能碰运气。

以前农民因没知识，盲目种菜，跟风种地，市场风险很大。中国的饭碗要牢牢端在自己的手上，必须提高农民的科技素养，为他们提供相关的供需信息，使他们能按市场需求调整种植结构，合理配置种植类型和面积。

▲ 图 3-2　新农人助力农业发展 1

　　另一方面，现在农村也出现了一种喜人的景象，一批受过良好教育的"80后""90后"大学生回到农村，为传统农业转型注入了新的血液和能量，他们习惯"跳出农业做农业"，成为引领新农民、发展新农村、托起新农业的一支生力军（图 3-2、图 3-3）。

　　这批大学生有一个新名字：新农人，在浙江他们被称为"农创客"。在全国，其人数在 2017 年已达 1 500 万人。金华职业技术学院园艺技术专业 2011 届毕业生郭斌就是其中的一员。

　　郭斌毕业后，创办了占地 120 亩的浙江省温州市平阳县康馨果园，春天举

▲ 图 3-3　新农人助力农业发展 2

办桃花旅游节，春夏之交，果园里有桑葚、桃子、枇杷、蓝莓等水果供游客采摘品尝。此外还养了鸡、鸭等家禽，一年四季有土鸡、鸡蛋、自酿的蓝莓酒、桑葚酒等出售，年收入达 100 多万元。与传统农民不一样，他经营农业既有观光，卖水果，又搞加工，卖果酒；既搞农业，又搞旅游，实现了产业融合，拉长了产业链，产生叠加效益。

三、未来农业是怎样的？

未来农业应该是现代农业，即插上科技翅膀的农业。目前来看，至少有两项技术将在农业上得到广泛应用。

第一项是生物技术，它将带来更多的优质高产新品种。被誉为杂交稻之父的袁隆平长期从事杂交水稻研究工作，攻克多项关键技术难题。2013 年，他带领科研团队攻关的国家第四期超级稻百亩示范片 "Y 两优 900" 中稻平均亩产达到 988.1 公斤。科学家们培育出了许多优质品种，不仅产量高、品质好，而且更安全、更营养。对于新品种，消费者普遍有一种疑问：是不是转基因的？对甜玉米、紫番薯、小番茄，大家都抱有类似的疑问。其实，转基因技术不过是一种育种手段而已。

第二项是信息技术。信息技术在农业上的应用解决了传统种地的劳累问题。原来施肥浇水需要人到田里作业，难免日晒雨淋。现在利用物联网技术，可以实现肥水一体化，手机上按一下 App 就自动开始浇水。以前给 1 亩地施肥需要 1 个小时，现在在手机上一按，100 亩、200 亩的施肥工作就由机器完成了，这大大提高了工作效率，而且也不需要露天干活，还能实现科学精准施肥，这就是智慧农业。

以前，涉农专业学生毕业后需要到田里干活，确实比较辛苦，现在可以考虑开一个农业养生馆，也是不错的选择。学农的人知道食品的营养价值，可以指导不同的人进行合理饮食，不需要顶着日头下地干活。

今天，随着越来越多的信息技术在农业上得到应用，农民们的体力活少了，劳动条件改善了，将来 5G、云计算、大数据等技术会促使农业进一步走向现代化。

以番茄工厂化生产为例。过去农业 "靠天吃饭"，现在无论刮风下雨还是阴天都不受影响，光照不够，可以用 LED 灯补光。不要小看番茄工厂化生产，这里集成着潮汐育苗技术、双杆整枝、嫁接育苗、智能化环境调控、熊蜂授粉、智能劳动力管理、肥水一体、病虫害综合防治等技术。工厂化生产番茄，每平方米产量 40 公斤，是传统生产的 4 倍多，劳动生产率提高了 1 倍多，亩产值提高 4~6 倍，用水量减少一半，农药使用减少 50%，生产出来的产品还更安全。

农业一定会走向规模化、品牌化、智能化，最终的目标是生产出安全健康的产品。未来的农业是粮食安全之业、三产融合之业，也是绿色发展之业。

蔬菜既可以种在盆子里，也可以立体栽培，还可以种在墙壁上，就像绿饰，在这样的环境中工作极其舒服，周围是一片绿色，干干净净的，从业者像白领一样上班，完全颠覆了传统农业的形象。

未来，随着劳动力成本不断增高，农业一定会用机器替代人。现在雇人下地干活，成本太高，还不可能让人 24 小时干活。使用机器可以 24 小时连续作业，喷药用无人机，收割用收割机，由卫星导航，自动操作。

蔬菜还可以这样种。南瓜挂起来，刻上几个字，更有文化内涵，有了"福""寿"等字样，南瓜就能卖个好价格。

未来的番茄植株，一株可以结几百个番茄。以前草莓种在地上，显得有点脏，现在立体栽培，让人看着更有食欲。成熟的草莓状如空中瀑布，从上面挂下来，人在下面走，恍如置身于童话世界，绝对可以成为观光旅游项目。

原来饲养奶牛的牧场被改建成"乳牛的家"，变成一个旅游观光点，消费者坐小火车进来，不只是买牛奶，还可以观赏整个生产过程，增加知识，增强对食品安全性的认识。

同样，养猪场也可以成为旅游点，家长买猪肉产品，小朋友买饲料喂小猪。农业产业链拉长了，卖牛奶、卖猪肉、卖饲料，还卖门票。

莲花园里种着莲花，产出莲子，消费者不仅观赏莲花、购买莲子，还可以购买用荷花提炼而成的精油和制成的化妆品，堪称"神农的家"。

稻草、麦秆统称为"秸秆"，以前用来喂猪或垫猪栏，现在可以制成工艺品，废物利用。

未来的农业是一个有看点、有奔头、有前程的产业！

未来的农业一定是有看点的，它具有"接二连三"的功能。在经济学里，农业是第一产业、工业是第二产业、服务业是第三产业。未来，作为第一产业的农业通过与第二、第三产业的深度融合，实现"1＋2＋3＝6"，演化出农业的新业态，即所谓的"农业＋"。

一旦形成全产业链的业态，农业、渔业、林业将与旅游、文化、健康养老等产业协同发展，依托农业龙头企业，聚集有利于农业发展的诸多要素，"农业＋"的效应即将显现，"农业＋旅游＋文化＋养老＋教育＋亲子"等，不一而足。

比如，农业＋养老。中国正在迅速进入老年社会，养老问题越来越突出，老年护理是其中一个环节。事实上，还可以用绿色、健康的方式养老，老人参与农业活动不是靠种出来的产品来养活自己，而是体验一种休闲的生产生活方式。现在流行的养生理念，在园艺上被称为园艺疗法。抑郁症患者到园艺场种种菜、种种花、浇浇水，可能有助于缓解症状。

与老人相对的是儿童，农业也能为亲子教育提供空间和内容。现在城市里建有蔬菜公园或花圃，小朋友可以去那里观察和认识各种植物，增加知识，提高审美，对孩子的全面成长也大有裨益。

所有这些"看点"都会为农业增效、农民增收、农村发展注入新动能。

未来的农业一定是有奔头的农业。种地不再"靠天吃饭"，而是"靠脑吃饭"，农业成为真正藏富于民的产业，既可满足人们吃得饱、吃得好的需求，更能实现人们吃出健康的愿望。种得好、卖得好，务农成为一种享受。作为农业旅游项目，共享农庄可能成为一种时尚，有兴趣的人可以共同投资、共同享有。

未来的农业更有前程。农业是国之根本，农业的发展水平是一个国家综合实力的体现。现代农业不仅有干头，而且还有说头、有看头、有赚头，进而形成"农村有看头、农业有奔头、农民有盼头"的发展格局。未来农业将从"吃饭产业"变成"健康产业"，实现"人民增寿、农民增收、产业增效"的愿景，"稳、增、优、绿、新"的未来农业从"输血式"农业转换发展成为"造血式"农业，凭借粮食稳产、收入增长、结构调优、方式转绿、动能向新等诸多特征，实现农业生产的可持续发展。

四、"种地"会成为一个有吸引力的职业吗？

农业和农村变了，农民自然也会变，未来"种地"即同农业有关的活动，都将成为一种名副其实的职业。

1. 从身份到职业：未来农民如何定位？

新农民有自己的定义：新农民是健康食品和原材料的生产者、现代农业产业的经营者和美丽乡村的守护者。

未来的农民是一个职业，从业者将完成从身份到职业的转变。现如今，大多数人心中对农民依旧持有"面朝黄土背朝天"的辛劳形象，农民代表着一种贫穷的"身份"和"称呼"，而不是可致富、有尊严、有保障的职业。随着时间的推移，农村土地必然发生转移，伴随着城乡户籍制度的改革与土地流转制度的推进，土地逐渐集中在少数懂经营、会管理的农民手中，他们告别了传统靠经验种田的农业生产方式，依靠现代化的机械设备、科学的管理方式和高效的科学技术来经营农业，成为现代化的新农民。这是一群把农业作为主业来经营，以农业经营收入为主经济来源，并在技术上达到较高水平的职业人。未来的现代化农民不再是一种身份，而是一种职业，成为中国未来农业以及农业生产、经营的主力。

新农民分为三种类型："生产经营型"是指以家庭生产经营为基本单元，充分依靠农村社会化服务，开展规模化、集约化、专业化和组织化生产的新型农业生产经营主体，主要包括专业大户、家庭农场主、专业合作社带头人等。"专业技能型"是指在农业企业、专业合作社、家庭农场、专业大户等新型农业生产经营主体中，专业从事某一方面生产经营活动的骨干农业劳动力，主要包括农业工人、农业雇员等。"社会服务型"是指在经营性服务组织中或个体从事农业产前、产中、产后服务的农业社会化服务人员，主要包括跨区作业农机手、专业化防治植保员、村级动物防疫员、沼气工、农村经纪人、农村信息员及全科农技员等。

2. 未来新农民的特征

未来新农民具备全新的理念、较高的素质、出色的能力，通过经营农业，可以获得较为可观的收入。

（1）理念新。未来的农民用新技术、新设施实现规模化生产，用信息手段培育品牌、开拓市场、增强市场竞争力，把安全、可持续作为最重要的追求目标。

（2）素质高。未来的农民除了具备"有文化、懂技术、善经营"的基本素质外，更要"知政策、守法纪、有组织"。其中"有文化"是基础和前提；"懂技术""善经营"是从事农业的工作能力展现，有了前者的基础，才会更好地掌握和运用技术；"知政策"和"守法纪"是他们的重要标志；"有组织"则是发挥其主观能动性和主体作用的场所和渠道。

（3）能力强。未来的农民具备适应由农业科技进步所带来的新品种、新技术、新装备的应用能力，适应农业结构调整选择优势特色产业的发展能力，适应市场变化以需定产的决策能力，适应农业规模经营集约化、企业化、组织化的管理能力，以及在农业生产经营中随时可能发生的自然风险、市场风险、农产品质量安全风险的应对能力，以及走向市场过程中的品牌建设能力和市场拓展能力。

（4）收入高。在市场经济条件下，效益是新农民追求的主要目标。农业的规模效益和三产融合所引发的综合效应决定了新农民的收入将比传统农民高，也会比兼业农民高。

未来农民是具有较高科学文化素质、掌握现代农业生产技能、具备一定经营管理、市场开拓能力的高素质职业人。他们以农业生产、经营或服务作为主要职业，能熟练掌握科技知识、劳动技能、管理经验、资金运作等"十八般武艺"，收入主要来自农业生产经营并达到相当水平的现代农业从业者。

这意味着"农民"将是一种自由选择的职业，而不再是一种被赋予的身份。"身份农民"与"职业农民"的差别是，前者勉强能养家糊口，有的连这都做不到；后者则可奔小康，还能致富。

五、用什么样的思维才能种好地？

未来，种地是一项技术活，不学肯定不会种。常言道"贫者因书而富，富者因书而贵"，说的就是学习的重要性。农业经营者肯定要学会农业的科技知识、劳动技能、管理经验，还要懂资金运作。

2016年中国G20杭州峰会期间，为了保证食品供应的质量和安全，工作组专门选择一些基地生产的产品，现在这些产品在市场上的品牌效应已经呈现。挂着"G20特供产品"牌子的农产品尽管价格稍贵，也受到消费者欢迎，因为大家认可其质量。这就是为什么今天学园艺的人不仅仅要学会种植，还要学习经营，这样才能把产品卖掉，卖出好价格。新农民前途无限，学习无限，而首先需要学习的是思维方式。

一是互联网思维。以前从事农业生产，无论种水果，还是种蔬菜，都是先把水果蔬菜种出来，再设法销售。能否卖得掉，就看市场环境。现在虽然开始涉足电子商务，但仍然停留在传统农业的运作模式中。这种发展路径的弊端是产业发展规模小，很难成就大事业。

今天要采取"反弹琵琶"的发展路径，反过来从销售端开始考虑。可以先投身电子商务，开网店卖产品，有了订单和需求后，再组织农民种植。新农民要懂种养殖、会加工、会销售，尤其是要懂互联网时代的营销模式。互联网时代，链接就是生产力，对上链接到更多的农户，对下链接到更多的客户。传统农业生产的同质化太严重，新农民一定要找到差异化发展路线，主动出击，独立思考。新零售时代最关键的就是线上做营销，线下做产品和服务，因此新农民要有乡村匠人的情怀，具备互联网思维和眼光，提升"三农"（即农村、农业、农民）水平和竞争力。这是历史发展的机遇，也是一种责任。

二是品牌思维。现代农业不仅是数量农业、糊口农业，更是质量农业、品牌农业，发展高品质农业离不开"科技兴农、绿色优质"的质量意识。特别是在当前消费升级的背景下，有特色、无公害的优质农产品是从业者立足市场、赢得口碑的根本保证。发展新农业就要通过科技和自然农法，使其回归到尊重自然、科学种植的轨道上来，新的种植手段让农产品成为高品质产品。人们说到金华，就会想到金华火腿，这就是品牌效应。其实，金华还有金华佛手、金华茶花，这些品牌还有待打响。

三是融合思维。发展现代农业，要像发展工业产品一样，掌握其市场生命周期，眼光向外，走出田埂，用"全产业链"打开新市场。销售端通过前期的老客户信息建库、新客户信息录入，搭建起销售网络订单平台，每天统计线上订单，及时联络基地采摘备货。种植端引进适宜品种种植，对外销售，开放基地允许参观，发展旅游景点，拓展采摘、农活体验、餐饮休闲等领域，走链条式农业融合发展的道路。

随着经济社会的发展，农业的多功能性空前延伸，农业与文化、旅游、教育等产业深度融合，新农民应该学会跨界融合的思维。以"互联网＋农业"为例，在三个层面积极融合。第一个是互联网技术深刻运用的智能农业模式，第二个是互联网营销综合运用的电商模式，第三个是互联网与农业深度融合的产业链模式，呈现梯次推进的状态。方兴未艾的各种新型产销衔接方式，如众筹、预售、领养、定制等，基本是依托互联网开展的，这正是新农民的用武之地。

四是合作思维。这个时代留给单打独斗者的创业机会正在减小，一个新农民的崛起，往往是一个团队集体成长的过程。想让自己的事业长久，还是要选择志同道合的伙伴。就像农产品电商，没有专业人士，那些临时组合的"父子兵""夫妻店""兄弟连"也正在演绎着奇迹，因为这是天然的互补性团队。现代农业的供应链、产业链、价值链正在加速成形，每个新农民都不可避免地成为其中的一分子，不同的新农民之间要联合、新农民与农村经营主体要联合、新农民与其他关联行业要联合，到最后每个人都要找到适合自己的位置。

新农民尤其要尊重"旧农民"。新时代的返乡下乡创业，绝对不是替代农民，农民可以干、愿意干的事情还是要交给农民，新农民要避免与农民同质竞争，更多在生产性服务业和供应链、产业链、价值链上寻找农民干不了、干不好的领域。要尊重农村的实际和农民的主体地位，某种程度上与农民的关系决定着新农民事业的兴衰。

由传统农民向新农民转变，不只是外在身份的转变，更是深层次内在思维方式的转变。

六、"互联网＋"给农业带来了什么样的商机

农业，这个与自然对话的产业总是步履缓慢，但却不得不面对瞬息万变的市场。互联网大潮来袭，让传统农业有些措手不及。金华花卉苗木产业就经历了这样的彷徨期。"先种植，再销售，渐渐地涉足电子商务"是传统花卉产业惯用的模式，产业发展规模小，难成气候。金职院园艺2017届毕业生舒晓慧改变了花卉苗木的产业格局。

2017年金职院园艺专业毕业生舒晓慧成立金华市景程苗木合作社，先后在金华

澧浦苗木城一期、二期开设源东苗木批发中心和舒馨园艺经营部。原本金华澧浦花木城里主流销售方式是"坐商",卖家坐在自家铺子里,等待买家上门,能不能有生意只能"望天收"。而舒晓慧认识到在互联网时代,链接就是生产力,对上可链接到更多的种植户,对下链接到更多的客户,为此将新老客户信息建库,搭建起销售网络微信朋友圈,每天拍摄各种小视频发朋友圈,尽可能展示自家的花卉苗木。花卉苗木这个行业,每一单生意都很大,最怕碰到骗子,原本买家不登门看货,根本就不敢下单,看到照片也怕是假的。但舒晓慧利用小视频让买家在网上看货,有些原先跟她做过生意的买家,就不用跑到金华来,可以看视频下单;有些买家的朋友见了,也通过网络下单,再到金华实地查看,一来一回就省了许多时间,也让她的生意越做越大。营业额从 2017 年的 187.2 万元上升到 2018 年的 827.7 万元,2019 年突破 1 000 万元,2019 年参加互联网 + 创新创业大赛获省级金奖。

这种网络销售的模式也让舒晓慧家的生意从自产自销变成了组织货源销售。自家没有的品种,就从别的苗农那里"组"来,带动了周边的苗木生产与销售,甚至有些品种还要到外地市甚至外省去"组"货。

为了保证质量和数量,舒晓慧组织农民种植月季、欧石竹等花卉苗木,开展花卉苗木标准化生产,由合作社统一提供种苗,按生产季节组织技术培训,走进田间地头开展技术咨询,解决农民生产上遇到的问题,随市定价,承诺保护价统一收购,保障农民收益。这样不但自己的事业越做越大,还带动了更多的农民走上了专业化的道路,大大提高了经济效益,履行了一个新农民的社会责任。

今天的高职学生既是追梦者,也是圆梦人。追梦需要激情和理想,圆梦需要奋斗和奉献。大学生朝气蓬勃、好学上进、思维活跃,有理想、有追求、有担当,未来一定能在希望的田野上建功立业!

未来农业的发展

本讲教师简介:

胡繁荣,金华职业技术学院农学院二级教授,浙江省高校省级教学团队——园艺技术核心课程团队负责人,省级特色专业——园艺技术专业带头人,国家精品课程、国家级精品资源共享课负责人,全国农业职业教育教学指导委员会委员,浙江省园艺学会常务理事、金华市园艺学会理事长,金华市专业技术拔尖人才,浙江省突出贡献科技特派员。

主要研究方向:蔬菜生产技术。主编《蔬菜生产技术(南方本)》《植物组织培养》《设施园艺》等高职教材7部,其中国家级规划教材2部,获国家级教学成果奖二等奖1项,浙江省农业科技成果转化推广奖1项,在《Plant Cell,Tissue and Organ Culture》《核农学报》等期刊发表学术论文40余篇。

第四讲

未来已来，你准备好了吗？

《中国制造 2025》指出，以加快新一代信息技术与制造业深度融合为主线，大力推动十大重点领域突破发展。完善多层次多类型人才培养体系，促进产业转型升级，培育有中国特色的制造文化，实现制造业由大变强的历史跨越。浙江省是制造大省，2015 年制造业生产总值约占全省的 45.9%。《中国制造 2025 浙江行动纲要》中明确表示，到 2025 年要将浙江省建成国内领先、有国际影响力制造强省，并重点发展机器人与智能装备、新能源汽车与交通装备、新材料等 11 大产业。

以浙江省金华市的制造业为例："机器换人"计划是浙江省提升产业水平、打造浙江新竞争优势的重大战略部署，金华地区的汽摩配、磁性材料、门业是浙江省"机器换人"的试点行业。金华市是"中国汽车摩托车产业基地"。截至 2015 年上半年，全市共有汽车、摩托车及零部件生产企业约 1 700 家，规模以上企业 508 家，总产值 452 亿，涌现出了青年、众泰、康迪等一批整车骨干企业和万里扬、今飞等关键零部件企业。通过多年培育和发展，全市新能源汽车产业已经形成了以青年、众泰、康迪、绿源、信阳、尤奈特、金大等企业为代表的新能源整车制造和电机、电控、电池等关键零部件制造的产业体系。2013 年，金华市成为"国家新能源汽车推广应用示范城市"。2016 年 1 月，"金华新能源汽车小镇"列入省级特色小镇创建名单，小镇总投资 153 亿元，其中 2015—2017 年三年计划投资达 118 亿元。为了推进产业结构调整、转变工业发展方式，金华市政府提出重点培育"先进装备制造业"等五大千亿产业，出台了系列"机器换人"扶持政策，目前已在 827 家规模企业开展试点，以"机器换人"为重点的工业现代化技改总投资达 352.56 亿元。由此可见，金华市制造业的劳动密集型生产方式正被自动化制造取代，产业的转型升级亟须大批量智能制造方面的高端技术技能人才作为支撑。

由金华市的制造业发展现状推及浙江省、全中国，甚至全世界制造业的发展趋势，可看出自动化、智能化技术带来的制造业的全面升级。

一、以六十年为尺度，看见了什么？

在 20 世纪 50 年代的上海，最受市民欢迎的嫁妆是缝纫机。对于那个时候的上海人来说，缝纫机就是未来。但是现在大多数人家里已经看不到缝纫机了，六十年前所谓的"未来"已经被淘汰了。以此观之，今天的"未来"到时又会是什么样的一番情景呢？

有一款机器人，名叫阿特拉斯（Atlas），是由美国波士顿动力公司设计并制作的。关于阿特拉斯的视频是 2016 年公布的，但机器的设计制作并不是从 2016 年开始的。2016 年上半年，波士顿动力公司第一次把阿特拉斯的动作视频在网上公布，初次出现在大众面前的这款机器人还无法吸引观众的眼球，机器人拖着长长的"尾巴"为其主机供电。随着时间的推进，阿特拉斯不断改头换面。半年后，阿特拉斯减掉了它的"尾巴"，不再步履蹒跚，它能实时调整行走姿态，还能在雪地上自由行走。

在后面的几年中，阿特拉斯从未停止它升级的脚步，从雪地上自主起身，到轻推旋转门，再到搬运货物，它都能做得完美无缺。但是，设计者仍未满足。他们希望阿特拉斯不仅能完成普通人的动作，比如行进间翻越障碍，更希望他能完成那些大部分人做不了的动作，比如前空翻。

2018 年年底，波士顿动力公司又发布了新一代的阿特拉斯视频。在视频中，阿特拉斯可以在几个高低不同的木箱上轻松跳跃，保持平衡。2019 年的阿特拉斯可以像专业体操运动员一样，做出体操运动中各种高难度动作。

从 2016 年到 2019 年，阿特拉斯从一个"站不稳，靠线撑"的机器人变成了"体操运动员"。如果再给 10 年，阿特拉斯会不会就是"终结者"中的 T-800？

二、从 1.0 到 4.0，机械制造如何走来？

工业 1.0 是"蒸汽时代"，从 18 世纪 60 年代至 19 世纪中期，即第一次工业革命时期。这是一个以珍妮纺纱机的出现为起点、以蒸汽机作为动力机被广泛使用为标志、以机器生产代替手工劳动为实质的时代。这不仅是一次技术改革，更是一场深刻的社会变革，经济社会从以农业、手工业为基础转型到以工业化大生产和全球贸易为主带动经济发展的新模式。

19 世纪中期，欧洲国家和美国、日本的资产阶级革命或改革相继完成，促进了资本主义经济的进一步发展。19 世纪 60 年代，第二次工业革命开始，科技发展直接对人类的生产生活方式产生了广泛而深远的影响，各种新发明、新技术大量涌现。第二次工业革命以电力的广泛应用为显著标志。1866年，德国人西门子制成了第一台直流发电机；到19世纪70年代，实际可用的发电机问世。电力成为补充和取代蒸汽动力的新能源。随后，电灯、电车、电影放映机相继问世，人类进入了"电气时代"，也就是工业2.0时代。

在这一时期，以汽车生产流水线为例可以看出生产方式的变化。20世纪初，亨利·福特发明了能将汽车零件运送到装配工人所需要的地点的环形传送带。当时进行了历史性的实验。汽车底盘被固定在钢索上，用绞盘拉动钢索，把汽车拖过整个厂区，6名工人跟着钢索的移动，边走边拾起沿途置放的零件，用螺栓固定在汽车底盘上。实验成功了，但遇到一个难题。装配线的高度怎么确定？为此又进行了多次实验。先抬高装配线试试，再降低试试，或者分别设计两条装配线来适合高矮不同的人。

高低问题解决了，装配线的运行速度也需要科学确定。先快一点，再慢一点，总要找到既有效率，也让大多数人能适应的速度。还要通过各种实验，以确定一条装配线上需安置多少人、每道工序应相隔多远，插螺栓的工人是否需要顺手安上螺帽，让原先安螺帽的工人将螺栓拧紧，等等，流水线上的每一个细节都需要通过实验来确定。最终，每辆汽车的装配时间从原来的18小时28分钟，缩短到1小时33分钟。人类历史上从未有过的高效生产，造就了人类历史上第一辆大规模量产的廉价汽车——闻名世界的T型汽车。汽车时代来临了。随着工人成为机器的一部分，大规模生产进入新阶段。

工业3.0，也就是第三次工业革命，是人类文明史上科技领域的又一次重大飞跃。20世纪科技方法论从实证分析向系统综合转型，人工智能、微电子技术的发展引发计算机、电讯等信息产业革命（即信息革命、资讯革命）。同时，21世纪的产业结构将转型为系统生物工程的生物（化学）物理联盟工业模式，也就是生态、遗传、仿生和机械、化工、电磁的工程，利用材料、能源、信息，整合为机器的生物系统（进化、遗传计算）、生物材料（纳米生物分子、工程生物材料）和基因工程生物体等。计算机科学理论源自动物通讯行为、神经系统的控制论、信息论研究；关于细胞内、细胞间通讯行为的探索促发了系统生物科学与工程的发展，未来的材料、能源与信息全方位生物产业前景可期。第三次科技革命以原子能、电子计算机、空间技术和生物工程的发明和应用为主要标志，是一场涉及信息技术、新能源技术、新材料技术、生物技术、空间技术和海洋技术等诸多领域的信息控制技术革命。

同前两次技术革命相比，第三次科技革命有三个特点：首先，科学技术在推动生产力的发展方面起到越来越重要的作用，科学技术转化为直接生产力的速度加快。其次，科学和技术密切结合、相互促进。随着科学实验手段的不断进步，科研探索的领域也在不断拓展。最后，科学技术各个领域之间相互联系加强。在现代科技发展的情况下，出现了两种趋势：一方面学科越来越多，分工越来越细，研究越来越深入；另一方面学科之间的联系越来越密切，相互联系渗透的程度越来越深，科学研究朝着综合性方向发展。从 1980 年开始，微型计算机迅速发展。电子计算机的广泛应用促进了生产自动化、管理现代化、科技手段现代化和国防技术现代化，也推动了情报信息的自动化。以全球互联网为标志的信息高速公路正在缩短人类交往的距离。同时，合成材料的发展、遗传工程的诞生，还有信息论、系统论和控制论的发展，也是这次技术革命的结晶和推动力量。

工业 4.0 是利用信息化技术促进产业变革的时代，也就是智能化时代。这个概念最早出现在德国，2013 年在汉诺威工业博览会上正式推出，其核心目的是提高德国工业的竞争力，在新一轮工业革命中占领先机。随后，工业 4.0 被德国政府列入《德国 2020 高技术战略》中所提出的十大未来项目。该项目由德国联邦教育局及研究部和联邦经济技术部联合资助，投资预计达 2 亿欧元，旨在提升制造业的智能化水平，建立具有适应性、资源效率及基因工程学的智慧工厂，在商业流程及价值流程中整合客户及商业伙伴。其技术基础是网络实体系统及物联网。

"工业 4.0"主要分为三大主题：

一是"智能工厂"，重点研究智能化生产系统及过程，以及网络化分布式生产设施的实现；

二是"智能生产"，主要涉及整个企业的生产物流管理、人机互动以及 3D 技术在工业生产过程中的应用等。该计划将特别注重吸引中小企业参与，力图使中小企业成为新一代智能化生产技术的使用者和受益者，同时也成为先进工业生产技术的创造者和供应者；

三是"智能物流"，主要通过互联网、物联网、物流网整合物流资源，充分发挥现有物流资源供应方的效率，而需求方能够快速获得服务匹配，得到物流支持。

随着"工业 4.0"在制造业中逐渐扩散，越来越多的传统岗位被所谓的"自动化设备""机器人"替代。

机器人已经来到我们身边，我们该怎么办？

▲ 图 4-1　制造业专业教学实践场景

三、机遇与挑战，如何应对？

人类的发展就是一个把握机遇、战胜挑战的过程。机遇和挑战往往是一体两面，机遇伴随挑战，挑战隐含机遇。人工智能时代，更大的机遇和更大的挑战仍将结伴而来（图 4-1）。

1. 三个关键词

有一句话说得很有道理，再厉害的机器人也是非常听话，做事情很仔细、很认真的孩子，总需要有人告诉他，要做什么、用什么去做、怎么做。当机器人离我们越来越近的时候，每个人对自己的职业发展应该紧紧围绕上面三个问题做出规划。

制造业有三个关键词：控制、服务和设置，对应的正是刚才三个问题。第一个是控制，就是人要控制机器。职业人要做控制机器人的人，而不是做被机器人替代的人；第二个是服务，机器人只是一个手臂，但是机器人要写字时、要拿起杯子时，都需要通过特定的配套工具来协助机器人完成上述动作。因此，可以从事机器人配套工具的设计与制造工作；第三个是设置，比如现在的汽车生产线上遍布机器人，但如果没有对机器人进行有效的设置，而是让机器人自由地动来动去，那么生产线就无法正常工作。因此，需要有人将机器人设置得井井有条，使其各司其职。

2. 在机器人时代，职业人的定位

在人工智能时代，人类的部分工作会被取代，有些会被保留，还有些会被新创造出来。未来的职业人应该选择后两种岗位。

第一个是产品设计者。产品设计人员是永远无法被机器人或是自动化设备替代的。

第二个是工艺编写者。生产工艺指生产工人利用生产工具和设备，对各种原料、材料、半成品进行加工或处理，最后使之成为成品的工作、方法和技术。它是人们在劳动中积累起来并经过总结的操作技术经验，也是生产工人和有关工程技术人员应遵守的技术规程。好的生产工艺是生产低成本、高质量产品的前提和保证。

第三个是系统支撑者，也就是说控制机械手的人。

第四个是跟踪服务者。其中又分为三类，一是技术服务，二是采购销售，三是企业管理者。

这四类岗位分别对应现代制造业生产流程的主要板块。

产品设计者对应产品设计方面，工艺编写者对应生产工艺，系统支撑者对应制造环节，跟踪服务者对应技术支持。在采购销售环节中，原先许多需要人工完成的工作都已被机器人替代，比如特殊时间段的客服、常见问题的回答都已实现无人化。但是，上述环节的特点相对固定，如果碰到需要发挥想象力和创造力的场合，机器人就无法替代人工。

因此，对于设计者、编写者、支撑者以及服务者来说，需要具有机器人无法具备的能力。

产品设计者要学会最基本的机械设计，然后进行想象和创造。其实，从钻木取火到现在的机器人，机械这个行业已经发展了上千年，前人提供了许许多多的机械设计案例，后人需要做的是在此基础上进行改进、升级、优化。

工艺编写者需要掌握基础的机加工能力，并将传统的机加工工艺与现在的自动化设备相结合，对不适合的环节进行重新编写、重新设计、重新开发，形成新的、适合自动化设备的自动化生产工艺。

系统支撑者要学会典型的控制方法。无论是电气控制，还是电子控制，都是现阶段前景较好的职业之一。越是"活"的东西，越需要人的智慧。

产品检测者也就是服务者，需要掌握多方面的技术能力。比如，手机突然死机，或是没有声音，甚至手机后盖掉下来了。作为产品检测者或是技术支持者，面对的问题是千奇百怪的，需要在掌握技术后，根据不同的情况变换解决方式。

3. 制造业爬坡，职业人成功之路

人类的伟大之处在于，在拥有智慧的前提下，还能通过反复的训练，将自己的技

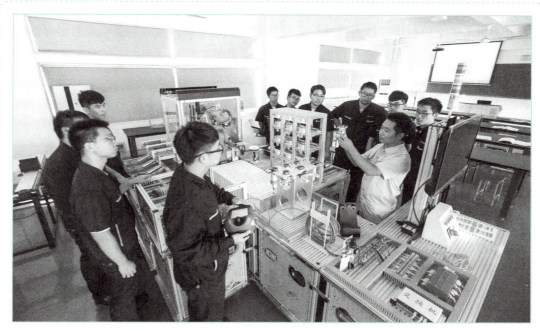

▲ 图 4-2 制造专业教学场景

能打造得和机器人一样。在机械制造专业学习时，考试 60 分就算及格了，但在制造行业工作中，做到 99 分还是不及格，只有满分才算及格（图 4-2）。

在这个行业内，有一群人，他们只是在最平凡的岗位上默默追求职业技能的完美和极致，最终从万千人中脱颖而出。他们有一个集体称号，叫"大国工匠"。当然，今天的我们离这个称号还比较遥远，但它仍是我们职业发展的目标。

在今天的语境中，工匠专指有工艺专长的职业人，被称为大师傅或技术能手。他们专注于某一领域的产品研发或加工过程，全身心投入，精益求精、一丝不苟地完成整个工序的每一个环节。

（1）航天利器之工匠王阳。中国航天科工集团三院 111 厂数控加工车间车工班班长、特级工人技师、全国劳动模范王阳，在近 10 年来，他每年完成工时都在 5 000 小时以上，相当于干了别人 20 年的活。从 1997 年起，他就参与"神舟飞船"关键部件的生产工作，至今交付超过 6 000（套）件产品，全部一次交验成功，从未出现质量问题或延迟交付，生动诠释了大国工匠坚韧坚守、精益求精的精神。

（2）潜心"铸剑励心"的航天巧匠王福利。王福利是中国航天科工三院 31 所发动机装配钳工、特级技师、全国技术能手、中国航天科工集团公司首席技师，他常把发动机系统比作装备的

"心脏"，从业 30 多年来，王福利一直战斗在生产一线，潜心"铸剑励心"，为我国航天事业作出了突出贡献。作为发动机装配领域的权威专家，王福利还参与多型号新产品研制，扫除装配过程中的"拦路虎"，出色地完成了参与"神舟十一号"载人飞船返回舱搜寻用无人机上所搭载的国内首款高空涡轮增压活塞发动机的总装任务，解决装配难题，保障了发动机试车一次成功。2016 年，他被评为中国航天科工集团公司"十大技能高手"。

（3）一个高职毕业生的技术之路。金华职业技术学院机电工程学院机制 148 班蔡祖发同学，2017 年毕业后留在金华的制造业企业，从在校园中跟在老师后面做事的学生，在三年内成为企业技术骨干、团队负责人。刚进企业时，他的工作只是画图纸。2018 年，蔡祖发开始向电磁场等更高一级的设计、测试环节冲击。2020 年，他感觉工作遇到了瓶颈，现在就职的企业技术需求已经不能适应他设计的自我技术发展规划了。短短三年，他的技术水平就超越了企业的需求。

（4）一个技术差生的销售之路。金华职业技术学院机电工程学院机制 134 班冯勇同学，2016 年毕业后就职于伟星集团，在车间里干了两年的"三班倒"。2018 年，公司决定在西安开分公司，冯勇选择调整自己的职业方向，赴西安参与分公司建设，负责市场采购。由于冯勇过往的工作经历都是在车间里，采购对于他来说是一项全新的工作，是一个没有涉猎过的领域。为了熟悉当地的市场，冯勇每天跑市场、跑商家，熟悉材料的价格区别、波动范围。那段时间，冯勇每天的微信步数都在三万步以上。2019 年，冯勇已经从一个新手变成伟星公司西安分部采购部门的骨干成员，开始领着其他新人跑市场。随着对市场的熟悉、对采购销售技巧的掌握，以及管理能力的提升，冯勇也开始考虑自己的职业发展，开始为自主创业做铺垫。

（5）与时间赛跑的"周工"。周工是一家自动化设备设计与制作企业的老板兼技术负责人。周工的起点比大部分人都低，他初中毕业后参加工作，刚开始在汽配厂做铣工，随着技能的提升，操作的设备从小铣床变成了龙门铣床。工作之余，周工自学 PLC 控制、机械设计等知识。周工职业生涯的第一个转折点出现在 2012 年，他加入金华凯力特自动化科技有限公司。在那里，周工将这些年所学的机械设计、电气控制一并运用起来，他带领五个人，一年完成 7 000 万元产值的自动化改造项目。"英雄不问出身"。只要在工作中足够努力，一个人的上限不可估量，学历出身限制不了有志向的职业人。

（6）年长的制造业企业厂长。金华天乙机械制造有限公司的总经理郎卫东称得上是"老工匠"。四个关键词可以总结他的经历与工作：论年龄，已 50 多岁；论学历，只有初中毕业；论时间，全年无休；论特点，话痨。郎卫东的企业已经办了 25 年，身为总经理，25年里他每天都到车间工作，全年无休。他办企业的初衷是为了赚钱，但很快发现创业并不像他想象得这么简单。随着企业规模的扩大，他的动力从"赚钱"慢慢变成"责任"。企业有50个员工，每个员工背后都有一个家庭，他要对这些家庭负责。一个初中毕业生，经过多年摸爬滚打，成为所有技术环节都了然于胸的技术核心。这样的人永远不会被机器人替代。

四、360行，哪一行缺得了机器人？

老话说"三百六十行，行行出状元"。将来这句话可能改为"三百六十行，行行有机器人"。

1. 医学领域的机器人

在医学领域，有一个闻名遐迩机器人，叫达·芬奇。达·芬奇机器人手术系统以麻省理工学院研发的机器人外科手术技术为基础，IBM公司、麻省理工学院和Heartport公司联手对该系统进行了进一步开发和定型。美国食品药品监督管理局（FDA）已经批准达·芬奇机器人手术系统用于成人和儿童的普通外科、胸外科、泌尿外科、妇产科、头颈外科以及心脏手术。达·芬奇外科手术系统是一种高级机器人平台，其设计的理念是通过使用微创的方法实施复杂的外科手术。简单地说，达·芬奇机器人就是高级的腹腔镜系统。其功夫之深，能够在葡萄皮上缝合"伤口"。

2. 艺术领域的机器人

机器人在绘画艺术上也取得了不小的成绩。近日，第一届机器人艺术大赛正式举行。大赛评委会由2 200多名网友以及5名专业评委组成，其中包括艺术家、评论家以及技术专家。根据人类在艺术创作中的参与程度，参加比赛的机器人分成两组，一组由人类直接参与，即人类艺术家进行绘画，而机器人则对其进行远程模拟，另一组则由人类设计出带有绘画技巧的软件，机器人通过这一软件"手握画笔"进行自主创作，其创作过程和一般人类的绘画几乎没有区别。但最终，评奖时并没有将两组机器人分开，而是以艺术性作为唯一标准进行评比。在本届机器人艺术大赛中，摘得季军的是来自米兰布雷拉美术学院的机器人NoRAA。它用的颜料是一滴血，在这一作品上，我们可以看到大约500万个红细胞的排列和组合。机器人NoRAA用这滴血"画"出18张具有抽象性的作品。

意大利发明家最新研制一款机器人——"特奥特罗尼科（Teotronico）"，它能够弹奏钢琴，与众不同的是它拥有19根手指。伴随着机械手指技术的飞速发展，机器人特奥特罗尼科借助额外的手指能够弹奏得比人类更快。它还可以踩着鼓点自弹自

唱,从而展示其惊人的音乐能力。机器人特奥特罗尼科是一款能够同时做许多事情的机器人,发明家马迪奥·休兹(Matteo Suzzi)称,这款机器人长有 19 根手指,因此能够演奏任何旋律或者歌曲,还比人弹得快。

3. 餐饮行业的机器人

人工智能技术每前进一小步,餐饮界就上升到一个新高度。随着各种线上点餐工具的成熟以及高科技的变化和发展,餐厅日益智能化。去年稻香集团在大陆的不少分店都使用了自动炒菜机,只要选取预设菜式,把材料按顺序放入,机器就能自动烹调,3 分钟后端出美味的菜品。十多种菜式包括肉类、蔬菜和炒饭等,一般中小型机器一次可炒 4 份菜式,而大型机器一次可炒 8 份。此外,为了解决行业的工种工时偏长以及近年来屡屡出现的人手短缺等问题,稻香集团 2016 年年中决定在旗下的东莞饭店内引入更多自动化项目,除自动炒菜机、自助蒸点心区及自动海鲜输送带外,最新款的"传菜机械人"亦已经投入服务。

上海发那科机器人公司总部有这么一位厨师,它穿着白色的厨师服,戴上厨师帽,负责下面条、配汤料,背后有一个机械手臂传送原材料,还有一个绿色的机械手臂运送煮好的面条。消费者下单选择面条,是汤面还是拌面,分量多少,还有面的软硬;机器人接到指令后开始煮面,最多同时可以煮 6 碗;煮好后把面条捞出,控水,盛入碗中,动作一气呵成;随后倒上预先烹饪的浇头;最后,"服务员"——协作机器人将做好的面端出。协作机器人的安全性能良好,机器人一触碰到人,就会自动停止动作。

4. 制药行业的机器人

21 世纪是生命科学的世纪。随着制造工业的发展和装备技术的进步,制药机械设备向机电一体化、全自动化、智能化发展。高、精、尖的人工智能化设备以及无人化车间在制药工业中得到广泛应用,大量使用自动化设备代替人工,一个车间只有 1~2 人控制。全自动装盒机完全代替了人工,在输送线上自动将药品及说明书装入包装盒,对缺药品、缺说明书的包装成品自动检测并剔除,不仅每台机器可代替 5~8人,速度达到 260 盒 / 分钟,提高生产效率,还能避免人工出错,减少缺药品或缺说明书的药品流入市场的概率。

粉针生产线自动包装机是生产粉针、冻干药品的一种大规模生产用自动装盒机,一次性可自动装入 50 支抗生素瓶,自动投入说明书,速度达到 40 盒 / 分钟,大幅节省人力和提高包装效率。

TIVS-A40 型水针、冻干剂智能灯检机是水针、粉针生产最后自动检测有无异物及包装是否有缺陷的智能设备,速度能达到 800 瓶 / 分钟。智能灯检机安装大量伺服器、伺服电机，通过软件设计，自动旋转摄像，与设计的标准要求比较，检测外观、液位及有无杂质、异物，能完全代替人工检测，效率大幅提高，避免了人工误差（人工长时间会产生疲劳），可 24 小时连续生产，每台机器可至少代替 10 人。现在智能灯检机已大量用于各针剂、冻干剂制药企业。

5. 教育行业的机器人

机器人在教育行业的应用主要分为机器人教育和教育服务机器人两类：① 机器人教育将激发广大学生对智能技术的学习兴趣和动力，并大范围提高学生信息技术能力，提升数字时代的竞争能力。机器人教育主要应用于组装——动力机械，如学习物理学原理、空间结构、机械传动、电与磁等；控制——智能操控，如执行机构、驱动装置、检测装置和控制系统等；竞赛——实战对抗，如按竞赛设计情境搭建机器人，并对机器人进行任务编程，学习问题解决等。② 随着机器人技术的不断提高，教育服务机器人在教育领域中的应用越来越普遍，有研究表明教育机器人作为一个学习工具有巨大的潜力。

除了上述作为教具的机器人之外，教育领域的机器人还能作为学生管理环节的工具，比如现在机器人具备人脸识别功能，可以识别出上课过程中有多少同学在认真听课，有多少同学听课走神了。课后老师可以根据机器人的课堂分析报告判断学生的学习态度。机器人已经开始替代老师的部分职能了。但是，人与人之间的沟通和交流是附带感情的，老师可以通过感知学生情绪的变化随时改变教育的方式，但机器人的教育是死板的、流程化的，无法根据教育对象状态的变化而调整教育方式，这是人与机器人的区别。

6. 居家生活中的机器人

现在有一种配备有 AI（Artificial Intelligence，人工智能）的智能音箱，比如小米公司的小爱、苹果公司的 Siri、华为的小艺等。这些配有 AI 的智能音箱可以实时与人类互动，我们提出问题，它会马上给出答案。许多在外打工的年轻人，会给老家的父母买一台智能音箱，陪父母聊天。智能音箱能根据用户搜索的信息、浏览的信息等，推送用户喜欢的内容。

7. 竞技领域的机器人

阿尔法围棋（AlphaGo）是一款围棋人工智能程序。其主要工作原理是深度学习。深度学习是指多层的人工神经网络和训练它的方法。一层神经网络会把大量矩阵数字作为输入，通过非线性激活方法获取权重，再产生另一个数据集合作为输出。这就像生物神经大脑的工作机理一样，通过合适的矩阵数量，多层组织链接一起，形成神经网络"大脑"，然后进行精准复杂的处理，就像人们识别物体标注图片一样。阿尔法围棋用到了很多新技术，如神经网络、深度学习、蒙特卡洛树搜索法等，其实力有了实质性的飞跃。

阿尔法围棋是第一个击败人类职业围棋选手、第一个战胜围棋世界冠军的人工智能机器人，由谷歌（Google）旗下 DeepMind 公司戴密斯·哈萨比斯领衔的团队开发。2016 年 3 月，阿尔法围棋与围棋世界冠军、职业九段棋手李世石进行围棋人机大战，以 4∶1 的总比分获胜；2016 年末至 2017 年初，该程序在中国棋类网站上以"大师"（Master）为注册账号与中日韩数十位围棋高手进行快棋对决，连续 60 局无一败绩；2017 年 5 月，在中国乌镇围棋峰会上，它与排名世界第一的围棋冠军柯洁对战，以 3∶0 的总比分获胜。围棋界公认阿尔法围棋的棋力已经超过人类职业围棋顶尖水平，在 GoRatings 网站公布的世界职业围棋排名中，其等级分曾超过之前排名第一的人类棋手柯洁。

未来已来，机器人已开始全方位融入人类活动领域。未来的职业人，你准备好了吗？

机器人时代，
我们能做什么

本讲教师简介：

　　黄鹏程，工学博士，金华职业技术学院教授，浙江省高校优秀教师，金华市321第二层次人才培养对象，金华市青年科技奖获得者。国家示范、省"十二五""十三五"优势专业、省四年制高职试点专业、全国机械行业示范专业的现任专业带头人。

　　主要从事高职制造类专业建设与机器人技术相关研究。主持省级教科研项目8项，市级科研项目2项，参与省市级教科研项目16项；以第一作者身份发表学术论文9篇，教研论文4篇，获金华市优秀自然科学论文一等奖2项，二等奖1项，二等奖1项；授权专利17件；获全国机械行业职业教育教学成果奖1项，浙江省农业机械科学技术奖2项，浙江省机械工业科技奖2项；指导学生参加各类学科技能竞赛获国家一等奖1项、二等奖1项、三等奖2项，浙江省二等奖2项。

02 | 职业之德
篇首语

　　汉字有一个特点，同音字往往具有共通之处，所谓"通则不痛，不通则痛"。"德"与"得"也是一对既有明显区别，又能彼此通用的同音字。"合乎德，有所得"，是"德"与"得"的内在联系。中国人相信"好人有好报""吃亏是福"，不全是迷信或自我安慰，而是在长期社会生活和职场活动中总结出来的经验。做一个有道德的人，不仅是职业人应有的个人品质，也是职场成功的必要条件。

　　清清白白地做人，兢兢业业地做事，堂堂正正地赚钱。

　　"物质决定精神，存在决定意识。"职业首先是人的谋生活动。在市场经济条件下，职场上为别人想得越多、做得越好，其产品或服务的收益应该越高，这样的正反馈才能引导职业人恪守公德，遵循规范，精益求精，勇于创新，不断增加产出、提高品质。在不仅人的生命，而且动物的生命也越来越得到尊重和爱惜的当下，"关爱生命"背后蕴藏着珍贵的价值。

　　市场经济服从供求规律，凡是市场紧缺的，价格就高，从业者的收益也高。信任是市场交易不可缺少的要素，但在现实生活中常常供应不足。被大家信任，不但可以支撑起一项职业，还可以为职业人带来收益。中介行业的从业者唯有保持诚信，才能"在利益博弈的夹缝中活得滋润且坦荡"。

职业活动是"主观为自己，客观为他人"，双赢既符合职场逻辑，也合乎职业人的利益。更好地了解他人，才能让自己的产品或服务被消费者认可。在现代社会里，每个人既是职业人，又是消费者，不同的场景配合以不同的身份。职业人了解消费者的有效办法之一就是置自己于消费者的地位来感同身受。"修车先修己"，说的是从自身的体验中找到消费者的痛点并解决之，可以获得意想不到的收益。

职业人需要呼应消费者的需求，但消费者时常意识不到自己有什么需要。大数据分析可以从消费者弥散的行为中找到其背后需要的驱动。一个人即便"睡着了"，仍有数据产出，数据在引导职业活动的同时也能给消费者带来价值。不过，要想化无用为有用，职业人必须具有分析数据的意识、办法和能力。

第五讲

如何在利益博弈的夹缝中活得滋润且坦荡？

大家都有网上购物的经历吧，特别是"年中庆""双十一"的时候，总有一种清空购物车的冲动。打开手机进入购物网站，各种优惠扑面而来，把心仪的商品放进购物车，然后盘算着把各种优惠用到极致，花最少的钱买到心仪已久的东西。一共3 000 元，优惠 1 000 元，实付 2 000 元，一种赚到了的兴奋感油然而生。

在市场交易中，消费者要想为省钱而高兴，必须让商家也能为赚钱而高兴，否则，亏了本的商家破产了事，谁还来提供消费者高兴的机会？市场的存在说明消费者和商家实现了双赢，而双赢的前提是买卖双方利益博弈到达了一个平衡点，在这个平衡点上，一个觉得实惠愿意买，一个觉得能赚钱愿意卖。这只是个简单的、普遍的、小金额的商品交易的买卖，是普通人算得过来的，但其中的道理也适用于其他场景。

消费者满意与职业人满意的双赢原则同样适用于装修。比如，我刚刚买了一套毛坯房，但在装修问题上，完全是一个"小白"，我该怎么做？不停地找施工单位，告诉他：我想花十万块钱，目标是把我的房子装修成凡尔赛宫的样子。按照现行市场定价，施工方一定觉得你在开玩笑。单靠自己，你真能算计出哪里该用钱，哪里该省钱吗？既想达到理想的装修效果，又不愿意被施工单位赚太多钱，这很难实现。对于任何一个人来说，一次性的金额较大的交易，靠精打细算很难达到目的，毕竟施工方不会按照你的尺度来计算自己的利润。如果双方各打自己的算盘，要准确找到这个利益平衡点，的确有些难度。

如果要建设大型居住区甚至完成大型公建项目（图 5-1、图 5-2），投资上百万、甚至几百亿，投资方想省钱，施工方想多赚钱，双方的利益如何协调？谁来达成？

他就是造价工程师。

造价工程师是建设工程活动中协调甲乙双方利益的中间人。从工作职责的角度讲，造价工程师是专门接受某个部门或某个单位的指定、委托或聘请，负责并协助其进行工程建设费用的计价、定价及管理业务，以维护其合法权益的工程经济专业人员。

▲ 图 5-1　建筑施工场景 1

▲ 图 5-2　建筑施工场景 2

一、造价小白如何"扭转乾坤"?

我是做施工出身的，走上造价工程师的岗位不久，公司安排我做一个经济适用房基础工程结算的造价审核。那天在办公室里坐久了，刚想站起来出门走走，突然就听到有人喊："廖工在哪里？你给我出来！你为什么要克扣我那么多钱？"这是施工单位的一位负责人，他十分生气，强硬得仿佛一团怒火迎面扑来。

作为一个刚入职的女性，我担心对方在气头上会有不理智的言行，决定不同他起正面冲突，躲在办公室，装作没听见。过了一会儿，对方的声音慢慢平静，我猜是同事的安抚起了作用，这才咧了咧嘴，练习下微笑，让自己看起来不是那么尴尬。

走出办公室，见到这位施工方的大哥，我很有礼貌地递了杯热水过去，但还是逃不过对方兴师问罪。大哥说："你无缘无故扣了我那么多的钱，还我钱！"

我耐心解释道："看这里，你在编制结算的时候漏掉了，给你加上去了；这里的量少算了，也给你加上去；你看看，这么多钱都给你加上了。"

大哥的脸色当下有所缓和，我趁势说下去："我想再了解一下施工情况，当时你们是如何打桩的？"

大哥说："工人用风镐咚咚咚就把这个打桩的洞挖出来了。"

我说："果然是这样，问题就出在这里。算成本的时候，你不是按照人工挖孔，而是按机械挖孔来计算的，你知道机械挖孔和人工挖孔结算时的费用相差很大，人工挖孔的定价要比机械挖孔的便宜得多。既然你采用了人工挖孔，自然得按照人工挖孔来结算。即便这样，你还是有钱赚的。"

听我说得有理有据，施工大哥也心平气和了。和施工单位谈妥之后，该向委托审核的业主汇报了。我把净核减多少钱，总造价是多少等数据如实说出，李工听了很开心，然后我接着说，但是经过现场多次核对，施工方在编制结算的时候漏掉了一些做过的内容，我对结算进行了调整。李工回应道："该调整的还是要调整的。"

我这个"造价小白"初出茅庐的经历说明：第一，专业问题要用专业知识来解答。我没有跟施工方起正面冲突，只是以理服人。什么是人工挖孔？什么是机械挖孔？在专业书里有明确的界定，需要做的只是勘察清楚，然后心平气和地倾听和耐心地解释。

第二，巧妙沟通。我在和施工单位沟通时，先稳住施工大哥，告诉他结算编制时，有哪些地方漏算或少算了，再解释为什么有些地方被扣减，扣减的依据是什么。在跟业主汇报时，我先说结算审核净核减金额和结算审核后的造价金额，再解释因为结算编制不全面，存在漏算和少算的核增情况。业主和施工方对结算审核的结果都给予认可，该项目的工作才算完成。

我圆满地完成了这次结算审核的任务，这可是"造价小白"接到的第一个任务。施工单位赚到了该赚的钱，业主付了该付的钱，我拿到了第一笔佣金。对我来说，佣金并不是这个项目带来的最大收获。最大的收获是信任。我收获了施工单位的信任，施工方对我佩服有加："廖工脾气好、业务好。"我也收获了业主的信任，业主说"廖工现场踏勘仔细、做事实事求是"。我收获了公司领导的信任："这个小廖，第一个项目就没让我操心！"

信任，助力我在职场上不断提升。进入了咨询公司之后，薪水年年见涨，没过几年，我就当上了单位的技术负责人。

二、高职生如何做得风生水起？

他是一位优秀的造价工程师。尊重本人意愿，下文以第三人称"他"来称呼。

他真正的职业发展是从独立完成政府的经济保障房项目某宅基地置换开始的。从最初的项目概算，到项目施工过程的造价控制和结算审核，原概算一亿多元的项目，结算审核后的实际造价是 8 000 多万元。通过自己的专业能力，他为国家节约了 3 000 多万元的资金，践行了"预算不超概算，结算不超预算"的原则。做到这一点靠的是概算、预算的准确性和施工过程造价控制的合理性。因为该宅基地置换项目全过程造价管理的成功，他获得了政府的嘉奖，当然还有佣金。

现在，他是鸿雁社区项目造价控制的负责人，这个项目投资 50 亿元。鸿雁社区是浙江省政府推出的 24 个未来社区的试点之一，是以人民对美好生活的向往为中心，以人本化、生态化、数字化为三大价值坐标，构建未来邻里、教育、健康、创业、建筑、交通、低碳、服务、治理九大场景，最终实现美好生活零距离。

他的起点是金华职业技术学院造价专业 2011 届的毕业生，在 2016 年，他就靠自己的收入买了房子。在不到十年的职业生涯中，他走得比别人更快、更远。

这是怎么做到的？

第一，目标明确。大一时，他参加了学校组织的职业生涯规划大赛。那时候他的目标就非常明确——要做造价工程师。大学三年他一直在工程造价管理的道路上努力着。除了规定课程，只要与造价相关的讲座、培训、比赛，他都积极参与。在校期间，他荣获第三届"浙江五洲杯"全国高等院校广联达软件算量浙江分赛区一等奖、全国总决赛二等奖；荣获国家励志奖学金、浙江省普通高等学校优秀毕业生称号。荣誉是勤奋的孪生兄弟，通过荣誉，可以看到他努力的背影。

第二，真诚获取信任。刚进大一时，他并没有给大家留下多少印象，也许是因为他不爱说话，喜欢默默干活。2009年，流感大暴发，学院有十几位同学被隔离，需要人送饭、送水、量体温。在别的同学还犹豫是否要报名当志愿者的时候，他已经自告奋勇穿上防护服进入了隔离区，半个月之后，最后一名同学离开隔离区，他才离开。相比进去时，他明显黑了、瘦了，但他依然微笑着，不多说话。老师开始关注他，这个同学有爱心、实诚，值得好好培养。每次上课他总是坐第一排，老师组队带学生参加与造价相关的技能大赛，他第一个报名。大三应该出去实习了，他主动跟老师说："老师我要去实习，可以帮我推荐实习单位吗？"

老师说："去金华最大的事务所吧，那里业务多、机会多。"

实习结束后，他又说了："老师我想回家乡工作。"

老师说："没问题，那里老师有一个朋友，你去找他。"

然后他就到当地最大的造价事务所工作。

职业的道路上，除了需要自己的努力，还需要贵人的帮助。那贵人怎么来的？不是天上掉下来的，而是用真诚换来的。

第三，懂得感恩。他参加工作后，经济收入稍微好了些，就立刻加入了公益助学机构"我们的自由天空"（OFS），深入湖南、广西等地偏远山区走访贫困生，成为一名支教走访志愿者，与边远地区贫困生结对资助，一边工作一边做公益，回馈社会。

回溯他短短几年的职业生涯，可以发现，目标、态度、资源、兴趣、坚持、感恩、抓住机会等构成了他奋斗的主题。大学期间，他目标清晰，把握各种学习机会，锁定造价专业，并且充分整合老师、同学的资源，在造价专业学习中，脚踏实地，稳步前行；毕业后，凭着对工程造价行业的兴趣，坚定"学精都是一条艰难的路，定位高端，坚持必不可少"的信念，勤奋刻苦，做强自己，等待更好的发展机会，才最终成就了现在的自己。

三、造价师在职场上能走多远？

王波是中晨工程咨询有限公司的董事长和总经理、一级造价师、高级工程师，2002届工程造价专业的毕业生。刚毕业他就进入金华的一个甲级工程造价咨询公司工作，成为一名普通的造价员，跟在师傅后面做着一些简单的项目。这种小项目能锻炼能力，但是收入较低。他不满足于当下，为自己设置了一个更高的目标：成为一名项目负责人。

项目负责人需要更精的业务能力，还有一张能证明自己的执业资格证书。在工程造价这个行业里，只有造价工程师才能成为大项目的负责人，才能签署有法律效力的文件。为此，他除了努力工作、精进业务能力之外，还利用工作之余勤奋学习，顺利考取造价师执业资格证书。公司老板认为这个小伙子在专业领域进步很快，不仅业务做得好，考证也不耽搁，就提拔他当部门经理。部门经理可以接触更多的人，可以负责更大的项目，王波的职业之路就这样被打通了。

中期，老板为了留住这个优秀的人才，还转让了部分股份，让这个年纪轻轻的技术骨干成为公司的股东。即便如此，他仍不满足，觉得自己可以做更多的事情。出乎老板的意料，他辞职了。他在杭州组建了浙江康平项目管理有限公司，自己当老板。

杭州是一座美丽的省会城市，项目投资多、投资金额大，机会比金华更多，他的公司发展很快。但是在杭州做了几年之后，他觉得国家的经济形势变化很快，造价管理的相关文件、规范变化得也快，全过程造价管理的推广，公司面临更大的挑战，要想继续发展，必须拓展业务，拿到更多更大的项目。

怎么办？

去更大的城市！

于是，他在北京成立了中晨工程咨询有限公司，经过几年的发展，公司取得甲级资质。如今公司有员工 150 个人，年营业收入 6 000 万元，业务范围辐射全国。即便如此，他仍不满足，"6 000 多万元是我新的开始，企业要做大做强"。

在他的职业生涯中有八字箴言：埋头拉车，抬头看路。正因为他一边埋头拉车，一边抬头看路，所以能不断地完善自己，从一名业务骨干成长为一个优秀的管理者，继续迎接新的挑战。究竟能赚多少钱已经不重要了，他脑子里想的是公司的发展、员工的成长，还有为社会创造更大的价值。

他对在读的学弟学妹们说："来吧，跟我做造价，今天你是造价的'小白'，明天就是业务骨干。如果你是业务骨干，那么接下来就有可能成为我的合伙人。今天你是我的合伙人，也许明天你就能自己开公司了。只要你努力，就可以超越我这样的人。"

四、为何选择了造价专业？

造价工程师是一个重要的职业，但并不为普通人所知晓，业内人选择这个职业，不是受环境影响，就是有自己的想法。

1. 专业选择：因缘际会

每年新生入校时，老师都会和大家讨论到他们中学时期的学习经历和专业选择的心路历程。大致有以下几类：

学生Ａ：因为中学阶段没有好好思考过自己的将来，所以对专业的选择陷入迷茫。经过对众多工科专业的广泛比较和深入了解，千挑万选后，在父母的建议下，最终选择了工程造价专业，理由是有技术傍身，未来就业不愁。

学生Ｂ：叔叔是水电工，假期安排我跟他学水电安装施工。因为家人对水电工程比较了解，我一边当学徒一边在网上搜索与水电相关专业的信息，就是没有找到让我感兴趣的。叔叔说："实在不行你就学做造价吧，我的水电安装工程向业主要钱的时候，都是要经过造价审核才能拿到钱。"当时，我就对学工程造价有了点兴趣，所以我选择了工程造价专业。

学生Ｃ：我的学生时代一直在懵懂中度过，选择造价专业纯属偶然。我看历年造价专业的录取分数线都比其他专业高，而我的分数刚好合适，想着分数高肯定有它的道理，但是不知道造价专业是学什么的、学出来后是干什么的、能有多少的收入，也算是"跟风"进了这个专业。

学生Ｄ：我是个女生。家人及自己的期待就是未来就业不要做太辛苦的工作。恰好表哥是学这个专业的，他以自己的经历告诉我建筑的各个专业里，造价更加适合女孩子，主要工作是坐在办公室里整理文件，工作环境好，收入高，比较适合女孩子。如果能考下造价工程师证书，工资水平还会有所提高。表哥现在的收入不错，恰好这个专业的就业方向也符合我的预期，所以我就选择了这个专业，选择了这所学校。

各个同学选择工程造价专业的原因各不相同，有遵循父母建议的，有偶然接触到的，还有看到专业光鲜亮丽的外表而来的。但总的来说，大家选择工程造价专业大多是考虑专业的就业环境、经济收入、择业空间三个方面，体现了结果导向。

结果导向是我们前进的重要推动力，人本来就是要生活在现实中，大学专业的选择有点类似"盲婚哑嫁"，明确知道自己将来要从事什么行业，并有目的地选择专业的只是少数人，更多的同学是因为各种各样的"缘分"走进工程造价这个专业。

2. 就业方向：机会属于强者

开启职业人生，源于学习，始于就业。

在房产公司就业，造价工程师需要思考怎样花最少的钱做想做的事情、达到想要的效果，这叫成本控制。房产成本控制主要有两部分内容，一是物资采购的成本控制，这需要深入市场，了解适时建筑材料的市场价格，预测建筑材料价格的变化趋势，审核相关部门报送的采购方案，确保采购的物资处于最合理的价格水平。二是施工合同的管理（包含施工进度款支付），这对造价管理人员的综合素质要求更高——能管理、懂施工、会测算。施工合同的管理是一个业主和施工方依据合同博弈的过程，围绕良好的施工质量、合理的施工成本和保证施工进度三者的平衡而展开。

建筑公司也是工程造价专业毕业生的一个就业方向。工程的造价管理是建筑施工企业管理活动的重要内容,科学管理可以实现中标价格合理、施工成本较低的目标,从而获得较高收益。企业经营的目的是盈利,工程造价管理是施工企业盈利的必要措施(图5-3、图5-4、图5-5)。建筑公司有一个叫经营科的部门,专门负责公司参加建设项目招投标的工作,包括编制投标报价,合理价格中标;负责的施工合同管理(工程造价管理),在合情合理又与合同相符的情况下,争取施工单位利益的最大化。

▲ 图5-3 建筑施工场景3

▲ 图5-4 建筑施工场景4

▲ 图 5-5　建筑施工场景 5

还有一个就业方向是咨询公司。前面两位学长就是在咨询单位就业。他们运用自己的专业知识，一手托两家，做好专业的协调人。

房地产、建筑单位、咨询公司属于收入不设上限的行业，只要足够努力、有丰富经验，就可以赚取合理的佣金。造价人员也可以在相关的审计部门、城投公司等有国资背景的单位工作，其特点是收入有上限，以用好纳税人的钱，为老百姓、为人民谋福祉为职责。

3. 工作晋升：考取造价工程师

造价工程师是指通过职业资格考试取得中华人民共和国造价工程师职业资格证书，并经注册后从事建设工程造价工作的专业技术人员。造价工程师有一级和二级之分。一级造价工程师职业资格考试全国统一大纲、统一命题、统一组织，二级造价工程师职业资格考试全国统一大纲，各省、自治区、直辖市自主命题并组织实施。

凡遵守中华人民共和国宪法、法律、法规，具有良好的业务素质和道德品行，具有工程造价专业大学专科（或高等职业教育）学历，从事工程造价业务工作满 5 年；具有土木建筑、水利、装备制造、交通运输、电子信息、财经商贸大类大学专科（或高等职业教育）学历，从事工程造价业务工作满 6 年，可以申请参加一级造价工程师职业资格考试。具有工程造价专业大学专科（或高等职业教育）学历，从事工程造价业务工作满 2 年；具有土木建筑、水利、装备制造、交通运输、电子信息、财经商贸大类大学专科（或高等职业教育）学历，从事工程造价业务工作满 3 年，可以申请参加二级造价工程师职业资格考试。

一级造价工程师职业资格考试合格者，由各省、自治区、直辖市人力资源社会保障行政主管部门颁发中华人民共和国一级造价工程师职业资格证书。该证书由人力资源社会保障部统一印制，住房城乡建设部、交通运输部、水利部按专业类别分别与人力资源社会保障部用印，在全国范围内有效。

二级造价工程师职业资格考试合格者，由各省、自治区、直辖市人力资源社会保障行政主管部门颁发中华人民共和国二级造价工程师职业资格证书。该证书由各省、自治区、直辖市住房城乡建设、交通运输、水利行政主管部门按专业类别分别与人力资源社会保障行政主管部门用印，原则上在所在行政区域内有效。各地可根据实际情况制定跨区域认可办法。

考证说难也不难，但只是对于勤奋者而言。造价师资格是理论知识和实践经验积累的成果，只要好好学、认真做，就可以成功考取证书。

要顺利通过考试，学习方法很重要。无论对于哪个行业或专业来说，学习方法是相通的。有一个"3＋1"的学习方法，希望考取造价师职业资格的从业者可以一试。

"3"指的是培训教材看 3 遍。第一遍，每个字都看过去，不漏过任何知识点，角角落落全看遍，画出重点、难点，并看懂、记住，把书看厚。

第二遍，复习重点、难点，做相应知识点的习题，巩固重点、难点知识。

第三遍是做完习题之后回归培训教材，"温故而知新"。这时候遵循的是"早睡晚起"的原则。良好的作息时间，是学习效果的保证。平常也许 23：00 以后才有可能上床睡觉，准备考试阶段 22：00 左右就上床了。躺在床上，回想看过的每一个知识点，做过的习题，想不起来或者有点模糊，就赶紧起来翻书、翻习题，继续！然后第二天"晚起"！早上醒来之后先回忆昨天晚上复习了哪些知识点，重新翻书的内容是否已经掌握。

"＋1"指的是最后的自我综合测试，选择历年的执业资格考试卷、选择参考资料的模拟试卷，在规定的时间内完成并批改，然后是自我总结和反省。

坚持"3＋1"的学习方法，可以提高拿到执业资格证书的概率。

五、生存原理：如何赚信任的钱？

什么叫信任的钱？不是说大家信任你就给你钱。在利益博弈的夹缝中，从业主的角度来说，我请你来施工，你给我报价，我会完全按照你的报价给你支付费用吗？不会。如果业主乱压价，施工方会做赔钱的买卖吗？也不会。一个担心买贵了，花冤枉钱；一个担心卖便宜了，赚不到钱。这中间的平衡需要有一个双方都能信任的人——造价工程师——来促成双方利益的合理实现。经过造价工程师测算、审核的建设工程的承发包价格、建设工程施工合同的管理，双方都能够接受，而且双方都愿意支付合理的佣金。

作为一名造价工程师，如果只维护一方的利益，生意是做不成的。造价工程师必须保证交易双方都乐意，生意才能做成，做成以后心情愉快。因为工程造价师的存在，双方建立了交易关系，而且顺利完成这场交易，双方的目的都达到了，才愿意从各自拿到的利益中，以佣金的形式分一些给造价工程师。

淘宝网发展初期，业务难做的原因之一是商品挂在网上，消费者摸不着，无法亲身感受商品的存在，犹如"镜中花，水中月"。在线下实体店，商品看得见、摸得着，衣服可试穿，可以摸一下布料，看看工艺。在网络上只能看照片，凭什么去付钱？付了钱，不要说商品，最后连人都不见了，找谁要去？

那就立个规矩，先发货，满意后再付款。这样做确实能让消费者放心，东西拿到后试穿，甚至穿了三天之后再洗一遍，确保没问题再付钱。可商家放心吗？万一不给钱怎么办？穿了洗、洗了穿，再以质量问题为借口退还怎么办？

无论怎么定，商家和消费者都有不放心的理由。

市场经济一定是建立在信任的基础上的，无信任，不交易。电子商务的兴起离不开第三方支付。

支付宝意味什么？成立之初，支付宝扮演电子交易中间人的角色。买家把钱给支付宝，卖家发货，买家收到货后，如果满意，确认付款，支付宝就会把买家的钱转给卖家；如果不满意，可以退货，钱就不会给卖家。支付宝作为电子交易过程中的第三方，起到保证资金安全、保障交易的作用。

两个人做买卖，消费者把钱打到商家在支付宝的账户里，货没到手，钱已付了，但没有直接给商家，而是转到商家的支付宝账户。商家看到消费者已经付钱，才敢发货。消费者收到货物后，如果没有问题，点击确认收货，支付宝就会把钱打给商家，超过约定的时间，不用消费者点击确认，支付宝也会把钱打给商家，所以商家不怕拿不到钱。如果消费者收到的货物与描述不符，或者与自己所想的有差距，或者后悔了，可以选择无理由退货。这时候，也不怕商家不予退款，因为钱在支付宝账户里，只要退货，钱就会回来。为什么电子商务对一般商品必须承诺退货，退货意味着消费者能把钱要回来。

六、人生目标：如何在夹缝中活得滋润且坦荡？

在没有信任的情况下，人为设计第三方，由第三方把交易所需要的信任给补上，最后不是双方彼此信任，而是共同信任第三方。双方的生意做成，是因为有第三方，双方都信任他（它），双方都认为没吃亏，买卖就做成了。

在交易过程中，如果任何一方只要塞钱给第三方，第三方就会帮着克扣对方，那么第三方享有的信任就不复存在。一切行贿的目的无非舍小钱赚大钱，而且每个行贿者都会想到对方也可能采用同样的方法来损害自己的利益。结果，两边都对第三方失去信任。如果为创造市场必需的信任而诞生的第三方，非但没有增加市场需要的信任资源，反而损耗了信任基础，那么从业者必定丢失自己在市场经济中的立足之地，砸了饭碗，毁了声誉，甚至锒铛入狱。

造价工作直接与钱相关，在工作中要特别注意所做的每一件事情都必须有理有据，一旦被问到价格是怎么来的，务必说得出理由和依据。对于造价师来说，这是获得职业信任的技能前提，只有达到足够的技能水平，才能以理服人，才能让人相信报价是透明的、是经得起检验的。

造价工程师要赚安心钱或安心地赚钱，必须恪守职业规则。作为第三方，只赚取合理的佣金，不拿佣金之外的不义之财，不私下拿别人的好处。这不仅是职业道德，更是纳入法律法规的行为准则。

遇到客户私下给好处的时候，必须拒绝，这没有任何问题。问题只在于怎样拒绝。有时候不是说造价师想拒绝就能拒绝的，那又怎么办？

最简单的办法是开展业务时，如果去业务相关的单位或者同相关的人员一起出去办事，一定要有同单位的人员陪同，这样遇到送礼等情况就容易拒绝，而且对方也会觉得环境不够私密，会自行打消送礼的念头，这样也可以避免许多尴尬。

造价工程师是一个好职业，但从业者要做好自我保护，不能掉坑里。其实每个行业里都有坑，一个人要在这个职业里做下去、发展起来，千万别掉坑里。要养家，要有个体面的工作，就要明明白白地赚钱，钱一定要来路正。堂堂正正地做人、兢兢业业地做事、清清白白地挣钱，才能在利益博弈的夹缝中活得坦荡且滋润。滋润

▲ 图 5-6　工程造价专业课堂教学

不能没钱，坦荡不能赚昧心钱。钱挣得再多，天天提心吊胆，梦中也会惊醒，这个日子还怎么过？所以，只有坦荡，才能真正活得滋润。

七、工作能力：校园里就可以起步？

造价工程师既要让业主方满意，又要让施工方满意，除了专业技能，还要有很强的沟通与协调能力。有志于成为造价工程师的大学生需要尽早培养和提升自己的综合能力。

校园生活中有很多沟通与交流的机会，也有很多锻炼沟通与交流能力的平台。大学课堂不仅仅是教室里的课堂（图 5-6），还有课外的第二课堂，其中很重要的一个场合就是社团活动。

有一些社团活动与专业教学相关，如测量协会、造价协会、建筑信息模型（BIM）协会等社团，会邀请校外行业专家讲课、组织专业技能培训等活动，这是课堂知识的延伸，是提升自己专业技能的机会，更是了解行业现状、接触校外专家的窗口。在社团活动中，大家可以平等相处，更能锻炼待人接物的能力。

职业人都知道，有些技能在课堂上是学不到的，只能在课堂之外的场合学习，比如实习。但实习还不够，最好是到现实生活中去学习。在大学里，社团组织就可以提供一个最接近现实生活的沟通和协调环境。如果有可能，大学生最好争取当一回社团组织的领导者。领导者不是"官儿"，而是社团组织中最核心的服务者，通过服务来获取同学们的信任。要开展社团活动，必须跟同学、老师或校外专家进行沟通交流，这绝对能助力未来的职业生涯。老师会在课堂上讲授专业知识，但是其他的素质，学校只能提供培养条件，不能用考试的办法来催促学习，只有能利用学校提供的条件，主动学习和自觉锻炼的同学，才能让自己在大学期间提升综合素质。

要积极参加各种竞赛，比如前面提到的职业生涯规划大赛。这对于个人选择职业道路或者提升求职能力有很大的帮助。参加职业生涯大赛，在众多评委专家面前，落落大方地展示自己的职业生涯规划，剖析自己的优势，分析自己的弱势，规划未来的学习，扬长补短，这个过程不只是锻炼了一个人的胆量，还能通过竞赛，督促自己做好规划，让学习更有效率，让自己通过跟人沟通被更多的人认识、关注，扩大社交范围，将来就业面试时，可以展现出更多的亮点，为自己心仪的单位所青睐。

你我职业人，学习的时候就要做好职业准备。

造价工程师的执业
资格与就业方向

本讲教师简介：

廖俊燕，金华职业技术学院副教授，高级工程师，一级注册造价师，一级注册建造师，浙江省评标专家。

主要研究方向：建筑材料的开发与应用。包括建筑废弃物在混凝土中的开发与在工程的应用研究，建筑废弃物在水泥中的应用等。与混凝土生产厂家、水泥厂开展科研合作。

有15年企业从业经历，积累了丰富的实践工作经验。主持金华市科技局项目2项、浙江省教育厅项目1项，浙江省住房和城乡建设厅项目1项，主持《建筑装饰工程预算》国家资源库建设，发表2篇SCI论文，1篇EI论文，其他论文发表10余篇。

第六讲

修车与修己，哪个在先？

不知不觉之间，中国汽车行业已从增量市场进入了存量市场，同时，也从以销售市场为主进入了以售后市场为主的阶段。汽修行业高速发展的时期到来了。

一、修车和卖车，哪个赚钱？

汽车是比较方便的代步工具之一，也是家庭的大宗消费品，而汽车消费不同于其他商品消费的地方在于：消费者一旦购买了汽车，就需要定期地加油、保养、购买保险、维修等持续性花费，直至汽车报废、解体。正因为这个特点，汽车售后服务业已超越汽车制造业和汽车销售业成为汽车行业利润的主要来源。这固然与消费者对汽车售后服务业的需求极大增加紧密相关，而更重要的因素在于汽车销售与汽车售后服务产业的差异。汽车商品的购买活动，往往在固定的供应点被消费者购买，具有一次性购买的特点；而汽车售后服务作为多次消费品，在不同时间被消费者重复购买与使用，具有一定可贸易性。正是由于这种差异，售后服务供应者可以重复多次向汽车售后服务消费者索价。同时售后服务具有一定的差异性特征，售后服务提供者可以利用自己独特的服务，在与消费者的讨价还价中索取高价，这个特定的索价机制可以保证汽车售后服务业拥有较高的市场利润。据统计，一个成熟的汽车市场中，汽车整车的销售利润占整个汽车业利润的 20% 左右，零部件供应利润占 20% 左右，而50%~60% 的利润是由售后服务产生的，可见汽车售后服务业已成为汽车制造商和汽车 4S 店的主要利润来源，也构成了汽车行业可持续发展的重要支柱。丰田汽车公司在全球有 7 300 多家销售服务网点，将近 10 万名员工，数量是负责制造零件的员工数量的 2 倍多。所以汽车售后服务具有较强的可持续性。

我国庞大的汽车保有量和汽车销量的快速增长为汽车售后服务业的发展提供了巨大的成长空间。2019 年，中国汽车保有量大约在 2.6 亿辆，其中私人汽车保有量大约 2.2 亿辆，中国已经成为世界上汽车保有量最多的国家之一。2017 年中国汽车产、销量达到了顶峰，2018 年和 2019 年产、销量有所回落，但依然每年保持在 2 500 万辆以上。虽然汽车刚需依然旺盛，但随着近几年汽车产、销量的稳步增长，未来10年汽车售后服务市场即将迎来更大的商机。

中国汽车工业的迅猛发展当从10年前算起，2010年我国汽车保有量为9 086万辆。一般车辆的质保期为2~3年，从售后保养维修的角度讲，最佳换车周期为5~6年，行驶里程在8万~10万千米。随着车龄的增加，养车成本也逐年增加。保守估算，如果车辆置换周期为10年，那么2020年待置换车辆将近1亿辆，而且置换二手车的数量会逐年增长，最终与新车持平，足以看出二手车交易以及二手车的维修市场将成为一个庞大的"黄金"市场。

二、现代修车单纯靠手艺吗？

在人们的传统观念中，汽车维修这一行业很脏很苦，很少有人愿意从事这一职业，修车甚至被一些家长当作反面教材："再不好好学习，你以后就和他一样给别人修车！"

20世纪70年代，金华市本地有一位非常有名的汽车修理技师，他的儿子从小看着父亲修车。也许为父亲在故障修复中的执着所影响，也许为父亲得到亲友尊敬所感染，也许为征服故障的神奇所吸引，儿子长大之后，跟父亲说："我想学修车。"

父亲问儿子："修车要爬到车底，你不嫌脏不怕苦吗？"

儿子说："你不怕，我也不怕。"

父亲对儿子说："学修车可以，但我不会收你为徒，你跟别的师傅学，师傅不一定会把技术全部教给你。"

因为父亲的反对，儿子未能当上修车学徒，但兴趣是最好的老师，20年后儿子还是与汽修结缘，成为一名汽修实训教师。

过去，修车的高手都不愿意自己的子女学修车，不只是因为辛苦，还因为技术提高的空间有限。这种情况随着汽车技术的发展而彻底改变。

今天，现代汽车集机、电、液于一体，汽车维修所需的设备和技术也随之发展。对于化油器时代的汽车，汽修人员可以通过看、听、摸、闻进行直观感受，结合经验来修理汽车。但随着微电子技术、自动控制技术以及互联网技术在汽车上的普及应用，单靠经验、用大拆大卸的方法已无法适应现代汽车维修技术的要求，过去"师傅带徒弟"，凭手艺修车也暴露出越来越多的弊端，很多老师傅或中级工因为不掌握汽车各模块之间的逻辑关系，知道怎么修理，但不知道为什么这么修理，更不知道深层次的原理。现代汽车技术正向两个方向快速发展，一是智能网联技术，即搭载先进的车载传感器、控制器、执行器等装置，并融合现代通信与网络技术，实现车与车、

▲ 图 6-1　理论与实践并重的汽车维修

路、人、云等智能信息交换、共享、具备复杂环境感知、智能决策、协同控制等功能，达到安全、高效、舒适、节能行驶，并最终实现替代人来操作的新一代汽车技术；二是新能源汽车技术，是指采用非常规的车用燃料作为动力来源或使用常规的车用燃料、采用新型车载动力装置，综合车辆的动力控制和驱动方面的先进技术，形成的新技术、新结构的汽车的技术。现代汽车电子化、智能化的发展要求汽车维修必须借助高科技检测设备，比如智能诊断仪、汽车综合测试仪等，在不解体的前提下，准确、快速地分析故障原因、查找并排除故障，恢复汽车的工作性能，在必要的时候可以通过远程通信技术来实现汽车的快速故障诊断。

今天，汽车维修人员既要掌握微电子技术、自动控制技术，还要会操作计算机、会上网查找资料。只有系统学习电工电子技术、计算机控制技术、机械基础及汽车运行材料、汽车构造与维修、汽车故障检测诊断、汽车维修检测设备使用等专业知识，奠定良好的理论基础，并通过实训和实践，才能掌握和提升汽车维修的通用基本技能和特定车型维修技术（图 6-1）。

随着车载信息化技术的发展以及进口维修设备的普及使用，汽车维修人员还必须具备一定的英语能力、计算机技术和实践经验，能熟练使用汽车维修专业互联网查询汽车维修资料，结合实践经验，对出现的各种疑难杂症进行分析，达到准确判断、熟练排除，以最低的成本、最短的工时排除各类汽车故障，成为行业技术能手。

三、汽车维修职业人能成为"富一代"吗？

汽车维修人员从事的工作被称为"售后服务"，指整车出售后与汽车使用相关的服务，包括维修保养、车内装饰（或改装）、金融服务、事故保险、索赔咨询、旧车转让、废车回收、事故救援、市场调查与信息反馈等多方面内容。汽车产业是一个庞大的产业链集群，从汽车问世以来，依靠汽车售后服务发家致富甚至成为亿万富翁的人比比皆是。

重庆人左宗申原来是一个普通修车匠，35 年前用 5 000 元开了一家摩托车修理店，如今成了中国商界举足轻重的人物，身家 85 亿，拥有一家产值超过百亿的上市公司。

回顾身边，从初出茅庐的汽车修理工，几经摸爬滚打，最终成为坐拥几家 4S 店的老总的人不乏其人，也有凭自己的实力和机遇成为"富一代"的。

金华职业技术学院有一位汽修专业的学生，毕业才 3 年就在杭州落户。这个学生来自安徽农村，毕业后入职金华本地一家汽配公司，在那里不愠不火地干了半年。有一天，公司宣布将集体迁至杭州，他作为技术骨干被留了下来，随公司搬到杭州。杭州落户需要满足许多条件，单以学历来说，就需要研究生以上，而他只是专科生。但因为学的汽修专业，属于杭州市紧缺的专业，加上在校时获得了高级工证书和毕业证书，他作为紧缺人才被引进，拥有了落户杭州的资格，能享受租房补贴、贷款免息等实实在在的优惠。因为技术高超，业务上得心应手，2018 年他的业绩位于全公司前 8 名，总业绩额超过 1 000 万元，荣获当年公司最佳新秀称号，获得的奖励是公司原始股权。

如此辉煌的成就对于他来说还只是一个开始。有一天，修理厂反映，有客户申诉，车子在安装新的刹车盘之后总有异响，怀疑刹车盘质量有问题。他和公司主管赶到现场，愤怒的车主大骂他们欺骗客户，现场气氛相当紧张。

他没做过多解释，径直拆下刹车盘，仔细观察后，并未发现产品有质量问题，经过逐项排查后，他自己动手，安装好刹车盘，一试车，异响没了。在场的人都很惊讶。

原来问题出在一颗螺栓。这颗螺栓拧得过紧，造成刹车盘变形，温度升高后变形量加大，碰到刹车片，发出异响。安装工没有按标准扭矩来拧紧螺栓，一个动作不规范就造成了汽车运行中的问题。汽车维修是一项非常专业的技术活，拧个螺栓也大有讲究，多拧一分，零件可能变形甚至损坏；少拧一分，零件可能脱落，造成安全隐患。

技术是知识、技能和经验积淀的成果，拧一颗螺栓虽然可能造成很大影响，但毕竟算不上多大的技术，只要按照标准来操作就行。但要找到那颗引发汽车故障的螺栓，没有技术是万万做不到的。

而金职院的这位校友因为找到这颗螺栓不久后被公司提拔为杭嘉湖区域的主管。别人要花10年时间达到的成就，他只用了2年，这得益于他的专业技能。虽然他并不是专业的汽车维修人员，但在校学习汽修专业时掌握的知识和技能在汽车售后岗位上得到了很好的应用，这对于他在职业生涯中的快速发展起到了很大的推动作用。所以，对于在校学生来说，只要掌握了专业知识和技能，在任何岗位上都可以发挥作用。

四、汽车改装会成为一种职业吗？

汽车改装是指根据车主需要，将汽车制造厂家生产的原型车进行外部造型、内部装饰和机械性能的改动，主要包括车身改装和动力改装两种。改装的目的是对汽车外观内饰进行个性化改造，使其更符合车主的审美和用车习惯。随着购车人群逐渐年轻化，"80后""90后"已成为如今车市的购车主力。虽然不少品牌根据市场需求，推出了充满运动风格或造型新颖的车型，但仍然满足不了年轻车主们的个性化需求，因此不少车主会在购车后进行改装。有人花15万元改装一辆5万元轿车的音响，够任性；有人把普通版Model 3改装成敞篷版的，很拉风。

改装在国外是一个产业，有相关的改装标准规范。据统计，有些国家80%以上的车型都有改装的经历，很多汽车品牌有自己的专业改装工厂。德国的汽车改装年产值近百亿欧元，差不多相当于千亿人民币。欧洲、美国、日本、韩国、新加坡，还有中国的台湾、香港等20多个国家和地区拥有1 000多家汽车改装制造商、代理商、改装俱乐部和改装用品企业，以及近20万名汽车改装企业员工。

受主要消费群体年轻化、需求个性化等因素影响，中国汽车改装产业呈现较快增长趋势，并成为汽车产业链的重要组成部分。据不完全统计，2018年中国汽车改装市场产值超过1 600亿元，且每年以超过30%的速度递增。不过2018年中国机动车保有量达3.27亿辆，汽车驾驶人突破3.69亿人。面对如此巨大的汽车后市场，我国汽车改装比例仅为5%，占售后市场的3%。相比欧美国家高达80%的汽车改装比例，我国汽车改装市场尚处于萌芽状态，拥有巨大潜力。2019年改装车新规《机动车查验工作规程》（GA801-2019）出炉，对汽车改装的限制进一步缩减。随着国家政策开放，汽车存量市场增大，市场消费升级和主要消费人群逐渐年轻化，中国改装车市场规模将加速扩大。

目前，我国汽车改装较为发达的城市有北京、上海、深圳、东莞、广州、昆明等，其中上海的汽车改装已经成为一个千万元大市场，珠三角的中山、东莞等地也已形成颇具规模的改装用品市场。中国的汽车改装必将成为一个庞大的产业，前景一片大好。

对于汽修人员来说，这是一个"黄金市场"。汽车改装的前提是会修车。前面提到的金职院校友于 2019 年初分管杭嘉湖区域后，开始接触汽车改装，很快在小圈子内玩出了名堂，参加了宝马 B48 发动机全段排气管的改装。国内排气管在全段排气中存在共振和低扭损失等问题，始终无法克服，只能在中尾段内加以解决。而他们一群平均年龄不到 25 岁的年轻人组成的团队，连续干了半年，前后做了 7 版排气管，终于攻克难题，成功做出国产第一根稳定高效的宝马 B48 发动机排气管。

目前，进气系统和排气系统不属于国家允许变更的项目，其改装无法实现产业化，但有一个美国客户通过亚马逊商城购买了这个排气管。看到自己的作品走出国门，他感受到了前所未有的成就感。

值得一说的是，这种技术改造创新具有自主知识产权。所谓"知识产权"是指知识的所属权，法律规定个人或机构对其创造性成果享有专有权。一个人若有创造发明，可以申请发明专利，转让给生产厂家，形成产品，这叫成果转化，而获得转让的厂家需要支付相应的费用，即专利使用费。成功改造后的宝马 B48 发动机排气管一旦实现量产，其所产生的巨大经济效益和社会效益必定会有一部分归于发明人。

五、有技术还会缺客户？

技术是知识、技能和经验的结晶，汽修人需要先掌握技术，有一技之长，才会有客户上门。但只有技术是不够的，还需要有认真的态度。你能为客户提供优质的服务，客户才会放心把车交给你。赢得客户的信任，才能赢得市场。

2010 年毕业于金华职业技术学院汽修专业的小傅同学，在校期间就获得浙江省汽车维修技能竞赛大奖，毕业时他被温州一家奔驰商务车 4S 店录用，从事汽车维修工作。工作之初，他被安排给老师傅"打下手"，有时因为洗车人手不足，还被调去洗车。同事文化素质较低，对他各种猜忌和排斥，调侃他"一个大学生不如初中没毕业的"。很多师傅没有接受过系统的专业理论学习，往往只知道怎么修，但说不清楚为什么这样修，所以工作过程能提供相互学习的资源并不多，很多时候需要自己去思考和摸索。面对现实中的种种困难，小傅唯一能做的是调整好心态，积极融入团队。因为他知道对于一家服务型的企业来说，团队的稳定往往比个人的能力更为重要。

有一次，4S 店来了一辆新车，车主反映起动时车子有点抖动，要求维修。维修顾问检查了车子，但找不到原因，也解释不清楚。当时，车主着急开车到外地谈生意，车子有问题，不敢开去外地，又遇到维修顾问解释不清楚，不由得火冒三丈，认为车子有质量问题，要投诉，还声称如果生意因此失败，则要 4S 店赔偿损失。4S 店通常根据客户抱怨的情况把投诉分为 5 个等级，这一事件已经成为最高等级，处理不好，车主会起诉到法院，4S 店因此受到的损失和负面影响，不能轻视。

小傅同学话不多，但为人热心。这虽然不是他的岗位责任，他仍然出于帮忙的心理，查看了车子，很快发现车子抖动的原因。他向客户耐心地做了解释，承诺半小时内解决问题，不会影响车子的安全使用。

经过一番交流，客户态度开始缓和。小傅在燃油里加入原厂添加剂，踩足油门踏板，疏通喷油嘴，反复几次后，抖动消失了，前后不到 20 分钟。车主满意地离开了，从此成了小傅的忠实客户。

其实，汽车起动后抖动是因为原装进口的车辆喷油器孔太小，只有头发丝直径的五分之一，而国内汽油清洁度低，杂质堵塞了喷油嘴，使得多缸不工作，从而导致起动后发生抖动。

小傅能在别人束手无策的时候很快诊断出车辆故障，源于他平时修车时都会思考的三个问题：为什么修？为什么这样修？这样修会产生什么关联后果？不但知其然，还知其所以然，让他修车技术大大超出同事们的水平。后来，当公司需要选拔一名员工去北京接受培训时，他被选中了。为时半个月的培训结束时，他获得了班级第一的成绩。培训回来后他成为一名索赔员，从此在公司有了一席之地。

索赔员的工作让他远离了修车，不需要参与故障诊断，但他坚持面对每一次故障索赔时都跟师傅一起诊断，并参与技术报告的制订，为此他承担了双倍的工作量。那段时间里，他基本上每天都要到晚上 8 点以后才能下班。

这段锲而不舍的工作经历让他的职业生涯迅速发展。因为他在处理问题时，能够根据结构原理，详细分析故障原因，给出专业的答复，顾客一开始的抱怨，最终往往转化为由衷的信任，他由此积累了大量的忠实客户。

2013 下半年，集团在温州地区开设另一家奔驰 4S 店时，他被派往新店工作。得益于之前建立的客户关系和经验积累，他很快在维修顾问中脱颖而出，顺利晋升为业务经理，两年后又被提拔为业务经理兼售后副经理。

对于这段经历，小傅同学认为，职业角色的转变要求看问题的角度和高度有相应的变化，但不变的是每时每刻追问"三个问题"，保持学习和探索的欲望，坚持给客户以专业的答复，努力获得客户信任。优质的技术和负责任的态度是汽修人走向成功的关键因素。一个人的职业生涯是不可复制的，但坚持和探索一定是所有成功者的共同特质。

六、修车与修己，哪个在先？

现在的年轻人 3~5 年换一次车，使用周期长一点的，可以用 10~12 年，但许多修车老师傅开的车使用年限一般都比较长，有的达 15 年甚至更长，我的车也伴我度过 14 个年头了，至今我都没有换车的念头。这是为什么呢？

对于修车人来说，车子老，也是宝。人不到一定的年龄，很多毛病是不会发生的，车子也一样，使用年限长了，自然会出现这样那样的故障，而且有些是不常见的故障。修车人不怕自己的车出故障，相反可以用来观察和研究故障的规律。新车 6 年之内一般不太会出现故障，6~12 年是故障多发期，会发生一些常见的故障，一般人的车辆置换周期为 10 年。10 年之后，一些不常见的故障开始频发，而亲身经历这些不常见的故障，可以丰富修车人的知识和经验。学校里教学用车基本上都是新车，旧车也在 6 成新以上，有些故障不可能出现，也无法设置。我把 14 年老车上出现的、而在教学用车上不能设置的故障改编成教学任务，拍成视频，做成微课，成为实用教学案例。对于我而言，陪伴 14 年的旧车不只是代步工具，更像是帮助我学习和实践的朋友。

修车是一项职业，在修车的职业生涯中，潜心修己之术，方能养车之性；坚持修己之心，方可成就人生。修车与修己，

▲ 图 6-2　修车先修心

哪个在先？"修己"包括修己术和修己心，技术当然重要，没有技术，如何在职场上安身立业？技术是职业人生最有价值的投资，但投资要得到丰厚回报，还需先修心（图 6-2）。

七、"修己"就能收获客户的信任吗？

汽修人要获得体面的收入，必须坚守职业道德规范，以真诚的服务赢得客户。

1. 金杯银杯，不如客户口碑

对于个人而言，口碑往往能直接决定其将来的发展和成就。而对于企业而言，口碑更是直接关系着其生死存亡。一家小企业，可以因为良好的口碑而渐渐发展壮大为世界知名企业；而一家大企业，却可能因为口碑崩塌而从人们视野中快速消失。

著名的"250定律"认为，在每位客户的背后，都站着250个人，赢得1个客户的口碑，等于赢得了250个潜在客户。反过来，得罪1个客户，等于得罪250个潜在客户。修车也一样，口碑好了，朋友带朋友，客户带客户，业务越来越多，收入自然好。如果客户对服务不满意，对技术不认可，即便没有当面抱怨，但走了之后也不会再来。4S店不怕客户抱怨，最怕客户寒心离开，因为这意味着流失一群客户。所以，只有为客户提供高质量的优质服务，才能获得客户更多的支持和信任，赢得客户更高的忠诚度。

2. 诚信为本，清清白白赚钱

由于绝大多数车主只会开车不懂汽车，不了解汽车零部件的质量，而我国汽车维修行业还缺乏严格的市场监管机制，有些汽车维修企业为了获得高额利润，维修过程把副厂件甚至是三无产品当作正厂件卖给客户，以次充好，以假乱真；而有些汽车维修企业则推出鱼目混珠的"套餐维修"，甚至虚报维修项目或故意损坏零件以谋取暴利。

汽车配件分为正厂件、副厂件、拆车件、翻新件，还有三无产品。正厂件也叫原厂件，是正规配套厂家生产的零部件。这些企业经过ISO9000质量认证和等同于现有的美国、德国、法国、意大利汽车质量要求的ISO/TS16949汽车质量认证，一般从汽车生产厂家流通出来，由厂家直接授权给各地经销商销售，因此原厂件均有该汽车品牌的标志，产品质量好，与原车匹配，售后有保障，价格也较高。副厂件是仿制原厂件生产出来的配件，或者直接就是原厂件的次品，质量明显不如原厂件。拆车件、翻新件和三无产品的质量更无法保证。但这几类配件价格悬殊，比如大众凌渡车型使用的发电机，正厂件单价为880元，副厂件单价为600元，拆车件单价则为320元甚至更低；某车型发动机舱盖正厂件单价1600元，副厂件单价只有600元，如果大件总成的价差更大。维修过程以次充好，表面上看可以获得丰厚的利润，但这种生意是做不长久的，损害消费者利益的做法最终会损害企业本身。如果维修过程中把本不该换的零件换掉以获取利益，则性质更加恶劣。

一辆中高档轿车因电子控制模块故障前来维修，检查发现汽车没问题，只是电子控制模块进水，用电吹风吹干就可以了。然而，有些维修企业会找各种理由要求车主尽量多换零部件，进行所谓的"套餐维修"，找理由把电子控制模块换掉。那套说辞无非是："车子保养不当，很多零部件都到了更新期，最好按照"套餐维修"全面修理。"车主仍在犹豫，老板继续忽悠："开车可不是玩笑，坐到驾驶位上就把身家性命交给了它，千万不能将就，不及时更新零部件，路上随时都可能出问题。"车主如果定力不足，就会掉入"套餐维修"的陷阱，根本不需要更新的零部件被更新了，光电子控制模块，车主就多花了 4 000 元，本来 20 元能解决的问题，车主最后花了 7 000多元。

如果说维修配件以次充好是利益的驱使，那么忽悠客户进行"套餐维修"则是坑蒙拐骗，显露了人性的贪婪，这是一种违背职业道德和社会公德的行为，古人云：要使人不知，除非己莫为。干这种缺德事的企业或个人赚的是昧心钱，总会被人识破，一旦臭名远扬，必定门可罗雀。汽修人绝对不可以这样做，应该实事求是，该修则修，赚干净钱。

3. 安全无小事，修车事关性命

车子关乎人的生命安全，无论什么故障，必须完全修好，哪怕一个小小的螺栓，也必须"较真"，否则就会出大问题。有个小伙子在 4S 店实习时为一辆汽车做保养，他更换火花塞后，没按规定扭矩拧紧，结果车子在高速上跑着跑着突然嘣咚一下，火花塞掉到外面，造成缺缸，汽车速度突然下降，变得像拖拉机一样行驶缓慢，还发出"突突"的声响。汽车因故障而减速，不会触发刹车信号灯，如果恰好后方没有车辆紧跟，否则就可能发生追尾事故。真要发生这种交通事故，追溯原因，4S 店会被判承担全责。医生行医是对个体生命的负责，而修理汽车则是对一车人甚至更多人的生命负责，所以修车不能有半点马虎，必须符合规范，保证品质，不能让一个疏忽留下"千古恨"，愧疚一辈子！

4. 善于沟通，建立相互信任

现在很多车上配置一键起停系统，其功能是让驾驶人遇到红灯，一踩制动踏板会自动熄火，抬起制动踏板后，又能自动起动，大大便利了驾驶人的操作，改善了体验。

装备一键起停系统的车，如果遇到电池坏了，需要更换，里面的"水"就深了。这种车使用的电池，一个要花费 600～700 元甚至更高，而普通汽车的电池只要200～300 元。如果车主不懂，以为都一样，非要选择 300 元的，给不给换？

第一种观点："我会跟客户说明情况，然后如果客户执意要换便宜的话，我就给换"。

第二种观点："尽量劝客户换 600 元的，性命攸关的事不能马虎，质量好的电池更安全。不过，客户要执意要用便宜的，还是会给换的"。

如果事关安全，哪怕客户自己选择，汽修人也不能放弃原则，否则一旦出事仍然需要负责。好在蓄电池不会威胁到生命，只是换上普通电池，可能使用两个月又坏了，因为一键起停系统需要汽车发动机频繁起动，蓄电池充放电循环次数比普通电池多很多。一键起停系统使用的是采用一种玻璃纤维隔板技术的蓄电池，遇到客户因为不懂而选择不当的情况，汽修人要用专业的知识来跟客户交流，说服客户根据车辆的特点来更换蓄电池，而不是放弃原则、迁就客户。

如果跟客户讲清道理后，客户还是执意要用便宜的，那就说明我们的解释不够清楚或沟通能力不够。客户选择普通电池，只是为了现在省钱，但使用不久又需要更换，实际支付的费用反而更多。以客户的利益为出发点，从专业的角度给客户解释清楚，将服务做到位，相信客户最终能接受。这就是专业人士和普通消费者的区别所在。

其实，从事任何一个职业都可能遇到类似问题，明明为消费者好，但消费者没体会到，仍然坚持自己的想法。职业人如果因此放弃，日后消费者发现自己错了，仍会觉得职业人的服务没做到位，甚至觉得是新装上的电池本身有问题，而不是用错了电池。所以，在专业上该说清楚的，一定要说清楚，该让消费者接受的，就要坚持。以专业权威，获取消费者的信任，这需要职业人有良好的沟通能力。面临两者必居其一的时候，想一想有没有可能找到第三种解决方案。

一切职业说到底都是与人打交道的活动，区别只在于是直接交流还是间接交流，而汽修职业则两者兼而有之，所以汽修职业人要加强学习，不仅要擅长技术，还要善于沟通，话说通了，才能真正带来好的服务效果。

汽修人的
职业道德规范

本讲教师简介：

周梅芳，金华职业技术学院教授，校内第一批中青年骨干"双师型"教师，曾任汽修专业主任。曾被聘为教育部高职高专汽车类专业教学指导分委会委员，多次担任全国高职院校技能大赛"汽车检测与维修"赛项裁判，目前被聘为浙江省新能源汽车专业标准化技术委员兼副秘书长。

主要研究方向：汽车维修及农机研发。参加国家教学资源库"汽车检测与维修技术"子项目建设，出版浙江省重点教材和"十二五"职业教育国家规划教材各1本。2019年获浙江省教师教学能力大赛二等奖1项，指导学生参加浙江省大学生职业技能大赛获二等奖1项、三等奖1项。主持完成厅局级及以上科研项目4项，获授权发明专利2件、实用新型专利2件，公开发表学术论文15篇。

第七讲

关爱生命也是生财之道?

　　金华职业技术学院畜牧兽医专业可以追溯到 1933 年金华农业学校的畜牧兽医专业，历史悠久的专业自有其存在的必然性。畜牧兽医专业首先让人想到的是"养猪专业"。

　　汉字"家"字就是"屋里养着一头猪"。不能说没有猪就没有家，但家里没有养猪，这日子很难过得滋润。"民以食为天，猪粮安天下。"反映中国经济状况的通货膨胀系数因为猪肉所占比重较大，所以常被戏称为"猪肉指数"。猪肉作为最重要的民生产品之一，稳定生猪生产是国计民生的大问题。

一、金华两头乌猪何以被称为"猪中状元"?

　　中国有四大名猪，分别是金华猪、太湖猪、宁乡猪、荣昌猪。排在最前面的金华猪就是金华两头乌猪。金华两头乌猪的头部和臀部的毛呈黑色、身体中间的毛呈白色，也叫"中华熊猫猪"，被农业部（现农业农村部）列入《国家级畜禽品种资源保护名录》，是国家级重点保护的地方畜禽品种之一。

　　这几年，金华两头乌猪是当之无愧的"猪中网红"，甚至被誉为"猪肉界的国宝"，不仅凭借金华火腿名气远扬，还走上了 G20 杭州峰会的国宾餐桌。

　　金华养猪的历史最早可追溯到 1 700 多年前的西晋时期。"三面环山夹一川，盆地错落涵三江"。金华独特的地貌特征、优质丰富的生态环境资源造就了金华两头乌猪这一国宝级猪种。两头乌猪原产东阳的画水、湖溪，义乌的义亭，金华的孝顺、澧浦、曹宅等地。20 世纪六七十年代，金华农村家家户户都会养上几头，春节吃"猪福"、丰收"摆祭猪"等重要习俗一直延续至今，还衍生出不少食品和传说。

　　相传，唐朝名将程咬金早年间在金华以卖烧饼为生。有一天，烧饼做得太多，当天没有卖完，他将烧饼置于炉头，没有取出。经一夜烘烤，烧饼馅里的金华两头乌猪肥肉内油外浸，晶莹闪光，给烧饼加上了金黄的外壳，吃起来可口酥脆，满嘴余香。时势演变，造就了如今远近闻名的"金华酥饼"。

宋代抗金名将宗泽把金华两头乌猪制作而成的火腿敬献给宋高宗赵构，其品尝后大为赞赏，并题字"金华火肉"。金华火腿从此被历代列为贡品和补品。

1949 年后，金华两头乌猪品种的养殖得到党和国家的重视与支持。1955 年 12 月，毛泽东主席给报道兰溪上华高级社的文章——《这里养了一大批毛猪》——加了按语，并载入《中国农村的社会主义高潮》一书，对金华两头乌猪的养殖业产生了巨大的推动作用。

除了满足饮食消费以外，金华两头乌猪也被中国指定为国际交流的馈赠礼品（图7-1）。1979 年，中国将 3 头金华两头乌猪作为国家珍品赠送给法国政府；1986 年、1995 年，浙江省政府先后两次分别将 3 头和 8 头金华两头乌猪作为友好交流礼品赠送给日本静冈县；1999 年 5 月，中国政府赠送给泰国 4 头金华两头乌猪作为泰国诗琳通公主的生日礼物。

养殖时间长、成本高让金华两头乌猪在市场的冲击下一度挣扎在濒临灭绝的边缘。对此，金华市政府高度重视，从 2013 年开始，金华市政府进一步优化产业结构，培育产业主体，延长产业链，挖掘品牌文化，加快推进畜牧业转型升级，积极促进农业增效和农民增

▲ 图 7-1　作为国际交流馈赠礼品的金华两头乌猪

收。2014 年 4 月，金华市政府出台《金华两头乌猪产业转型升级行动计划》，金华两头乌猪产业振兴全面启动。该计划被列为省农业重大项目，两头乌精品猪成为鼓励发展品种。2015 年，两头乌猪肉的销量开始提升，目前销售均价达到每公斤 90～110 元，并销往北京、上海、广州、杭州、宁波、深圳等地。2019 年，金华市两头乌猪产业年产值超过 2 亿元。

不仅如此，金华市高度重视地理标志公共品牌的宣传。2015 年10 月，金华两头乌猪从全国 1 700 余家农产品地理标志产品中脱颖而出，获评"全国首批国家级农产品地理标志示范样板"。2016 年

6月，金华两头乌猪被国家工商总局（现为国家市场监督管理总局）认定为地理标志证明商标。2016年9月，金华两头乌猪被选为G20杭州峰会晚宴上的特供食材，招待晚宴上的历史名菜"东坡肉"正是用金华两头乌猪肉烹调而成。2017年5月，金华两头乌猪被认定为"首批中欧农产品地理标志互认产品"。2017年9月，金华两头乌猪被认定为"2017中国百强农产品区域公用品牌"。如今，金华两头乌猪不但告别了濒临灭绝的险境，并且有望成为高品质猪肉的代表品牌。

近年来，非洲猪瘟重创了中国生猪养殖业，恢复生猪产能得到中央的高度重视。2020年2月，中央一号文件提出保障重要农产品有效供给和促进农民持续增收，要求必须把生猪稳产保供作为当前经济工作的一件大事。2019年12月中央经济工作会议和农业农村部公布的《加快生猪生产恢复发展三年行动方案》分别明确提出加快恢复生猪生产做到保供稳价，全方位加大养猪扶持力度，确保2020年年底前生猪产能基本恢复到接近常年水平及2021年恢复正常。

二、各界大佬怎么都来养猪行业集会？

目前，养猪已经成为热门行业，一众大企业家包括房地产商都在此领域发力。恒大在养猪，碧桂园在养猪，网易在养猪，京东也在养猪。2020年5月7日，万科官网发布猪场招聘5个岗位，有猪场拓展经理、聚落化猪场总经理、开发报建专员、兽医和预结算专业经理。

万科大手笔养猪并非心血来潮。在2018年，万科就将投资方向向农业领域拓展，谋划了种养循环产业园项目，打造饲草种植、种猪繁育、商品猪育肥和屠宰、食品加工和冷链物流为一体的农业全产业链，项目总投资约30亿元。

从整个行业看，"跨界养猪"最出名的是互联网巨头。早在2009年，网易东家人丁磊就喊出了养猪计划。后来，网易养猪场在浙江安吉县落户。

2018年2月，阿里巴巴宣布"ET大脑"养猪计划。

2018年11月，京东也宣布进军养猪业，并和中国农业大学、中国农业科学院合作推出了一套人工智能养猪方案。

大企业跨界养猪的理由很简单，就是养猪毛利率不低于其他行业。

数据显示，2019年，在24家上市猪企中，有18家净利同比增长，没有一家亏损。与之相对，2018年有13家净利同比下滑，4家陷入亏损。其中，生猪养殖龙头企业牧原股份2019年实现营业收入202.21亿元，同比增长51.04%；实现归母净利润61.14亿元，同比增长1 075.37%。

三、养猪有什么新技术?

众多企业跨界进入，促使养猪成为一个资金和技术密集的产业，科技水平大为提高。在人工智能时代，人脸识别技术得到了广泛使用，还延伸到养猪行业，猪脸识别的应用已成新潮。

在技术先进的猪舍中，有一位 24 小时巡逻、不知疲倦的"饲养员"，它就是京东农牧创新公司独立研发的巡检机器人。机器人整天在猪舍中巡检，自动实时盘点猪的数量，点数准确率为 100%。这不算什么，只要通过京东农牧独有的 3D 农业级摄像头扫一眼猪栏，它就能知道猪舍里每一头猪的体重，整个过程只有几秒，测量的误差可以控制在 3% 以内。

京东农牧独创的 3D 农业级摄像头采用了"猪脸识别"技术，让猪比人更早过上了"刷脸吃饭"的生活。猪脸识别技术结合饲喂机器人的精细化投喂和伸缩式半限位猪栏，可以保证每一头猪单独进食，进食的数量"精准到克"。确保每头猪都获得均衡的营养，同一栏猪出栏时的体重差异缩小到 5% 之内。

此外，巡检机器人还可以为每一头猪测量体温、观察猪的进食量变化，如果检测到某头猪出现进食异常或其他异常表现，可以利用猪脸识别算法快速关联它的生长信息、免疫信息、实时身体状况等，通过 AI 分析在第一时间找到异常原因并通知饲养员对症下药，将病症扼杀在摇篮里。

与此同时，每头猪的生长数据都会录入到系统中，这些数据通过京东物流端、仓储端会一直打通到消费端，展示给老百姓看。这些智能养猪的大数据还会通过互联网同步传报给畜牧行业管理部门，并将生物安全数据和生产追溯数据同轨并入防疫管理平台和"拱一拱"产品追溯平台。

我们相信，如果越来越多的养殖企业开始拥抱数字科技，进行数字化、智能化养殖，从每一头小猪的智能养殖开始踏出一小步，就可能实现农业数字化转型升级。

四、科学繁育：如何打通养猪第一关?

"金猪时代，得母猪者得天下。"利用科学技术确保母猪高效繁育小猪，是猪生产过程中最关键的环节，因为事关生猪产能恢复。2018 年我国平均每头母猪年提供商品猪数量为 19.2 头，相比国外技术领先的国家少了 4~6 头。

猪生产素有"六字真言"：多生、少死、快长。多生是提高每头母猪每年提供断奶仔猪头数的前提。在母猪排卵数、受精率、胚胎死亡率、子宫容积、胎盘效率等众多影响生育率的因素中，母猪妊娠过程中胚胎死亡数占产仔数的30%~40%，其中60%的胚胎死亡发生在胚胎附植期。如二花脸猪具有世界上最高的窝产仔数，妊娠第12天的胚胎高存活率是保证母猪高产的重要指标。除了猪胚胎形态快速转变期的胚胎自身发育失败导致死亡，胚胎附植成功与否很大程度上是由母体子宫功能及其内环境控制的。因此，研究阐明猪胚胎附植期母体子宫功能调控机制对降低胚胎死亡率及提高繁育率都具有重要的科学和经济价值。

猪的繁育用到很多新技术，比如，在人工授精技术还不普及的时候，对于一头种公猪来说，能担负20~30头母猪的配种任务就已经十分难得了。而现在，在人工授精的技术支持下，一头公猪的精液经过稀释后足以给500头母猪配种，这样不仅可以省下种公猪的养殖成本，而且人工配种后母猪的产仔整齐度也要高于本交的母猪。

在过去的十年中，猪的人工授精技术有了很大的发展和突破。普及使用人工授精技术可以生产生长速度快、瘦肉率高的商品猪。从场外引种公猪的精液而不引进活体猪种可以防止严重的疾病传播，同时还能得到高质量的基因。

母猪要能生，还要能育。有足够的奶水哺乳猪仔，才能提高成猪产量。母猪乳房存奶量少，奶汁分泌"细水长流"，而猪仔食量大，永远处在索求中，母猪不堪其扰，休息不好，反过来影响奶水的分泌。所以，现在工厂化养猪特别给母猪设计了"自动升降产床"，哺乳时间一过，不管猪仔如何嗷嗷待哺，母猪都怡然自得地随产床上升，摆脱猪仔纠缠而呼呼大睡。等奶水储存到位，产床下降，猪仔蜂拥而上，饱餐一顿。母猪休息和猪仔进食两不误，生产效率大提高。

人需要关爱，猪也需要关爱，母猪和猪仔更需要关爱。母猪和小猪长得好，猪场收益就好，关爱永远是互惠的。

五、养猪也能有大作为？

前几天，在讲"猪生产"这门课的时候，授课老师受到学生调侃："老师讲课的报酬太低了，不如养猪去！"

老师笑着回答道："你不妨算一算，如果你在'猪生产'课上找到一位同样立志养猪的另一半，毕业后两个人轻松就能养活50只母猪，一头母猪一次生10头小猪，一年生2次，一年就能养1 000头肉猪，行情好的时候一头肉猪能赚1 000元，小两口一年挣100万。我上一节'猪生产'课，40个同学听，只要有10对养猪夫妻，那给一个班上课的经济效益一年就有1 000万产值了！"

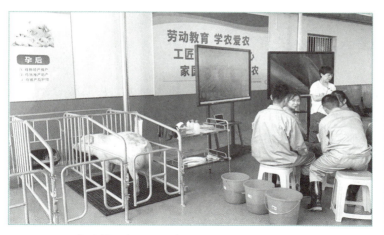

▲ 图 7-2　畜牧兽医专业学生实践场景 1

　　如今，畜牧兽医专业的学生成了香饽饽（图 7-2、图 7-3）。学习两年畜牧兽医专业后，学生需要参加生产实习，实习工资 3 500 元 / 月，包吃包住。对于顶岗实习的学生，很多猪场开出了 6 000 元 / 月的工资。毕业后经过数年实际工作的磨炼，学生熟练掌握智能化猪生产急需的技术技能后，年薪 50 万都是可能的。2020 年，大三学生还没毕业就被抢着要了。养猪也要高技能，绝非虚言。

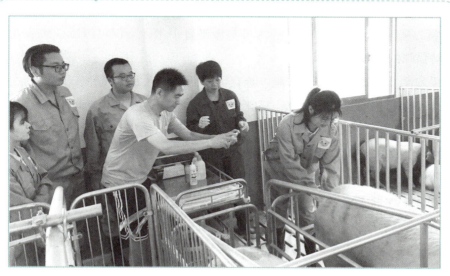

▲ 图 7-3　畜牧兽医专业学生实践场景 2

六、关爱宠物与关爱人，什么关系？

心理压力和人体内的一种激素有关，它叫皮质醇。压力越大，皮质醇分泌得越多，而皮质醇又会影响免疫系统和胆固醇含量，于是就和心脏病挂钩。

最近有研究表明，在心脏病人群中，养宠物的心脏病人血胆固醇水平比没有宠物的心脏病人要低 20%，也就是说养宠物可以通过缓解孤独感来减少我们的压力，抑制皮质醇过量分泌，进而降低得心脏病的概率。所以，养宠物是一件利于身心健康的好事，为宠物提供服务的动物医学专业也是造福人类社会的好专业。

除了养猪这个热门行业，城市生活中还有另外一个朝阳行业——宠物医生。动物医院的医生需要凭照执业，相比养猪，关爱生命更有即视感。

有一次，宠物医院收到一只患病的小狗，晚饭之后出现气喘的现象，而且越喘越厉害，主人看着不行，送去动物医院就诊。检查下来，原来小狗咬断笔头，笔头就卡在喉咙口。

过去遇到这样的情况只有开刀，现在有了现代技术，使用超细内窥镜，从狗的鼻孔插进去，不但可以观测到里面的异物，还能利用前端的爪子抓取异物，直接将其取出来。前后不到 1 小时，小狗就恢复如初了。

给家养的母猫绝育也是一件善事。母猫绝育听起来很残忍，剥夺母猫做妈妈的权利，而且绝育手术也有一定的风险。养过猫咪的人都会在猫咪发情的那段时间心力交瘁，原本乖巧安静的猫咪突然焦躁不安，性情大变，食欲减退，尤其喜欢半夜闹腾，不停抓门，声嘶力竭地嚎叫，十分渗人。为母猫做绝育手术，不仅可以减少疾病发生，也可以缓解猫咪的焦躁情绪。

母猫绝育手术主要是摘除子宫和卵巢。绝育可降低猫咪患卵巢囊肿、子宫蓄脓、子宫肌瘤、乳房肿瘤等疾病发生的概率，猫咪性情也会稳定很多，不会再半夜哭叫、焦躁难安。

对于社会来说，猫咪生殖能力强大，绝育后可以减少流浪猫的数量。母猫绝育最佳时间一般是在性成熟前，差不多 6~7 个月时，在第一次发情前。绝育手术应尽量早做，母猫出生后 4~6 个月就可以进行手术。时间越早越能避免生殖系统产生疾病。研究表明，绝育年龄越大，母猫将来患乳腺肿瘤的概率就越大。如果母猫已经性成熟，或者是经产母猫，应尽量避免在发情期进行手术。

母猫绝育后身体虚弱，需要主人悉心呵护。为猫咪带好头套或手术衣，避免伤口感染，千万不能让它舔到伤口。可以喂食一些营养膏或高级罐头之类的东西，帮助猫咪补充体力。

过去，给母猫做绝育手术使用常规的手术刀，切开之后把器官剪掉，先把里面的伤口缝合，再把外面皮肤上的伤口缝合，手术比较复杂，容易造成后遗症。现在最新的猫绝育手术使用的是"超声刀"，整个手术是微创的，手术时间很短，不到 30 分钟就完成了。手术时，将超声刀头前 1/2 处夹住卵巢动脉和卵巢韧带，按下按钮，时长不能超过 7 秒钟，然后切割。使用超声刀止血非常彻底，切割也非常干净，对猫造成的损害很小，手术后，猫可以马上行走。

整个手术收费在 2 000 元左右，用时大概 15 分钟，成本主要是超声刀的刀头。正规情况下，刀头属于一次性器械，重复使用容易产生交叉污染。为了母猫的健康，不能贪图赢利、把一个刀头用于多个母猫的绝育手术，这既是宠物医生关爱生命的体现，也是信守职业道德的表现。

七、畜牧专业"水有多深"？

金华职业技术学院的畜牧兽医专业人才济济，各有所长。从职称上说，讲授养猪、养牛、养珍珠、配饲料、治猪病的教授有 5 名；从学历上说，毕业于南京农业大学、比利时根特大学的博士 5 名。他们从事着同生命有关的教学科研工作，传授相应的技术技能，而学生通过学习掌握了一技之长，成为德智体美劳全面发展的社会主义建设者和接班人，回报父母、服务社会、报效祖国。

畜牧专业的一位学生毕业后在台州开设了一家宠物医院，离开 10 年后第一次见到当年的班主任时十分激动："老师，来金华职业技术学院上大学真真切切地改变了我的人生。你当初说的一点都没错'专业学得好，生活没烦恼'！我现在开宠物医院不赚钱的风险只有 1%，我决定让我儿子以后也来金职院学畜牧兽医专业！"

对于他的这个目标，老师笑着说："那得让你儿子刻苦学习，将来才能以优异的成绩考上金职院。"（图 7-4）

我自己就是"一考定终生"的。2000 年高考时因为填写愿意服从调剂，所以进了"动物科学"专业，当时被戏称为"养猪专业"。顺着专业学习的惯性，2004 年我考上了"饲料生产加工技术"硕士专业，2006 年来到金职院参加"畜牧兽医"专业的教学工作，工作期间学习了"动物遗传育种与繁殖"博士专业和"畜牧学"博士后。20 年来，在浙江大学养了 2 年的金皮杂交猪；在挪威农业大学养了 2 年的三文鱼、罗非鱼、水貂；在南京农业大学养了 3 年的豚鼠；在台湾屏东科技大学养了 3 个月的肉鸡；在美国宾夕法尼亚州立大学养了 6 个月的奶牛；还在美国明尼苏达大学处理

▲ 图 7-4　畜牧兽医专业课堂教学

了 1 年的猪场废水；眼下正在本地研究放养黑猪。现在在学校讲授的课程全部和动物相关，有"宠物营养与食品""猪生产""动物繁殖""畜牧机械与设备"等。随着接触动物这个行业的时间越来越长，我对动物科学类专业也越来越有感情。任教 14 年，最让我有成就感的事情之一就是能在任何地方和任何人分享与动物科学有关的知识。除了给大学生讲授"犬猫的营养需要和饲料配方"，我也给幼儿园小朋友讲"动物包括人在内为什么要喝水"，带小学生到"流浪猫收留中心"讲解"为什么要给流浪猫做绝育手术"，给高中生讲"畜牧兽医对社会发挥的重要作用"。作为金华市科技特派员，我喜欢到猪场给养殖户讲"猪场废水如何进行达标、合理、合法的处理"。

　　总之，无论养猪还是宠物医疗，都是好专业。只要技能高超、服务到位，不但足以获得体面的收入，还能在关爱动物生命的同时让自己的生命更加健康、生活更加充实。

来金职学养猪，
能学到哪些技能

本讲教师简介：

　　李君荣，金华职业技术学院教授。畜牧兽医专业主任、动物遗传育种校级重点学科负责人。

　　主要研究方向：动物营养、动物繁殖等教学科研工作。浙江大学动物科学本科，挪威生命科学大学饲料生产技术硕士，南京农业大学动物遗传育种与繁殖博士，浙江大学畜牧学博士后；美国明尼苏达大学、宾夕法尼亚州立大学、台湾屏东科技大学访问学者。

第八讲

睡着了还能赚钱?

在信息化技术日新月异的背景下,企业积累的客户数据、交易数据、管理数据等呈爆炸式增长。据麦肯锡数据显示,当企业将数据分析与业务深入结合时,其生产率和盈利率可以比竞争对手高出 5%~6%。如何有效运用数据,通过数据分析为企业带来更大的经济效益,成为各个企业面临的挑战。

近年来,数据分析得到了学术界、产业界和政府的高度重视。在学术界,自纽约大学 2013 年首次开设商业分析专业硕士课程以来,其他高校陆续增设相关专业;在产业界,越来越多的企业增设"数据科学家""数据分析师""数据产品经理"等岗位,国内互联网巨头百度公司、阿里巴巴、腾讯公司等利用自身数据优势,通过自有的数据研究中心,发布各类分析报告与数据产品,挖掘数据的潜在价值;在政府方面,我国于 2015 年 9 月发布首个大数据国家行动计划,即《促进大数据发展行动纲要》,美国政府任命 DJ Patil 为第一任首席数据科学家,其他一些国家也鼓励行业开展数据化运营,支持"数据驱动型"企业的发展,如新加坡和澳大利亚政府直接拨款赞助开设商业分析部门的企业。在此背景下,2016 年,我国教育部根据《普通高等学校高等职业教育(专科)专业设置管理办法》,确定将"商务数据分析与应用"专业设为高职电子商务专业大类下的增补专业。所有这些无不彰显数据分析的重要性与迫切性。

数据分析方兴未艾,做一个成功的数据分析师正当其时!

一、信息时代,数据有多重要?

每一次时代变革都有自己的标志,19 世纪的煤炭和蒸汽机,20 世纪的石油和电力。进入 21 世纪,随着数据技术的进步,产业变革不断涌现,就像阿尔文·托夫勒在《未来三部曲》中描述的"大数据正以'第三次浪潮'的气势和姿态席卷全球"。有人说"数据是 21 世纪的石油",数据将成为如同煤炭、电力和石油一样的基础资源,并且有别于传统资源的不可再生性,数据是一种取之不尽、用之不竭的资源。

无论自然界还是人类社会，发生的一切如果未经记录，将会转瞬即逝，而一旦采用量化的方式记录下来，通过后续操作，就可能成为重要资源。随着数据的积累和处理海量数据的技术能力的提高，许多以往看来无用的数据，也越来越显示出价值。

一个人哪怕是在最无所事事的场合也会产生各种数据。例如体温、血压、心跳、呼吸频率、入睡时间、起床时间、睡眠时长、脑电波、梦境、梦呓、眼球转动、翻身、起夜，如果再加上与睡眠有关的室温、湿度、噪音强度、卧室面积等，数据就更多了，能够从中获得的信息也更多了。大家还会想到很多来自人体、环境、设备以及人与环境设备交互的数据。所有这些数据是否有价值，既取决于用于何处，也取决于如何处理和使用。就此而论，如果一个人在睡眠中形成的数据的价值能归数据产生者所有，那么睡眠中也能赚钱！

二、从资源到资产：睡梦中的数据如何开发？

通过对人们睡眠中产生的数据进行持续的采集和多方位分析，可以得到一些特征性描述，比如睡眠时长、体温变化、心跳节奏、血压和血糖波动等。如果数据采集时间跨度足够长，还可以在时间序列上得到个人各项指标的变化趋势，比如，随着年龄增加，起夜的次数增加，做梦次数减少，睡眠质量下降，等等。

然后，寻找具有相似特征和指标值的群体，比如将相同年龄段或在睡眠时长、起夜次数、血压、心率等指标值上相近的个人归入同一类型，然后加以分析，可以找到不同特征之间的关联性，以及同环境因素的关联度，比如年龄与睡眠质量的相关性，床垫软硬程度与睡眠时长的相关性。这样，数据就被激活了，可以用作产品设计、流程优化的参照依据，为消费者带来合乎需要的产品，为企业创造利润，为社会生产财富。

目前，上海市作为国家居家养老的试点城市，已开展各类基于数据分析的支持项目。例如，睡眠数据采集：为每位志愿者分发一张特殊的床垫，这个床垫装有各类传感器，可以记录睡眠者的各项人体参数。大规模数据采集完成以后，可以绘制出各类人群的睡眠画像，获得各项指标的正常运行区间，为工作人员提供判断依据。当居家老人的某些指标出现剧烈变化，如体温血压骤然升高、起夜次数突然增加、翻身次数明显减少等情况时，系统就会预警，接到信息的社区工作人员可以及时采取措施，防止更大伤害的发生。

此外，我们也可以从商业角度来分析，比如晚上翻身的次数增加，是否意味着难以入睡，睡眠质量下降，或是身体有异样？资讯类 App 或电商 App 稍后就会推送保健资讯或者推广相关非处方药。通过这些例子可以发现，要让数据产生价值，需要对数据进行加工、分析和利用，实现数据从资源到资产的转变。

三、字节跳动，数据如何产生财富？

"刷完这条抖音我就睡觉。"这是当下流行的一句玩笑话。抖音，仿佛有一种无法抗拒的魔力，让人停不下来、走不出去。相关数据显示，抖音的用户日均使用时长约为 76 分钟，即平均每个用户一天要花费一个多小时刷抖音。抖音的母公司——字节跳动，是一家成立于 2012 年的公司，到 2020 年其市场估值已经高达 750 亿美元，仅用了 8 年时间就达到了传统企业要花几十年、甚至是上百年才能达到的规模和市值，而它的成功来源于对数据资源的运用。

字节跳动旗下产品除了抖音外，还包括新闻类、社交资讯类、社区类、小视频类、生活场景类等应用。这些产品全方位地收集用户信息，构建全面而丰满的用户画像。字节跳动借助独特算法，源源不断地向用户推送符合其偏好的资讯，构建为个体用户定制的"信息茧房"，刺激用户的满足感和愉悦感，视频制作者由此获得高收益率，应用程序获得高黏性，而旗下各类产品通过精准的信息流广告，提高广告主的营销效果，进而调动其广告投入的积极性。使这一切得以实现的是数据和在挖掘数据的基础上运行的个性化推荐算法。

个性化推荐算法本质上是一个由人工智能技术驱动的拟合函数，通过内容（如主题词、兴趣标签、热度、质量等）、用户（如兴趣、职业、年龄、性别、机型、用户反馈等）、环境（如地理位置、时间、网络、天气、场景等）三个维度的变量输出推荐结果。结合企业获取的三个维度的海量数据信息，平台会运算出一个预估结果，然后对小批量相同标签的用户进行实时推荐；如果用户反馈达到设定标准，则将此内容进行大规模的推荐。依靠这套推荐系统，字节跳动使平台长尾内容实现了有效的分发和触达。

据中国互联网信息中心公布的第 46 次《中国互联网络发展状况统计报告》显示，截至 2020 年 6 月，我国网民达 9.4 亿；而根据字节跳动的官方数据，截至 2020 年 8 月，抖音的日活跃用户达 6 亿。也就是说 10 个上网的人中有近 7 个人在刷抖音。运用数据和算法理解"人性"，运用个性化推荐实现用户与内容的准确连接。抓住了"人性"，自然也就抓住了市场。

四、数据分析师，从哪里来，往何处去？

通过字节跳动这个例子，我们发现，数据资源的有效利用可以为企业创造巨大的财富价值，促使这个转化发生的是当下的一个热门新职业——数据分析师。

其实，从数据中寻找秘藏的信息，是一个古老的行业，只是过去没有冠以数据分析师的称呼而已。在许多古老的行当里都能发现今天所说的"数据分析"的影子。比如，古代用于指导农业生产的谚语，包括二十四节气等，都包含了古人透过有限数据（在那个年代称之为"迹象"更加合适）为生产生活寻找参照的智慧。古代技术与今天的数据技术相比，主要区别在于量化水平较低、数据量较小、数学运用的有限甚至完全缺乏——毕竟"掐指一算"不是任何数学意义上的运算——还在于背后科学理论支撑的薄弱。

随着互联网、大数据、云计算的广泛应用，过去需要成百上千年才能积累起来的数据，现在变得唾手可得。2011 年，全球共产生 1.28×10^{12} GB 的数据，2012 年这个数字翻了一倍多，达到 2.8×10^{12} GB，至 2020 年年底，全球已产生 5.9×10^{13} GB 数据。通过统计模型和人工智能的算法，我们可以使过去看似不确定的、感性的经验得到验证。只有掌握了数据采集、数据探索、数据建模、可视化等技术后，我们才能够挖掘和发挥数据的价值。但是，数据再多、算法再精、计算机速度再快、没有人的参与，数据分析就没有方向，数据的价值也无法实现。

▲ 图 8-1　数据分析师工作场景

数据是死的，人是活的。同样的数据在具有不同思维的人的处理下，可以产生出截然不同的结果。

数据时代，最重要的不是数据本身，而是能从数据中榨出油来的数据分析师（图 8-1）。

五、数据相同，何以结论不同？

做过网店运营的人都知道，促销活动后"复盘"很重要。通过回顾促销活动期间的核心数据，获得投入产出比等指标，据此判断促销活动的效果，分析存在的问题及原因，提出后续可以采取的措施。如果缺少网络零售行业的知识背景，即使将数据摆在面前，也无法找出有价值的信息。对于一个分析网络零售市场数据的数据分析师来说，必须具有电子商务的背景知识；而对于一个面向股票市场的数据分析师来说，必须具有金融行业的专业知识。但是，这并不是说不是行业从业者就不能分析行业相关数据。数据分析师有能力在任何行业，包括熟悉或不熟悉的行业里开展工作，但要是兼而有之，则必定如虎添翼，更胜一筹。

金华启创文化有限公司的总经理翁毓龙是金华职业技术学院 2017 届毕业生，他创设的"电商协同体"模式被媒体广泛报道，他所用的主要技术就是数据分析。就学期间，他参加校内实训课程时被要求分析教学公司旗下天猫店的促销活动运营数据，其中"接待转化率"这个指标在活动期间波动较大，从平时的 25% 下降到活动期间的 6.7%。换句话说，这家店铺平时的接待支付转化率是 25%，即 4 个通过旺旺咨询的客户中会有一个人下单，这个数据高于店铺所在的"园艺家居"类的平均值，但在活动期间，这个数值一下子降到 6.7%，即 10 个来询单的客人里只有 1 人下单。

在对促销活动做复盘总结时，大部分同学将这个数值的变化归因于客服服务能力的缺陷。因为通常情况下消费者主动询问客服就表明对货品有浓厚的兴趣和较强的购买意向，消费者不会无缘无故地联系客服。从这个角度来看，认为客服工作不到位导致活动效果不理想，也不是不能成立。如果顺着这个思路，下一步的工作应该是在以后活动期间增加客服的人手，加强客服前期的专业知识培训，改进客服的话语术等。

但是，翁毓龙给出了完全不同的答案：活动失利的原因不在客服，而在运营。他的理由是"咨询—回复比"和"咨询—回复条数"这两组数据不相匹配。

"咨询—回复比"指顾客问、客服答这两者之间的比值，一问一答的比值是 1，一问多答的比值大于 1。企业希望看到比值大于 1，即一问多答，这说明客服在回答咨询时，还进行了关联销售、交叉推荐等。店铺促销活动期间"咨询—回复比"值达到了 1.4，而平常值差不多是 1，也就是说，活动期间客服并没有消极怠工，而是主动回答，还主动推荐了。相应地，"咨询—回复条数"指客户咨询、客服回复条数的绝对值。平时店铺的客户咨询数量大概是 1 200 条，活动期间达到 3 100 条，近乎平时 3 倍。

根据这两组数据，翁毓龙认为活动期间客服的工作状态没有问题，不但积极主动推销，而且工作量是平时的 3 倍。所以，失利的原因应该是活动前咨询量没有上升，而其中的关键在于通过大促平台流量吸引进店的顾客，把关于活动的咨询提问留到了活动开始以后，这才造成客服工作量暴增，效果却不如人意。

顺着这个思路，他得出下一步工作是修改店铺的促销活动预热策略，活动前做好蓄客、答疑等工作，这样在活动期间就能主攻转化、催单等工作。

翁毓龙之所以能超过其他同学，提出自己独到的见解，原因在于他从大一就开始在教学公司的天猫店、京东店、速卖通店等轮岗，由此积累了丰富的电商运营知识。2017 年毕业时，他创办的公司年销售额已达到 1 000 万元，"电商协同体"还为师弟师妹们提供了创业和实习的机会。在最高峰时，协同体内有 22 家淘宝店、88 家拼多多店、18 家速卖通。

具备行业领域知识才能真正掌握平台规则、产品特点，理解指标的含义以及其背后的逻辑，选择适合的分析指标，正确指导复盘活动和优化运营。数据分析师只有具备行业领域知识，才能读懂、用对手头的数据，成为合格的职业人。

六、优秀数据分析师是如何养成的？

掌握了行业领域知识，每日按部就班地完成分析任务，还称不上优秀的数据分析师，在数据驱动产品优化的技术环境下，数据分析师还需要更上一层楼（图 8-2、图 8-3）。

网络游戏是当下年轻人热衷的休闲娱乐方式，同时也是利润丰厚的新型互联网行业之一。金华职业技术学院 2014 级学生曾俊毕业后进入本地一家网络游戏装备交易公司，做"游戏装备交易险"项目的产品经理助理，业务性质类似于淘宝平台的运费险，每天的工作就是收集装备交易险的销售情况，对部分客户进行回访。但是，他没有满足于机械地完成常规工作、被动地等待任务，而是利用手头数据，主动分析出售的"交易成交险数量"和"交易装备成交价格带"两者之间的关系，发现了很有意思的现象：网络游戏玩家在购买高价格（3 000 元以上）和低价格（100 元以下）的游戏装备时通常不购买交易险。这是什么原因呢？

当时游戏公司只提供覆盖交易后 3 天的 1 个保险品种，他对部分客户进行回访后发现，低端装备交易玩家认为装备本身不值多少钱，购买交易险不划算，没意思；而高端装备交易玩家则认为该险种有价值，只是覆盖时间太短，他们希望该险种覆盖的时间再长一点。

通过一个简单的交叉分析，他获得了产品优化的灵感，在企业"金点子系统"里提交了游戏交易装备险分级销售的建议，即将当前的游戏交易装备险细分为覆盖1天、3天、7天，售价随覆盖周期延长而提高。分级策略付诸实施后，仅游戏装备交易险这一个产品，就为企业每个月增加近200万元的营收。当然，曾同学的产品业绩提成也水涨船高。

▲ 图 8-2 数据分析专业
教学场景 1

曾同学之所以能有所发现、有所突破，得益于其主动探索的职业精神。"交易成交险数量"和"交易装备成交价格带"这两套数据之间的关系是客观存在的，但要能看出并解释这样的关系，除了需要一个职业人敏锐的眼光、扎实的行业知识之外，还需要强大的自我驱动。内驱力是职业人精益求精、出类拔萃的重要推动力，一个优秀的数据分析师一定是一个有着澎湃内驱力的职业人！

▲ 图 8-3 数据分析专业教学场景 2

七、数据分析如何攻坚克难？

用户在网上购买高价产品时，自然会有"有没有买贵了"的担忧。这很正常，互联网带来收获的扁平化，其中包括价格的扁平化，既然可以"货比三家"，为什么同样的商品要多花钱？想法很好，但真要判断有没有买贵了还是有一定难度的，否则就不会出现这种担心。事实上，一些平台宣称的"最低价"未必真实，虚假促销或"大数据杀熟"现象始终存在。

消费者的需要就是技术创新的动力，第三方比价系统应运而生。

第三方比价系统的原理是不间断地抓取各个平台的标品价格，然后找到历史最低价，把这个最低价格告诉消费者。这个项目就是 2012 年首届"中国大学生软件杯"竞赛的题目。指导教师本以为建立这样一个系统不会太难，使用开源框架 Heritrix 和 Sphinx 就可以搭建起来。但在后续数据获取过程中碰到一个困难：某个电商平台部分商品的促销价不是数值，而是一张图片！并且，当时只有这家平台是这样，其他平台都没有这个问题。这该怎么办？放过这一家，只管其他平台，还是对所有平台一视同仁，一个都不能少，想方设法去抓取？

反复思考和讨论之后，团队决定把这个平台的价格抓下来，因为很有可能这就是"历史最低价"。况且，如果因为爬虫系统运行的效率低、抓取速度慢，导致没有抓到最低价格，那是产品性能的问题；如果明明看到了这个价格，却因为某些原因没有去抓这个价格，就是产品设计缺陷的问题。前者如同战术的问题，而后者则相当于战略的问题。决心已下，接下来就是解决"怎么抓"的问题了。

在 2020 年，有"百度 OCR"可用，但当时百度还没有提供这个接口。另外，即便现在使用也有免费识别的次数限制，低精度的图片一天也只有 5 万张的额度。如果每天 24 小时不间断地抓取处理这样的图片，数量肯定远远不止 5 万张。参赛的同学上网查阅了大量资料，也没有找到好办法。后来还是通过仔细阅读页面原码，找到了生成图片价格的 JS 代码，发现价格数值会生成在 CSS 样式表中，这才最终解决了这个问题。

数据分析师在具体分析数据的过程中会碰到各种各样的问题，包括各种并未学过的知识和技术，甚至可能进入技术文献、参考资料都无从获取的未知领域。在这样的场合，只有保持攻坚克难的精神，才能独辟蹊径，走出思路和技术创新之路。娴熟地驾驭数据，突破性地使用数据，创造出有价值的产品，这不仅适用于数据分析师，也适用于其他职业。

八、数据分析如何在不同行业中发挥作用？

今天，如果被问及数据分析在个人的专业领域中有没有应用价值，大部分人的回答是肯定的，毕竟数据之重要已经深入人心。但真要回答有什么具体价值，有多大价值，回答还是很模糊，这是大部分人的认识现状。

其实，数据分析在各领域中除了用于描述现状、协助预测和决策以外，还能够另辟蹊径，突破传统方法、工具，创新思路。某次暑假外出学习，我碰到生物专业的一个朋友，得知我讲授数据分析的课程之后，她非常感兴趣，还告诉我，她主要工作也是数据分析，用数据分析的方法解决生物的问题。比如，她研究生阶段的工作是研究手指尖的透光度与血氧饱和之间的联系，设法通过手机相机摄像头对手指尖拍照，利用图片数据，分析判断血压、心跳、血氧饱和度等指标。而她目前做的项目是跟浙江省高速公路合作，调取高速公路路口高清摄像头拍摄的视频，来预测司机酒驾的风险以及路段交通事故风险的概率。据说一个人有没有喝过酒，是可以通过呼吸频率和面部表情分析出来的，而目前高清摄像头的图像已经具备提供分析所需数据的能力。过去，需要专业仪器、停车检查等方法才能实现的功能，今后通过图像识别分析就可以做到。通过数据分析，许多专业领域都有了突破性的应用，给原有的工作思路、方法和流程带来颠覆性的变化。

如果有心，你还可以收集到更多类似的案例，比如通过数据分析的方式帮助农民进行病虫害防治；疫情期间通过"健康码"支持人员流动、复工复产；传统企业利用信息流广告创新宣传手段等。数据分析无处不在，各行各业都需要。无论从事哪个职业，学点数据分析，掌握基本理论和方法，都一定会有别开生面的体会和结果！

数据分析师，
人人皆可为

本讲教师简介：

杨甜甜，金华职业技术学院副教授，商务数据分析与应用专业专任教师。金华市"321专业技术人才工程"第三层次培养对象，金华职业技术学院"十佳教师"，兼任浙江省欧美同学会理事。

主要研究方向：平台型电商企业管理。近年来，主持完成厅局级课题4项，发表论文10篇，其中SSCI、中文核心收录2篇，主编教材著作4部，获软件著作权3项；相关成果获浙江省商业经济学会优秀科研成果二等奖、浙江省职业技术教育学会论文评选一等奖、浙江省高等职业教育研究会论文评选二等奖、金华市自然科学优秀论文二等奖等。浙江省精品在线开放共享课程群《商务数据分析与应用》课程负责人。

03 | 职业之艺
篇首语

　　职业诞生于人类生产活动的专门化。"让专业的人做专业的事"，是提高生产效率、提升产品和服务品质的最便捷有效的方式。做好，做精，做到极致，是所有职业的必然要求，而市场是让这个要求达到顶峰的最大推动力量。要想在职场中取得成功，技艺上出类拔萃是必不可少的，但只看物，不看到人，也不能使产品或服务更大范围地满足人的需求。技艺需要传承，更需要创新，才能想人所未想、做人所未做、成人所未成。

　　职场如赛场。有些新的项目可以提供很多创造世界纪录的机会，而有些经典项目如跳高，横杆早就升到令人生畏的高度。面对行业里堆积如山的技艺财富，能否传承下来，再开发创新，是许多历史悠久的职业给新生的职业人提出的共同挑战。"中药是穷讲究吗"给出了回答：不讲究，就没有数千年的绵延，没有今天职业人的创新发展。

　　"一招鲜，吃遍天"是旧时手艺人的经验和心得，至今仍然有效，只是现代职业人不但手上有绝招，头脑里还有创意。无论是调和五味、创制新菜、协同团队，还是经营酒店，"高帽子"都能见招拆招，因为他们深知："职业不只是手艺。"职业人必须立足手艺，但又不限于手艺。

人类生产的历史经历了从以满足物质需求为主，到以满足精神需求为主的演变。物质需求比较明显，而精神需求较为隐蔽。技艺最高的职业人不但能够在物质产品的生产中精益求精，还能发现消费者未曾明说的精神或心理需求。满足需求有价，发现需求无价，"装饰房间"有价，"美化生活"无价。

职业人需要传承，可以少走弯路；职业人更需要创新，为后人留下坦途。站在巨人的肩上，才可能有大的发明创造，但要比巨人还高出一头，就需要职业人有更高的才艺。真正出类拔萃的职场人一定是、也只能是"我也能创新！"

第九讲

职业只是手艺吗？

厨师是以烹饪为职业、以烹制菜点为主要工作内容的人。厨师这一职业出现得很早，在人类社会出现分工之后，就有了专门从事烹饪的人。随着经济增长和文化繁荣，厨师职业迅速发展，专职厨师队伍也不断扩容。据统计，21世纪初，全世界厨师队伍已发展到数千万人，而中国素以烹饪王国著称，厨师的人数首屈一指。厨师作为一个古老的职业在新时代正迎来新的机遇！

一、厨师的白帽有何玄机？

世界各国的厨师，工作时穿的工作服可能不一致，但戴的帽子是一致的，都是白色的高顶帽。戴上这种帽子操作食品，可避免厨师的头发、头屑掉进菜中，有利于卫生。不过最先让厨师戴上这种帽子倒不是因为卫生，而是作为一种标志。

希腊的中世纪，动乱频繁。每遇战争，城里的希腊人就逃入修道院避难。有一次，几个著名的厨师逃入修道院，为安全起见，他们打扮得像修道士一样，黑衣黑帽。他们与院里的修道士相处颇为融洽，每天为修道士做菜。日子一长，他们觉得应该把自己与修道士从服饰上相区别。于是，就把修道士戴的黑色高帽改为白色。因为他们是名厨师，其他修道院的厨师也乐于仿效。到今天，几乎全世界的厨师都戴上了这种帽子。白色的高顶帽几乎成为厨师的特征性标志。

除了白色高帽之外，厨巾也是这个职业的标志，不过内涵有所不同。厨巾的基本作用是围在厨师的脖子上挡汗，因为厨房里热火朝天，厨师汗如雨下，需要有擦汗的东西。不过，不像厨师的高帽都是白色的，厨巾的颜色会有不同，因为它被用来区分不同工种或岗位。比如，有些酒店把红色确定为总厨色，有些酒店则把黄色确定为总厨色。用什么颜色来表示岗位没有统一的规定，由酒店自行选择，只要能让人知道其工作岗位就可以。外人看到厨师围着厨巾，如果有颜色，可以问一下是哪个岗位的，但厨师很神秘，一般不会说。所以，厨巾的色彩具有不确定性，不会自动表明厨师的职业岗位。

二、厨师帽子高低也有讲究？

有。厨师有不同的类型和级别，可以从帽子上看出来。

常见的厨帽形状有两种样式，一种呈方形，是西式烹调师用的厨帽；另外一种呈半圆形，一般是中餐厨师戴的。

方形白帽的高低表明厨师级别的高低，帽子越高表明厨师的级别越高，厨艺越高。据了解，法菜厨师戴的帽子最高达 35 cm，所以，在法国人们总爱用"大帽子"这一称号称呼那些技术水平高、有名气的老烹调师。

厨师的帽子按高矮分为厨师长帽、厨师帽、厨工帽。除此之外，帽褶的多少也有讲究，与帽子的高矮成正比。厨师长帽一般高约 29.5 cm，是总厨、大厨戴的；厨师帽高度低得多，帽褶也少；厨工帽则基本没高度，帽褶也更少。总之，从厨帽高低和帽褶多少可以大致看出厨师的级别，甚至粗略估计厨师的厨艺高低。

在业内高手聚集的场合，帽子的高低直接关系到权威或话语权。如果戴的是 15 cm 的帽子，自然要低调谦逊些。帽子还象征着荣誉，同样在酒店工作，能戴上最高的帽子，通常已经做到行政总厨或厨师长，除了工资高，还有荣誉感。顾客看到厨师戴着高帽，会产生一种仰慕之情，高帽给人带来职业的敬畏感、荣誉感。

跟其他职业一样，厨师也是一层一层往上走的，没有人天生就是大厨、大师。即使是天才，也要经历多年的努力才能成为一个高级厨师。

三、"高帽子"那么好戴？

在日常生活中，给人"戴高帽"是一种语带调侃的讽刺。知道这个人没什么能耐，却将其捧得高高的，最后等着看他出丑。"高帽子"不好戴，这是千真万确的。

厨师的高帽子因为货真价实，更不好戴。

2016 年，中央电视台《走遍中国》栏目在全国搜索经典美食，受该栏目邀请，我主理过一席"金华火腿宴"，当时摄制组一行直奔金华，就是冲着火腿来的。摄制组联系了浙江省餐饮行业协会，协会推荐了我。于是我就去中央电视台料理了一桌金华火腿菜。

金华火腿名气很大，但现在吃的人不多，既不是因为价格贵，更不是因为不好吃，而是因为好多酒店或家庭不会做，所以，中央电视台别具匠心，推出的是家常版的金华火腿菜。节目播出之后反响强烈。

那年 11 月份，中央电视台《远方的家》又找到我，要求再做一次金华火腿宴。这次是在我家里做的，是真正的家庭版火腿宴。

在此之前的 2014 年，我曾带着酒店管理专业学生参加上海亚信峰会的晚宴。金华职业技术学院旅游学院多次参加国宴级别的接待活动，都圆满完成接待任务，学生也在国际级别的舞台上得到了充分的展示和锻炼。

2016 年，我受邀参加 G20 杭州峰会晚宴的厨房菜品研发和设计。同样，2017 年、2019 年金华连续举行两届千人发展大会，由市政府主办，邀请金华籍知名人士参加，让名流们在经济、文化、旅游等方面为家乡作贡献，为此要盛情款待嘉宾，举办欢迎晚宴，需营造家的氛围，让嘉宾们共叙家乡美味，因而宴会主题、菜品、台面要具有家乡特色，能引起贵宾们的"乡愁"情绪。这场盛大的宴会就由我和金华国贸景澜饭店的厨师团队共同设计，顺利完成了高级别宴会的制作，赢得各方好评。

荣誉来自技艺，有卓越的成果才配得上厨师的高帽子！

其实，我大学里学的并非烹饪专业。20 世纪 90 年代初，我毕业后被分配到职校，因为学校里没有我所学的专业，时任校长看我从农村来，比较勤奋，能吃苦，让我转学厨师。说实话，当时我犹豫了，因为烧菜这个工作很辛苦，社会地位不高。

但是既然校长已经决定了，年轻人政治觉悟高，服从领导分配就是。我暗地里给老父亲写了一封家书，说了这件事。老父亲回信中表示反对。在父亲眼里，培养的儿子辛辛苦苦读了大学，结果出来当个厨师，恨铁不成钢。不过老人家虽然想不通，也无可奈何，毕竟孩子大了，路由自己选。

其实，我当时心理也有自己的想法。一是自己对当厨师还比较感兴趣；二是认为从事其他职业的人都可能饿死，唯独厨师不会饿死，在烹饪过程中，厨师永远尝第一口菜，品第一口汤。只要还需要厨师烧饭，就不会饿死厨师，否则"头大脖子粗"怎么会成为厨师的特征？所以，我决定改行当厨师。学校把我送去酒店，在那里待了整整三年，跟其他厨师一样，从杀鱼、宰鸭、宰鸡、洗碗、洗锅开始。三年之后，酒店内虽然仍有总厨，但总厨的权力基本上被我"篡夺"了，我有能力把总厨职责范围的一切安排妥帖，原来的总厨只要在旁边喝喝茶、扇扇子即可。

我从事厨师职业纯属偶然，不过真要说同所学专业毫无关系，也不全对。其实，我大学读的是动物饲养专业，从专业的延续性上看，学习的是养鸡、养猪、养羊的专业，从事的是养人的工作；学的是配饲料，干的是配餐食，说起来也算一脉相承，专业对口。当然，这是开玩笑。

厨师有三大基本功：刀工、勺功、火功。每样都是真功夫。许多时候，只要一拿刀，同行就知道这位厨师水平如何；只要看厨师的站姿，大概就能判断是不是刚从学校出来。好的刀工节奏均匀，如骏马奔腾，刀起刀落，可快可慢，富有张力。再拿起锅，若能娴熟使用翻锅、旋锅、掂锅、抖锅等技术，其勺功水平也就摆在那里了。至于火功，那只能拿起筷子尝过才知道。

四、只要会调味就能当厨师?

做中国菜调味很重要。评判菜做得好不好的标准有四项：色、香、味、形。"味"是中国菜的核心要素。评价一个餐馆如何，最简单朴实而且直击要害的标准是："味道好不好?"菜点无论多好看，盘子无论多精致，食材无论多稀缺，准备无论多精细，最关键的还是味道。

食物的味道最终来自调味，做菜的本质就是调和味道，这是评价厨师技艺的最核心指标。有一次我去义乌当评委，比赛以土豆为主要原料。"土豆能翻出多少花样?"无非酸辣土豆丝、土豆泥等。厨师们大显身手，做出五花八门的土豆菜肴，不但数量多，而且非常漂亮。最后主办方要我点评，我尝了三道菜，说真的，吃上去就像土豆，选手说："本来就是土豆嘛!"可中国饮食文化要求的是让土豆吃不出土豆的味道，鱼吃不出鱼的味道，好的厨师不排斥原汁原味，但调味是必不可少的。

厨师给菜调味既是一件寻常的事，也是一件辛苦的事。菜是用来吃的，再好看，也只是外表。中国菜讲究五味俱全，咸、酸、苦、辣、甜。只有单一味道，不好；缺了一种味道，也不好；五种味道都有了，但彼此冲突，更不好。融合在一起，形成一种超越任何单一味道、具有层次感和立体感的味道，达到"食无定味、适口者珍"之境界，方为高手。

厨师调味非常讲究，会因人、因季、因时、因料、因菜品特色要求等要素而变化。我曾经试制过一道融合菜，将海鲜与金华本地原料融合创新制作的菜肴，叫"荷叶鲍鱼鸡"。几年前，为了让金华市民喜欢吃鲍鱼，我想方设法让鲍鱼呈现出最佳的口感与口味，反复试制，弄得老板心痛不已，怀疑我是和他过不去，想把餐馆整垮了。那时的鲍鱼可金贵了。

试制初期为什么出不来预期的效果，原因是惯性思维在作祟。厨师做菜，每逢荤料都会打点底味，就是说烧制之前，我会习惯性地将鲍鱼、鸡用盐酒腌渍，然后煮制时再加酒、盐、酱油调味，结果做出来的成品无论在口感、味道、卖相上都不尽如人意。老板急得跳脚，我也郁闷。

有一天我突然悟到，粤菜师傅制作海鲜时最擅长用金华火腿，何不用金华火腿调味?经过几次试制，渐入佳境，口味一次比一次好，最后得出结论，鲍鱼的咸味、鲜味只有用金华火腿来调理，才能恰到好处地保持鲍鱼的口感和浓郁鲜味，还能让鲍鱼保持富足饱满的形状，卖相极好。这道菜一经上市就颇受食客喜爱，让这家酒店红火至今。老板自然笑得合不拢嘴。

可见，调味的秘诀在于选用应时应季的原料，加上组合恰当的调配料，调节好火候时机，才能成就一道美味菜点。

原料、时间、火候都处理好了，就能保证菜肴的味道调好吗？

要把味道调好，功夫不能停留在调和食材，还需要调和人际关系。厨师在酒店内工作，即便因为技艺高很有权威，也要调理好方方面面的关系，才能把行政总厨的工作做好。厨师的职业技术性特别强，只凭技术吃饭，没有调和能力，年纪轻的厨师就会向权威提出挑战。大厨要让其他人心服口服，既需要跟上面的总经理沟通协调，又要让打下手的厨师服从，没有调和人际关系的能力，菜的味道很难调到位。

做菜的最高境界是调和人生。人的一生都在跟社会各方面进行调和，包括跟酒店同事的调和，跟原料供应商的调和，道理同做菜是一样的。有的菜上放葱，不能放大蒜，牛肉中不能放韭菜，如此等等。有些是传统的要求，有些是传承工艺，有些有科学道理。人与人相处也是如此，个人有自己的脾气禀赋，不同的人用不同的方法，只有让大家协同合作，才能把事情办好，把菜做好。

五、手艺就是"守艺"吗？

做厨师需要不断学习，把传统制作的食材和工艺都继承下来，这很重要。但只有传承是不够的，时代在变化，消费习惯在变化，消费者的口味也在变化，厨师的技艺不能不随之变化。创新是新时代厨师的又一项基本素养。

▲ 图 9-1　秘制扣火方

金华火腿有一道名菜，叫"蜜汁火方"（图 9-1），用金华国贸景澜大饭店总厨章林强的话来说，"整只金华火腿只能用上方那块肉！"蜜汁火方在金华火腿菜里面地位显赫，食客们都会为这道菜慕名来到景澜大饭店。

以蜜汁火方为拿手菜的章林强总厨从事这个行业已有 26 年，在景澜大饭店工作了23年。在跳槽频繁的厨师职业里，这是不常见的。一个厨师能在一家酒店工作那么长时间，不是厨师有绝活，就是酒店有独特定位。

章林强总厨厨艺高超，能把一道菜做到远近闻名，自有其独到之处。

第一，有执着的态度。他对原料精挑细选，务必优中选优、优中选特，达不到优质要求的原料不能用来做菜，不能保证安全的原料也绝不用。

第二，有传承的匠心。他在多年厨师生涯中，对任何一道菜或者其中的一道工艺环节，都讲究精益求精。蜜汁火方选用火腿心制作，一条火腿最多只能做4份，价格可想而知，但只有这样才能保证传统的味道。执着坚守出精品，传承了工艺，才能传承味道。

第三，有专业的自信。餐饮这个行业，门槛既高又不高，谁都有接触，谁都可以评价、指点。厨师在职业生涯中，经常会碰到顾客不专业的评价甚至否定。这时特别需要内心淡定，相信自己的专业技术和能力，不因为一时褒贬而放弃自己的坚守。

厨师既是一门严谨科学的职业，又是一门接近艺术的职业，有规范、讲传承、需定力，朝三暮四、见异思迁，不可能成为厨艺精湛的职业人。一件事情再简单，能坚持下来，就是不简单的事。如果说饮食也能成为文化，那么传承这种文化的职业，就肩负着文化传播的使命，厨师这个职业有无上的荣耀！

执着不是固执，更不是执迷不悟。时代在变化，传承不是故步自封，厨艺也需要创新。

金华有一位厨师，名字叫程华振，自己喜欢吃肉，做了几年厨师后，开始创业，专做金华煲，推出一道菜肴叫胴骨煲。起初一片红火，维持了两年，生意渐渐地淡了。无奈之下，舍弃了胴骨煲，改做老鸭煲。为此，他先后到杭州、江苏、广东等地取经，为了学技术什么苦都吃。学成回到金华后开了鸭煲店，推出在金华颇有知名度的"火踵神仙鸭"。与胴骨煲的命运一样，第一年生意红火，第二年生意就清淡了下去，最后也以失败告终。

心有不甘，程厨又出发了。经过多地考察学习，他决定做蟹煲。吸取了前两次的教训，他意识到不能一味地守着单一的蟹煲，要创新。他不但在蟹煲的原料和味道上进行了创新，在经营模式上也做了重大调整，他同时推出两只菜品，交替经营，冬季以蟹煲为主，夏季以龙虾煲为主。10年过去了，锐意创新让他生意依旧红火。

程华振的经历说明厨师是一个需要不断折腾、持续创新的职业，需要从业者有不安于现状，不弄出名堂决不罢休的决心和行动。"天助自助者。"程厨说过："现在大家看到的都是成功的一面，其实大部分是不成功的，只不过大家没看到而已。"在理论上，这种现象被称为"幸存者偏差"。失败者早已默默无闻，能被人看到的都是幸存下来的人。任何一个职业要想脱颖而出，就必须想办法成为"幸存者"！

创新才能焕发生机，但创新者未必都能成功。即便技艺在身，也无法保证成功的降临。

温州有一家王朝大酒店，20多年前就在业内享有盛名。酒店里的大厨在20多年前就能拿到400万的年薪。在20世纪末能达到这个薪资的人实属凤毛麟角，但他做到了，并且连续保持了两年。这时，他开始不安于现状，有了资金，他想自己出去创业，开包子铺。

餐饮业内有一个笑话，说一个人吃肉包，吃一半了，还没咬到肉，再咬一口，又咬过了头，仍然没有见到肉。在物资相对匮乏的时期，部分餐饮产品在数量和质量上会偷工减料，但做到这份上就不是肉包，只是馒头了。

针对这种情况，大厨推出自己的"南方大包"，个大肉多，刚开始生意非常好，两年时间发展到200多家分店，在杭州，南方大包也随处可见。正当他以为创业成功的时候，经营走了下坡路，很快就撑不下去了，最后欠了几百万的账。前后也就两年时间，他把以前拿的高薪全部赔光了。

厨师靠做菜的技艺，而包子铺靠经营，两者之间隔行如隔山，不能简单地认为只要能把菜做好，就一定能把餐馆经营好。调和味道与调和市场不是同一回事。

六、厨艺高超需要高学历吗？

对于任何正规职业，从业者学历高一点，当然好。但不能由此认为只有高学历才能出类拔萃，尤其不能认为最初的学历高低决定了未来职业生涯的成败。

金华当地有一家餐饮企业叫"楼师傅"，其创始人楼洪亮曾经就是我带教的中职学生。如今许多家长不愿意孩子学职业教育，总觉得好像比普通高等教育矮一等。看看这个例子观念或许会有改变。

楼洪亮在懵懵懂懂的年纪，稀里糊涂地进了职校，莫名其妙地选了烹饪专业。当时分在我的班里，听了老师一句话："如果要在某个领域里做得好、做得久，必须不断学习！"中专毕业后，他主动要求去宁波技师学院求学深造，毕业之后，他又拜师学艺，跟各个层面的人交流，最后形成了自己的厨艺风格。他的成长过程就是不断创新、不断学习的过程。十几年里，他从一个职校学生成为大学教师和高级厨师，在这个领域里有了话语权。

作为职业导师，楼洪亮曾经参加援助非洲的项目，把中国厨艺技术输送给当地人，把中国饮食文化的故事讲给非洲人听，并以自己高超的技艺令人刮目相看。他的

▲ 图 9-2　职业人的大格局

成长故事足可让那些认为"读职校没出路，矮人一等"的人听得热血澎湃。

特别值得一提的是，楼洪亮在金华原有的米糕基础上创新工艺、调和口味，做成"婺式月饼"。"婺"是金华的简称，"婺式月饼"作为独具金华地方特色的月饼，外皮用米粉制成，同广式月饼和苏氏月饼的口味完全不同，表现出自己独特的风味，在金华当地广受欢迎，并得到各地喜欢新奇口味的消费者追捧。

曾经的中职学生，今天挂上了各种体现职业成就的头衔：中国烹饪名师、浙江省技能大师工作室主持人、浙江省百千万拔尖技能人才等。这足以证明职业的成功跟学历、毕业学校、性别没有直接关系，而是跟职业视野、社会资源调和能力有很大关系。三百六十行，行行出状元。只要兢兢业业，肯学习、会钻研、能创新，手上有绝活，总会迎来事业的春天（图 9-2）。

七、职业人如何成就大格局？

任何一个职业，成功都需要格局，格局来自眼界。"时代抛弃你的时候，连招呼都不打一声。"

要确保职业荣光，必须跟上时代步伐，找准方向，努力前行。在这个自我成长的过程中，职业眼界至关重要，眼界开阔，仰望星空，低头走路，才不会出现偏差。

眼界来自个人在职业生涯中有幸进入的平台，平台多大，平台上的人眼界就有多大！平台打开厨师的眼界，成就他的高光时刻！

2016 年杭州举办 G20 峰会，西子宾馆的朱总厨就是在这个大平台上大显身手的厨师。G20 峰会是一个重大的国际场合，宴会菜点必须在这个高度上构思设计，跨越文化差异，深入了解各国来宾的饮食文化与习俗。在 2016 年的上半年，朱总厨苦苦寻求原有模式的突破，殚精竭虑，要把杭帮菜、把西子宾馆的菜点推上国际舞台。经过半年研发，团队终于开发了既符合国际友人需求，又能展现中国饮食文化的菜点。其中有一道"东坡牛腩"，团队选取 60 多种牛肉做试验后才确定了食材，采用东坡肉的制作工艺，烹制出一款精品菜。"东坡牛腩"一炮打响，赢得各方盛赞，这不仅为西子宾馆争光，也为厨师职业、为国家赢得荣光。朱总厨及其团队成为 G20 平台上升起的闪耀明星。

起步学历较低，不是问题，事在人为，只要努力，学历低限制不了职业人的成功。同样，最初所学专业也限制不了职业人，现代职业需要跨界人才，人才需要有跨界思维。能以一门手艺为基础在某个职业领域里获得一席之地，固然可贵，但要发展得更加出彩，需要跨界思维，对所处的职业看得更清、悟得更透，展现超出平常的认识和作为。所以，不用太拘泥于大学读的专业和对口的职业，能对口是好事，不能对口未必是坏事，跨界执业很可能有更好的收获。努力学习、不断创新，善于调和各路资源，在任何职业中都能赢得人生的高光时刻！

厨师有何基本功

本讲教师简介：

刘根华，金华职业技术学院教授，文旅创意专业群带头人，曾获浙江省首席技师、浙江省百千万高技能领军人才培养工程第三层次优秀技能人才、金华市技能大师等称号，目前担任央视《美食中国》美食顾问、浙江省职业技能烹饪专业专家、浙江省餐饮协会副秘书长等。

主要研究方向：中国饮食文化、烹饪技术、酒店旅游产业发展等领域，主持各级科研项目 10 多项，出版专著、教材 4 部，发表专业论文 26 篇；曾获中华金厨奖、全国火腿菜竞赛金奖，3 次受邀在央视主理金华火腿宴；主持《宴会策划与设计》获省精品在线开放课程，参加教学能力竞赛获省一等奖、全国三等奖；提交产业发展对策建议获市委书记批示 2 项。

第十讲

中药是"穷讲究"吗?

中医药的历史源远流长,直至今日依然用于治病救人或养生保健。按照中医药"药食同源""药补不如食补"的原理,一个人吃喝之间就可能在广义上服用了某味中药。很多家庭烹饪鱼肉时习惯放姜,其中也涉及中医药的知识,并不只是简单的调味。还有一味药材是陈皮,用得极其广泛,制作更是考究,很好地体现了中药追求极致的特点。

中药是不是"穷讲究",不妨以陈皮为例来讨论一番。

一、"橘子皮"何以贵过黄金?

橘子是一种味道好吃、食用方便的水果,广受欢迎,还可以被制成橘子汁等。通常,吃完橘子,人们顺手就把橘子皮给扔了。其实在中医里,橘子皮是一味地地道道的中药,只是名字不叫橘子皮,学名叫陈皮(图10-1),由新鲜橘子皮加工而成,用途十分广泛。

▲ 图10-1 陈皮

陈皮可以燥湿化痰,和半夏配伍组成的二陈汤是中医里治疗痰湿咳嗽的基本药方。陈皮可以理气健脾,和苍术配伍,行滞消胀,脘腹胀满、食少吐泻。陈皮还可以和补益药配伍,可以使补益药补而不滞,有防止壅遏作胀的作用。

陈皮虽是一味常见中药，但价格差异却大得惊人。市售普通的橘子便宜的才 2 块钱一斤，橘子皮多半被随手丢弃。经过加工之后，普通陈皮也不贵，大概几块钱一斤，比橘子稍贵些，毕竟干燥也需要人力成本。真正贵的是陈皮家族里的一位特殊成员，叫"新会陈皮"，素有"一两陈皮一两金，百年陈皮胜黄金"之说。2013 年，在新会陈皮文化节上，一份 73 年的老陈皮以每 100 克 12.5 万元的高价被买走，远高于当时黄金的价格。

新会陈皮之所以价格昂贵有其道理。

从源头上说，新会陈皮的原料品种就非常讲究，采用的是新会当地的大红柑。大红柑果皮油亮，酸甜适中，挥发油的含量比较高，且挥发油的成分同其他橘子相比也有所不同，可以说出身便已不同。

从刀工上说，新会陈皮主要采用两种剖开的方法：要么是过顶部开三瓣，留果蒂部相连的正三刀法；要么是从两侧果肩弧对称二刀开三瓣，留果脐部相连的对称两刀法。无论何种刀法，都必须保证果皮完美，只取皮不留柑。

这只是开始，陈皮之所以为陈皮，最重要的是时间。

趁天气好的时候，把新鲜的柑皮从里朝外翻开，慢慢晒干，收藏。新制成的陈皮需要年年晒、日日晒，连续多年，成为老陈皮后，还要定期翻晒。如此循环往返，不厌其烦，年复一年。晒干的果皮用绳子串起来，置于灶台之上。灶台下干柴烈火，灶台上烟雾缭绕，柑皮在炊烟之中慢慢陈化。如此历经数年乃至数十年的春夏秋冬，方不负陈皮之名。

陈皮，陈化，二陈汤，讲究的就是一个"陈"字。陈，指的是长久的储存。新会陈皮和普通的陈皮最大的区别点在于上市时间。普通陈皮只需要剥皮阴干或晒干后就可以上市，但新会陈皮必须在离墙、离地、离顶等合适的保存条件下陈化三年甚至更久的时间，比如前面提到的陈化 73 年的拍卖品。经过陈化的陈皮表皮会焕发出檀香木的光泽，内层附着松化又不脱落的粉末，时间重新赋予了陈皮新的生命，历久弥新是陈皮最好的注释。

花大力气优选品种，革新取皮工艺，用漫长的等待来换取陈化效应，这是"穷讲究"还是先人对中药药效的极致追求？

对比普通陈皮和新会陈皮，不难发现传统文化中确实有很多值得传承的东西。尝一口新鲜的橘子皮，再试试新会陈皮，味蕾能感受到非常大的差异。新鲜的橘子皮大多带有苦味，而新会陈皮却有回甘的感觉。陈化除了能让新会陈皮越陈越香，给人回甘的享受之外，还可以去除橘皮原有的燥烈之性，更好地起到去湿化痰、理气健脾的功效。

陈皮仅仅是中药里非常普通的一味药，也仅仅是中药"穷讲究"的普通案例，中医药追求极致，从种植、采收、加工炮制到使用，追求极致的案例数不胜数。

二、"一方水土出一方药"，有道理吗？

中药大量使用植物制备，植物生长的地理位置和气候条件至关重要。

中药制作首先讲究药材的产地。很多人都听说过红酒是有产地之分的，越高端的红酒，越是对产地有极其严苛的要求。其实在很早之前，中医药的前辈对中药的产地就是这样要求的。中药圈内素来推崇道地药材，比如浙江的浙八味，即白术、白芍、浙贝母、杭白菊、元胡、玄参、麦冬、温郁金。其中，白术、元胡、芍药、贝母、玄参属于磐五味，是浙江金华地区的特产。另外还有山药、牛膝、地黄、菊花四大淮药，以河南产的为佳，像淮山药，只有在河南焦作这个地方产的才叫淮山药，别的地方都不能这样叫。还有祁药、广药、川药等，不胜枚举。

中药之所以要限定产地，原因有如老话所说："橘生淮南则为橘，生于淮北则为枳"。中药材受产地日照、温度甚至是土壤里伴生菌的影响，不同地区产收的中药材在药效上表现出明显差异。同时，各地在长时间栽培的过程中，因为育种的不同，药效也会有所不同。

金华有一味中药叫佛手，原产印度，随佛学的流播而传入我国，因其形看上去似手指，故名佛手。金华又被称为"佛手之乡"，因为拥有连绵的黄土丘陵和冬暖夏凉的双龙洞泉水，此地出产的佛手柑成为"果中仙品，世上奇卉"。据光绪年间编撰的《金华县志》记载："佛手柑，邑西吴等庄为仙洞水所经，柑性宜之，其透指有长至尺余者，色香亦大胜闽产。"现代研究也证明，金佛手与其他佛手相比，挥发油的成分含量均有区别。中药中，因产地种植而产生不同的例子可能以白芍、赤芍为甚。白芍、赤芍均源于毛茛科植物芍药的干燥根，南北朝时期以前中医并未区分两者，但随着白芍产地种植品种改良，其与野生的赤芍在成分药效上的差异逐渐显现。宋、元两代以来，提出以花色、根色区分两种芍药的方法；明代提出以采收加工的方式来划分赤芍、白芍的方法，此后白芍赤芍逐渐被分类应用，成为一补一泻两味药性不同的中药材。

由此可见，中药讲究产地确有必要，这是保证药效的一种方式。

三、"冷香丸"确有其事？

生长的环境重要，采集的时间也重要。《红楼梦》里介绍过一种叫"冷香丸"的中药，就反映了中药在采集时间上的讲究。

薛宝钗患了一种病，是出生时就有的一股热毒，犯病时会出现喘嗽等症状。一个和尚给了其母一个"海上仙方儿"，名叫"冷香丸"，宝钗服用后十分管用。据书中所记，冷香丸是取白牡丹花、白荷花、白芙蓉花、白梅花的花蕊各十二两，并将其研末，用同年雨水节令的雨、白露节令的露、霜降节令的霜、小雪节令的雪各十二钱加蜂蜜、白糖等调和，制作成龙眼大丸药，放入器皿中埋于花树根下。发病时，用黄檗十二分煎汤送服，一丸即可见效。

据考证，"冷香丸"一方未见医籍记载，或为作者杜撰，但其处方遣药之意，颇有耐人寻味之处。可以想象，照方抓药，需要花费多少时间和心力才能配齐这个方子！药引的采集时间精确到了天，万一那天没下雨、结露、落雪或降霜，功亏一篑在所难免。

"冷香丸"方子是否确有其事，至今存疑，但其思路反映了中医药的天人感应哲学和时间观，对于药材采集时间限定如此严苛的并非仅此一例。

中药业有这样的说法："三月茵陈四月蒿，五月六月当柴烧"。茵陈蒿在三月份是小苗，可以拿来入药；到四月份，长大了，就只能做菜；到五月六月，老了，只能拿来当柴烧。这说明采收时间确实会对中药材的药效产生很大的影响。

还有桑叶，别称"霜桑叶"，在中药里桑叶必须经过霜打之后才能入药，所以采收的时间一定要在霜降之后。

这些道理都是在没有现代检测手段的情况下，中医药前辈通过一代代临床试验摸索出来的，有例可证，所以说是有效的。

其实，现代的制药行业同样讲究植物性药材的采收时间，并非中医药独此一家，现行的《药材种植质量规范（GAP）》对采收时间有严格限定，而且被纳入常规项，即必须考察限定的项目。在德国、日本等国，天然药物制剂的生产也和当年中医药一样，遵守采收时限的法则，甚至会限定一天内固定的采收时间，以此保证药材质量的稳定，保证天然药物制剂的药效。

四、切药材也有吉尼斯纪录？

采集的中药材通常需要经过加工，在加工炮制环节，中药也传承了许多传统，刀工是其中之一。

中华美食讲究刀工，给人留下非常深刻的印象，但很少有人能想象出炮制中药时老药工的刀工水平。江西樟树市非物质文化遗产项目名录中有中药材炮制技艺，其代表性传承人是中药传统炮制大师丁社如，他以62岁的高龄创造了中药切片技艺的吉尼斯世界纪录。一寸的白芍，也就成年人的拇指宽度，被他切出了360片，用的还是铡刀。他切成的药片，薄如蝉翼，轻如雪花，捧在手上，轻轻一吹，漫天飞舞。

白芍切得这么薄，不是为了秀刀工。中药切成片，有利于干燥储存，相同规格的饮片方便调剂，而相对于颗粒、粉末来说，切片更能保留药材的鉴别性特征。这是一般的道理。单就白芍而言，切得越薄，越有利于有效成分的煎出。在没有现代机械装备的过去，一代代中药人一直致力于改良工艺，把白芍切得更薄，同时还要求切下的片型完整美观，如此，慢慢演变成了一门手艺。

其实，白芍非常不好切，仅有刀工是远远不够的。俗话说，白芍切片，"三分刀工，七分在润"。干燥的白芍质地坚硬，切制白芍，必须软化，通过各种润法，把白芍变软了，才能切制。润法有好几种，比如"火润"，加热后药材会变软。但最常用的还是用浸泡后的毛巾包裹白芍，使其变软，这种方法叫"闷润"。白芍切制的成功与否，关键在于润的程度，而润制的难点在于白芍粗细不一，需要加多少水、浸润或闷润多少时间没有硬性标准，老药工需要靠自身经验做出判断。丁社如师傅能切到这个水平，主要在于掌握了法，既不使白芍含水过多，出现连刀、翘片等情况，又不使白芍闷润不足，过硬，造成切片破损。润法使用得当，多年练就的刀工手法才有用武之地，让一根根白芍变成一片片随风起舞的白芍片。

在全国四大药都之一的江西省樟树市，讲究的是"白芍飞上天，木通不见边，陈皮一条线，半夏鱼鳞片，肉桂薄肚片，黄檗骨牌片，甘草柳叶片，桂枝瓜子片，枳壳凤眼片，川芎蝴蝶双飞片，槟榔切108片，一粒马钱子切206片。"这些极致得像工艺品的中药饮片，在向世人展示着中药之美的同时，也给道地药材、精品中药贴上了工艺名片。像丁社如先生这样的老药工不仅仅是手艺人，更是背负着中医药文化传承使命的艺术家。

刀工只不过是中药饮片切制粉碎工艺里的一个技能点，在唐代以前，中药人已经掌握了用水飞法来纯化粉碎朱砂的方法。朱砂含硫化汞，遇热不稳定，研磨朱砂会使温度升高析出汞而使毒性增加。水飞法就是在水中研磨朱砂，用大量的水，一方面起到冷却液的作用，另一方面，利用粒径大小影响沉降速率的原理，获取混悬在水中的朱砂细粉，提高了研磨效率。

中药炮制技术体系繁杂，有净制、切制、清炒、加固体辅料炒、炙制、煅制、蒸制、煮制、燀制、复制、发酵、制霜、烘焙、煨制、提净、水飞、干馏等技术。不同技术各有千秋，或能增强药物作用，提高临床疗效；或能降低或消除药物的毒性或副作用，保证用药安全；或能改变药材的性能功效，扩大其适应范围；或能改变药材的某些性状，便于储存和（或）制剂；或能纯净药材，以保证药材质量和称量准确；或能矫臭矫味，便于服用；或能引药入经，便于定向用药。

五、何首乌怎么完成从泻药到补药的华丽转身？

很多人听说过何首乌，其广为人知的功效是"乌须发，补肝肾"。何首乌是一种有传奇色彩的药材，而其药性的转变更像传说。

相传很早以前，顺州有一个小伙叫田儿，从小体弱多病，骨瘦如柴，眩晕无力。一晃 30 年过去，田儿已 50 有余，未曾婚娶。一日与朋友相聚多饮了几杯，回家时在小路上醉卧不醒，朦胧中似见二株三尺余长的藤蔓，彼此相交，久久不散，稍做分散，旋又再度相交，如此往复无休无止。田儿见此情状，心生诧异，顿时酒醒，发现自己躺在路旁的藤蔓之下。出于好奇，挖出藤蔓下的根茎，其形状大小、粗细、长短不一，但皆如人形。

田儿回去将根块晒干研成粉，每日服之，一段时间后，自感日渐强壮，宿疾自愈。连续服用一年，田儿的须发重新变回乌黑，容颜润泽，红光满面，犹如返老还童。遂在花甲之年，娶一妙龄之女为妻，后生儿育女。田儿喜不自胜，遂改名字为能嗣，并将此药的服法传授给儿子延秀，儿子又传给孙子何首乌。

首乌服了此药后，须发乌黑至老不变，体质强健，子孙满堂。首乌年至 130 岁，仍须发未白，乌黑油亮如年轻小伙。乡邻纷纷前来请教首乌有何秘诀，首乌取出根块介绍给乡亲，但谁也不知道为何物。一位长者说："既无名，不妨以人名为名，称之为何首乌，可也。"何者，乃首乌之姓也。

中药的传说有很多，有些真假难辨。何首乌刚挖出来的时候近似人形，根据以形补形的理论，传统中医学认为有补益作用。在中药里，何首乌与泻药大黄一样，都是蓼科植物，如果生用，具有较好的润肠通便、清热解毒的效用。何首乌必须经过炮制，九蒸九晒之后，才会具有补肾、益精、乌发的功效。光是把何首乌晒干研粉，起

▲ 图 10-2　何首乌

不到延年益寿、乌须黑发的作用。

　　传说归传说，何首乌成为药品一定是一代代中医药人花费无数心血、不断探索的结果，绝不会是偶然发现。目前，何首乌是保健品开发的热门产品，产品非常多。但一定要注意购买炮制品，生何首乌不但没有补益作用，而且可能会有相反的结果（图 10-2）。

　　要让可以用作泻药的生何首乌变成具有补肝肾、益精血、乌须发等功能的制何首乌，需要经过"九蒸九晒"的炮制。这个过程称得上繁复。

　　首先用黄酒润洗生何首乌，时长大概半个小时左右，然后上锅，加黑豆、黑芝麻一同蒸制，须蒸制 5 小时以上。在中药里，黑豆、黑芝麻具有补肾的功能，在何首乌炮制中加入这两味药材，就为了引药入肾，加强何首乌的补肾作用。蒸完之后，连药液一起放到阳光下晒干。这只是第一遍的一蒸一晒。"九蒸九晒"指的是整个过程重复九次，整个过程少说也要三十多个日夜。虽说前后药材在外观上差异不明显，但就成分而言，新生成二苯乙烯苷成分含量会增加，补肾、益精、乌发的作用会增强。

　　炮制何首乌是一件非常费时、费力、费工的事情，但是这是中药人一直在坚持的事情，为的是确保中药的药效。正所谓"炮制虽繁必不敢省人工，品味虽贵必不敢减物力"。中药人的极致是中华民族"工匠精神"的最好体现之一。

六、成药也能因人施药？

采收、炮制固然不易，中药的使用也同样有讲究。普通人对中药的了解很多时候都还停留在中药汤剂上，戥秤、纸包、小陶罐煎煮，这些几乎成为中医药的标签和符号。这本身没有太大的误解，所以略过不赘。中药材除了用作汤剂，还可用于制作成药，而且形式繁多。

中药的成方制剂出现得很早，丸散膏丹是中药的常见剂型。根据史料，至晚到宋代，就有《太平惠民和剂局方》问世。这是我国第一部中药成药药典，也是世界医药学史上第一部成药药典。

客观地说，中医更倾向于使用汤剂，而不是成药，主要原因有两个。一是认为"汤者荡也，丸者缓也"，在临床用药上除了针对慢性病患者，一般情况下，更偏爱应用汤剂，而少用丸药，无论医生还是病人，都希望药到病除。二是中医药要求"辨证论治"，一人一方。中医诊治首先看人，其次看病，这同西医主要看病，其次看人不同。病是一样的，人是不一样的。同样的细菌感染，针对细菌的药物只要有效，什么人都可以用，这是西医的逻辑。但在中医看来，同样处在致病环境中，为什么有的人发病，有的人不发病？关键不在致病因素，而在个人体质。所以，用药治病，不但要看外因的影响，更要看内因的作用。针对同样的疾病开出不同的方子，或调整配伍，或调整药的用量，在中医治疗中是寻常事。这种针对每个病人的特殊性来用药的策略和方法，用现代医学的语言来说，类似于"定制化治疗方案"。而成药无法从药材配伍上加以调整，容易给人"千人一面"的感觉，自然影响到了其使用。

其实，在中医药理论指导下，成药的使用与西药的应用还是有明显区别的。比如感冒，西医治疗以缓解症状为主，不同的治疗药品虽作用于人体的机制不同，但都主要服务于一个目的，就是缓解感冒症状。正是在这一点上，中医与之迥然不同。

中医在使用成药治疗表证时，一定会先确定病人到底是风寒表证，还是风热表证。所谓"表证"是中医术语，指的是风、寒、湿等外邪侵袭人体，所引起的证候，与西医说的"感冒"症状有类似，但内涵不同。同样是表证，但风寒表证与风热表证的处理区别很大。中医诊治表证，先辨寒热，是恶寒重、发热轻，还是发热重、恶寒轻，是苔白还是苔黄，清涕还是浊涕，有没有咽喉肿痛，脉象如何，通过这些细致入微地观察，得以判断到底是风热还是风寒。确定之后，对风热者用寒凉的风热解表药，比如银翘解毒散，其原理是"热者寒之"；对风寒者用温热的风汗解表药，比如感冒清热颗粒，原理是"寒者热之"。而更值得注意的是，治疗风寒表证的药物对于风热表证来说，是禁忌药。

这还只是用药的开始，不是表证用药分类的结束。风寒表证又可以根据病人发病时有没有出汗分为风寒表实无汗证和风寒表虚有汗证。更详细的是在很多中医古籍中，还有以方药名称命名的证型，比如"麻黄汤证""桂枝汤证"等，明确要求只有符合方书上所有症候的病人才适合服用这个方子的药。如此限制成药的使用病症看起来并不符合市场推广的原理，但确实符合疾病的治疗需要。

除去风热表证和风寒表证这两个基本分类，中医表证里还包括了气虚外感证等，这就从病证进入病因了。病人出现了外感的表证，究其原因还是因为病人正气的亏虚。中医治病首先在培养人体正气，如果自身状况良好，外邪难以侵入，自然不会生病，所谓"正气存内，邪不可干"。如果单一治疗表证，只缓解症状，就只能达到治标的效果，即便症状一时得到缓解，可能很快又会出现复感的情况。所以，中医强调，在治疗时应该兼顾外感的急症和气虚的病因。比如，有一个方剂叫人参败毒散，其组方理念就是内外兼治。中医不仅关心急症发作，更关心人体所处的状态，这就是中医"整体观念"的体现。

除此之外，中成药还体现了中医对兼症的考虑，且各有各的效果。比如同样是治疗风寒表证的药物，川芎茶调散就最适合治疗风寒表证引起的头痛；而通宣理肺丸就更适合用于治疗风寒表证引起的咳嗽。

不单单是感冒，基本上每一种疾病，中医都有很多的证型分类，都有各种类型的中成药来治疗不同的证型。比如失眠，心火亢盛，可以用朱砂安神丸；肝郁化火，可以用解郁安神胶囊；阴虚火旺，可以用天王补心丹；气血亏虚，可以用柏子养心丸；心脾两虚，可以用归脾丸；痰湿内盛，可以用安神温胆丸；瘀血内阻，可以用天舒胶囊等，林林总总，不一而足。

中成药有这么多的分类，是因为中医在精准治疗疾病上有着极致追求。中医历史悠久，能绵延至今，就因为从未放弃"创新与开拓"，中成药就是不断创新完善的缩影。2015 版药典收入的中成药品种有 1 493 个，各类医疗机构的中成药制剂更是数不胜数。

七、追求极致就是"穷讲究"吗？

综上，可以看出，中药从种植、采收、加工炮制到使用都非常讲究，甚至于讲究到引起人们的质疑："如此穷讲究，是故弄玄虚吧？"

当然不是！

"穷讲究"讲的是没事做，故意找点事来做，并没有实际效果。但是中药的讲究，从陈皮就可以看出，旨在通过时间的积淀，化腐朽为神奇；从道地药材、采收时间可以看出，旨在遵循大自然的规律，追求天人合一，和谐发展；白芍切片则是追求务实与艺术的结合；从何首乌看出的，则是从无到有的传奇，也是不惧烦琐的工匠精神；从中药使用可以看出对个体生命独特性的承认和尊重。

所有的这些讲究归根到底是中药人对专业的极致追求！

追求极致并非中药人所独有，既称职业，必然要求尽善尽美，说到底，极致就是专业精神的体现。设计师追求时装推陈出新，机电工程师追求更好用、更有效的产品，烹饪大师追求美食所带来的视觉和味觉的极致。各行各业都在追求极致。

你会包中药吗

本讲教师简介：

黄娴，金华职业技术学院讲师，主管中药师，曾多年从事医院药房调剂及基层药品监管工作，有扎实的理论基础及丰富的行业一线工作经历。从教 6 年，指导学生多次获得省、国家职业院校技能大赛中药赛项的一等奖。

主要研究方向：中药药理学及中药制剂学。主持金华市科技局公益项目《金佛手多糖成分的保湿活性研究及保湿产品初步开发》，浙江省公益类项目《白芍多糖调节大鼠肠道菌群影响白芍总苷代谢作用研究》，参与金华市中医药项目《双龙风景区药用植物资源调查》，发表省级以上论文多篇。

第十一讲

装饰房间还是美化生活?

随着生活水平的提高，人们对生活品质有了更高的追求，越来越希望在生活中凸显自己的个性与品位。轻装修、重装饰成为潮流，软装设计风生水起。

一、软装饰从何做起?

软装设计是室内设计的一部分。室内设计首先处理的是房间的空间和界面，如墙面、地面和顶面，这些属于硬装设计。硬装完成之后，作为躲避风雨的栖身之处，有了模样，但房间空空荡荡，钢筋混凝土过于强烈的质感让人感觉生冷而没有生活气息。这时就需要软装来营造生活氛围，进行空间的装饰和点缀。

软装首先处理的是家具，这是室内空间最主要的元素，可以称为"室内空间的主体"。家具不仅用来满足人们的生活需求，也要满足人们的审美追求，相互匹配的家具构成室内陈设的重点，决定整个房间的视觉感。

在供人起居的客厅，主沙发是真正的主角，在整个室内环境中起到主导作用，代表了这个空间的风格和格调。

如果客厅足够大，在主沙发的基础上，还可以根据空间结构和布局的需要，搭配双人沙发、单椅或脚踏等，相互组合后，就成为室内环境的陈设重心。

有了沙发、椅子的组合，自然少不了茶几。茶几论实用，可供摆放零食、水果等，取用方便；论装饰，可以放置花艺、托盘等，让房间显得灵动。

有了家具，还要有灯具。利用灯具本身的型、色、光，同周边的装饰元素相互渲染，达成别样的视觉效果（图 11-1）。

软装中的软装是布艺，窗帘让房间更具有私密性，无论在视觉上还是听觉上；地毯可以起到把沙发围合成为整体的作用。如果搭配得当，垂直的窗帘和水平的地毯能使原本生硬切割的空间变得更加温馨、柔和，更具有生活的气息和氛围。

▲ 图 11-1 灯具在房屋装饰中的作用

要让空间更有装饰感，避免墙面显得过于苍白，可以适当添加墙面装饰和桌面装饰。工艺品的摆放总会在不经意间流露出一种生活态度，彰显主人的品位和内涵。

到这里，房间的基本格调已经出来，如果整体上仍显素淡的话，可以通过一抹亮色来强化节奏感。比如换上一把黄色的单椅，搭配一个黄色的靠枕。另外，在墙面上添一张以黄色为基调的挂毯或装饰画，也能让原来素雅的色调一下子变得明亮、跳跃，凭空多了些生机。

无论整体空间还是局部细节的处理，都不能"只见树叶，不见森林"，软装设计首先是装饰风格的选择。如果喜欢"新中国风"，可以在背景、家具、灯具、饰品中增加传统元素，营造出一种淡雅的禅意。如果中意所谓的"轻奢风"，可以偏重时尚和现代，更有设计感。

所有这一切差不多就是平常说的软装，只是这里提供的是文字，而不是视觉形象。

二、软装市场，何以"千树万树梨花开"？

室内装饰自古就有，但寻常人家讲究起软装，还是最近几年的事情。除了消费者这个需求端和某些物质性因素之外，行业本身的转型或许起到了更具决定性的作用。

伴随中国房地产行业的发展，政府一直在调整住宅政策，"房住不炒"之后，投资性房产减少，刚需房和改善房增多。为了减少二次装修造成的资源消耗和固体废弃物，政府大力推广精装修房。对此，购房者乐见其成，毕竟装修虽然给业主留出了彰显个性的余地，却增加了巨大的工作量。

凡事过犹不及，精装修房确实让人省心，但省过头了，就会变得千人一面，让一栋楼里的人走错门了还不自知。通过软装饰品的陈设来体现个人的风格及品位，成为希望有一个自己的"家"的现代人别无选择的选择。

精装修房的大热无形中催生了家居行业的转型升级。在既是契机，又是考验的消费者需求面前，室内设计行业开始格局分化，软装设计浮出水面，成为新兴的市场风口。

室内装潢设计从业者一展身手的机会来了。

三、卖产品的几时成了卖服务的？

在学者口中，经济转型升级是一个概念，但在面临转型升级的各个行业及其从业者眼里，这可是生死攸关的大事。

比如，家具厂商一方面面临全球金融危机的冲击，国外订单急剧减少；另一方面，受经济形势和政策的影响，房地产市场进入深度调整期，国内家具的消费需求也随之减少。互联网不断渗透下沉，让经营家具的实体商场雪上加霜。内忧外患，双重夹击之下，很多家具厂商陷入了前所未有的困境。为求出路，厂商们纷纷走向软装市场。与此类似，同样高度依赖房地产市场的原本生产窗帘、壁纸、灯具等装饰材料的厂家，也开始面向整体软装进行设计转型。

生产企业转向软装，本质上就是从销售物品转向销售服务，从第二产业转向第三产业。传统上，生产企业只管按照市场需求，提供物质性的产品，在产品设计阶段，企业不可能不考虑使用效果，但考虑是有限的。比如灯具，企业一定会考虑亮度、形状等单体物理指标。但如何让灯具与使用环境相匹配，如何让不同灯具达到整体效果，企业想不到那么多。所以，消费者买回家的是物品和连带的初步效果。

随着灯具销售减少，企业为了增加业务量，转而关注附加值，除了把单个灯具做得更受消费者喜欢，提高销售额和利润率之外，就是开辟过去不曾留心的"效果市场"。今天，企业不只是出售灯具，更是主要销售灯具所产生的效果。这个效果不是灯具本身提供的，而是经过精心搭配不同灯具才达到的。这个通过搭配来取得效果的过程，在市场上就被称为"设计"或被归入"软装"。

从家具、灯具、窗帘、壁纸、地毯再到各类小工艺品，走的都是这样的转型之路，而集中所有这些元素、营造住宅内部整体装饰效果的行业，就是今日所说的"软装行业"。

四、软装人才，"重赏之下必有勇夫"？

我国部分人民群众达到了中高端消费水平，具有较高的审美和购买能力，对时尚和流行较为敏感，无论艺术还是科技，只要是新鲜的玩意都趋之若鹜，加上高昂的房价与软装的成本不成比例，因此坚持追求内涵，主动要求设计公司提供个性化的设计服务，成为他们认同的消费方式。

面对庞大的软装市场，一些原先以做硬装为主的小型设计公司一则以喜，一则以忧。虽然软装市场逐步成型，业务量空前高涨，但在很大程度上不是原来从事装修业务的公司的菜。

基于成本和效率的考虑，房地产开发商一般会把大批量的业务委托给比较成熟的大型设计公司。这样一来，原先主要承接个体业主委托的小量业务的装修公司，订单日渐稀少，眼看着就要断粮了。要想继续生存下去，必须另谋他路，而出路就在软装与规模化经营的内在冲突之中。

凡是规模化的就是没有个性的，这从工业化以来大众文化的发展轨迹中就可以看出来。房地产开发商一次性将大量业务委托大企业，最后的结果只能是再一次重演"千人一面"的审美悲剧。"小的是美好的。"小装修企业才能提供完全个性的室内装饰效果。"天无绝人之路。"小企业如能及时提高自己的设计能力，挤上这班时代的列车是完全有可能的。

正是在这个背景下，源自不同专业的软装公司如雨后春笋般诞生。房地产公司、大型装饰公司纷纷成立软装部门，家具、灯饰、面料、地毯、饰品等厂商也纷纷进军"软装领域"，更不用说原本就做装修的企业。一时间软装市场呈现"粥多僧少"的局面，"挖人"成为常态，甚至软装培训也水涨船高，成为室内空间设计人才进修的热点。

风口上，软装设计师薪资可观。金职院有一位 2018 届的毕业生，在大三第二学期去广州一家软装公司实习，实习期底薪 3 600 元，另加上设计费提成和家具产品的销售提成，实习期间的工资已经相当可观。毕业两年，她主要承接酒店、会所、售楼处等场所的空间陈设设计。业务繁忙时，她一个月内接了两个售楼处的单子。完成这两单，光提成就有 4 万，再加底薪及其他，收入颇丰。

软装行业不愁人才，但软装设计师要成为行业的优秀人才，取得较高的职业回报，不能仅仅局限于对物理空间的装饰。

五、装饰感与实用性如何兼顾？

软装产生于人类对生活美的追求。在物质生活需求得到满足之后，人们对精神生活的需求随之提升。软装设计可以让生活的空间由平淡无奇变得令人心动。这是艺术的魅力、软装的魅力。

然而，软装只考虑美化效果行吗？软装师设计出来的是产品，产品的根本属性是满足客户的需求。著名设计师戴昆说过：做设计，不能只满足于"自我表达"。设计要源于生活，回归生活。

回归生活少不了实用性，能在日常生活中得到使用，才是软装作为职业的核心属性。在软装设计师的心目中，无论室内整体环境还是单一用品，不但要让人看着有美感、有设计感，还要能用、方便用。否则，美则美矣，装饰性够强，但只能用来看，不会被搬回家用，那就离职业远了。比如一把椅子，看上去非常漂亮，但坐上去不舒服，或者曲线拐弯太多，容易积灰，打理起来麻烦，这都会让人避而远之，成了"叫好不叫座"的产品。

所以，软装不能只专注于装饰，还要考虑实用性。装饰感与实用性兼而有之、相得益彰，通过消费者的日常使用，让生活更美好，才是软装的终极目的和软装设计师的职业使命。

六、软装如何让生活更美好？

审美感知是人类美好生活的重要内容，但不是全部。犹如容貌美丽虽然很重要，但品德高尚、行为得体、举止高雅、谈吐风趣、思维敏捷更重要。软装能够扮靓一个物理空间，但不能就此把软装局限于扮靓物理空间。家作为最重要的人文空间，真正有价值的软装应该营造更宜居的空间结构和生活环境，促进人际交流，增进家庭和睦。

　　一位优秀设计师做出来的产品一定有人情味。面对订单，设计师做的第一件事情就是站在客户的角度去分析问题、解决问题。比如，这两年软装设计强调"疗愈"设计，尝试通过软装设计来"疗愈"家庭内部人际关系中存在的问题。

　　当前不少家庭在生活中遇到各种各样的问题。比如，一些小夫妻自有了孩子后，彼此之间的交流变少。两口子平时都要上班，能在 18 点左右回到家就算早的了。加上做饭、吃饭，两个小时又过去了，还要辅导孩子作业。忙完所有家务已过 10 点，可以洗洗睡了。一整天下来，身心疲惫，夫妻之间懒得说话。

　　在这样的情况下，软装设计师如果在接受单子时，被告知或者自己注意到了家庭的需求，完全可以通过设计来推动家庭交往模式的改变。

　　比如，创造夫妻共处的时间和空间。假如平时丈夫的常态是一回家要么躺在沙发上看电视、玩手机，要么在书房打游戏，那可以把他在室内的动线做一些调整。所谓"动线"指的是人在房子里由一个功能区走到另一个功能区的路径，也是指在室内空间中由于受到墙壁和家具等物理阻隔后，所形成的独立生活功能区之间的通道。调整动线的最简单做法就是利用家具等功能载体在空间上重新布局，隐蔽地改变个人在家庭生活中所处的位置。

　　针对上述问题，可以把男方的动线转移到厨房边上，在那里设计一个吧台，把这块区域装饰得比较温馨，准备一把舒适的椅子。只要男方乐意待在那里，哪怕仍然还是玩手机、打游戏，至少女方在做饭的时候，男方仍处在其视野之中，感觉上就是在一旁陪女方做饭，而不是事不关己的样子。如果男方看到新鲜的事跟女方分享一下，女方在单位受到的委屈也可以边烧菜边跟男方诉说、发泄一下，男方即便只是口不应心地"嗯嗯"几声，也可以起到拉近夫妻距离的作用，不只是空间距离，更重要的是心理距离。夫妻间的交往增加了，亲密度提高了，生活自然变得美好了。

　　另外，色彩也可以对个人产生积极的疗愈作用。美国色彩学家吉伯尔认为，色彩是一种复杂的艺术手段，可以用来治病，因为每种色彩都有其电磁波长，可以经由视觉的通道传递给大脑，影响人的生理和心理，达到调整体内色谱平衡、恢复健康的目的。蓝色系的空间给人冷静、清净和干净的感觉；红色系的空间喜气、温暖、热烈、让人兴奋；绿色系的空间充满活力，生机勃勃；粉色系的空间柔软、甜美，没有攻击力；而暖咖色的空间安定、沉静，让人情绪稳定。知道了这个道理，软装设计师就可以通过调整颜色来改变生活、美化生活。

　　有一位妈妈在朋友圈发了一个视频，给大家看她孩子做作业的状态：浮躁、不专注，左顾右盼，手里还抱着个毛绒玩具。看到视频，朋友们都对这位妈妈表示了同情和安慰。唯有一位搞软装设计的朋友从视频中看到了重要的一点：这孩子书桌背后墙体上有很大一个色块，特别跳，大红的。还有，书桌上放了很多的玩具。红色会让人兴奋甚至烦躁，显然不利于孩子学习，所以不适合出现在孩子的书房里，更不应该出现在理应进入学习状态的孩子面前。相反，蓝色会让人有宁

▲ 图 11-2　儿童房间样例

静感。孩子的房间应该选柔和的颜色或者选蓝色系列。另外，在一个学龄儿童的书桌上，不适合放太多的玩具（图 11-2）。

这位妈妈听了设计师朋友的建议，给孩子房间做了一些调整，把背景换成了蓝色，并且把孩子书桌上的玩具收起来，换成了孩子喜欢的书籍。过了一段时间后，这位妈妈报告说，孩子喜欢看书了，做作业更专注了，亲子关系改善了很多，家里变得更加温馨。

软装不仅能装饰房间，更能美化生活，关键是软装设计师能想到，并能做到。

七、听客户还是听设计师的？

做设计师这个行业，有时候也会遇到一些难题，需要面对各种各样的客户。有些客户是设计小白，在去找设计公司之前没有任何想法，从头到尾把所有的希望寄托在设计师身上，也非常信任设计师，基本上对设计师言听计从。面对这类客户，设计师只要按照自己的设计思路走下去，就能轻轻松松完成整个项目。但很多时候也会遇到一些想法比较多的客户，在找设计公司之前，已经做过功课，查阅了不少案例，看了一些意向图，而且会把他所接触的资料碎片化地保存在脑子里，甚至东拼西凑地交织在一起。然而毕竟不是吃专业饭的，他们的想法往往存在种种问题，比如，客厅和餐厅不协调、家具和布艺不配、硬装和软装不搭，风格、色彩和材质不协调，等等。面对客户的各种问题，设计师要有自己的应对之道。

从道理上说，客户有什么要求，设计师应该照办，不能强加于人，更不能得罪客户，这是商业服务的基本法则。问题是如果无条件地听从客户意见，那设计师的专业作用又体现在哪里？如果客户将来因为各种原因不满了，会反过来觉得设计师不负责任。毕竟做好的软装是设计师的"作品"，明知客户想法不合理，听之任之，设计师愿意让拙劣的"作品"长期展示吗？

所以，无条件地顺从客户，只会让客户觉得设计师既没有主见，也缺乏职业精神，这样的设计师最终会让客户心生反感。

一次我去家具城考察橱柜，刚好见到一位顾客在看橱柜产品，手上拿了平面图，应该是诚心购买产品的。一位年轻女孩子接待了顾客，自称是做橱柜设计的。顾客参照平面图，问了些问题。女孩子很有意思，不管这位顾客说什么、问什么，她给出的总是肯定的回答，短促而果断，其中用得最多的一句话是"可以做"，甚至都没有看一眼顾客的平面图。比如，被问到橱柜适合何种颜色时，回答居然是："什么颜色都可以做，你喜欢什么颜色，就做什么颜色。"听到这里，顾客默默走开了。

看着这一幕，任谁都不会在这个柜台前停留太久。顾客是来了解产品的，希望得到一些专业建议，但设计师只做机械式的答复，绝对"尊重"顾客的想法，却没给出任何有价值的建议和意见。专业的设计师应该分析一下客户家的平面图，关于颜色，可以询问家里其他用品的色彩，然后给出自己的建议，这样才能体现出设计感，才能增强顾客对设计师的认同感，才能进而促成顾客选购店里的橱柜。

不能全听客户的，不等于说就得全听设计师的，尽管设计师代表了专业的水准，但最后使用者是客户，客户有自己的审美和实用需求，不可能完全听从设计师的。否则，以后精装修可以将软装部分也做了，购房者直接"拎包入住"，就像入住宾馆。但家毕竟不同于宾馆，不能没有个性。

所以，真正专业的做法是，面对客户的要求，设计师首先需要冷静思考，抓住问题的根本，既不能得罪客户、让客户下不了台，也不能违背设计原则。

其次，要仔细分析客户的要求，把客户碎片化的问题做整理归纳，抓住客户需求的关键，不要纠缠于细节。

再次，耐心地跟客户交谈，找到客户没有想到的问题，尽可能给予帮助。

最后，在整个过程，不但要体现设计的专业性，还要表现出沟通和协调上的专业性，无论是尊重客户要求，还是坚持专业意见，都要让客户感受到诚意。

有一次我带学生去软装设计公司实践，碰到一对小夫妻，看上去干练而且果断。两口子分工明确，老公负责选择家具，老婆负责选择窗帘布艺。没过多久，就选好了各自的产品。分开看，各自选的都很不错，有眼光，但从专业的角度看，两个产品放一起很不协调。

公司的软装设计师没有直接否定他们的选择，而是跟男主人说："您选的这款沙发很休闲，面料舒适，颜色素雅，坐着挺舒服的，很多人都很喜欢，您真有眼光！"男主人的表情说明他听了很受用，毕竟人都喜欢听好话。

这时候女主人在一旁说："这个窗幔我好喜欢，带点宫廷风，公主风。"设计师对她说："对啊，这个窗帘的窗幔设计真的很美，我也很喜欢，特别是细节，非常精致，是我们的镇店之宝。"女主人得到肯定，也很开心。

然后，设计师开始委婉而耐心地向他们解释，两样产品放在一起为什么不合适。设计从来不局限于单体，更在于整体，单体再好看，整体不行，会影响到单体给人的最后感觉。

等客户明白了这个道理之后，设计师针对夫妻俩的需求，参照他们原先选择的产品，推荐了另外两款产品，既满足男主人的需求，也满足了女主人的偏好，最后用颜色、材质、风格将他们各自喜欢的产品搭配起来。夫妻俩当场就把订单给签了。

这单业务的成功基于两个关键点。其一，设计师看到了客户的需求点。从男方选的沙发中，设计师发现他喜欢清爽的颜色和简洁大方的造型，而从女方选的窗帘中，则发现她喜欢窗幔的样式。其二，设计师看到了客户没看到的点，比如颜色、风格、材质上的协调性，这些地方正是设计师可以有所发挥的空间。抓住了客户的所需，补齐了客户的不足，凭这两点，设计师成功地签下了这个单子。

用专业诠释让客户心悦诚服，既是对客户的尊重，也是对自己和自己作品的尊重。一个设计师应该尊重自己的事业，对自己的作品负责，在完成每一件作品的过程中，甘于付出心血，反复斟酌，而不是简单交差，更不能轻贱了专业。

在某种意义上，与其说设计者协助甲方完成方案，不如说甲方来成就设计师本身的价值，为他人创作的每一件成品，亦是为自己多添一分才艺。很多设计师都是因为一件作品而成名，有机会做作品，怎能不竭尽全力、精益求精！设计师要做有专业水准的职业人，而不仅仅是盈利的机器。

八、如何做客户信任的设计师？

职业与市场经济相伴随，而市场经济既意味着产品的生产与消费的分离，生产者不消费，消费者不生产，也意味着购买与使用的分离，通常先购买，后消费。设计师的服务同样如此。客户付费，设计师设计出产品，效果到底如何，客户要在以后长时间的居住中才能很好地体验设计效果。时差的存在意味着只有客户信任设计师，才能接受必然具有不确定性的软装设计方案。赢得客户信任成为设计师成功签下单子的先决条件。

1. 坦诚相待，真诚为基

建立信赖的第一步是诚实。这个世界没有人喜欢或愿意接纳虚伪的人，更没有人会把自己的家交给一心只想赚钱的人来处置。第一次和客户进行沟通，设计师难免遭遇怀疑甚至敌意。只有诚实、坦率、亲切和言行一致，才能慢慢融化客户心中的坚冰，转而承认、接纳，甚至喜欢、信任设计师。所以，设计师在任何时候都应坚守原则和立场，大胆地赞同客户的想法，坚决地否定不合理要求，适当做出利益退让，拒绝能力之外的提案，不要为签下合约而对客户做满口承诺，不能无条件迁就，甚至口是心非、弄虚作假。真正的信任与认同不来自对客户的一味顺从，而来自设计师全方位的能力体现。

2. 思考问题，客户为先

在跟客户的沟通中，及时把握客户的心理，站在客户的立场理解项目的运作，发挥设计的最大价值。设计师在与客户沟通中要多倾听，人与人之间最大的尊重在于聆听，了解客户最渴望的是什么，表示认同，提出建议，助其成就。很多时候，客户只会用简洁且碎片化的句子来表达自己的意图，设计师要敏锐捕捉这些信息，帮助他们挖掘更深层次的需求，给出全面而专业的解决方案。低廉的报价确实可以吸引客户，但要收获客户的认同和信任，就不如将他们心里想的内容恰如其分地表达出来，无论是通过设计还是语言，能够深刻地理解对方是非常重要的实力体现。理解客户的前提是以客户为中心，时刻为客户着想，甚至比客户还关心他的利益，客户不会拒绝设计师的真心与真诚，这是赢得客户信任，让客户无法抗拒的利器。

3. 安全设计，健康第一

一名设计师首先应该基于以人为本的设计理念，把客户的健康放在第一位，满足和符合室内的功能要求、装修等级标准和人体尺度等。比如，在墙面装饰设计上，应注意材料的环保性；在考虑装饰的艺术性时，更应考虑对室内的防潮、保暖、防火等要求；地面装饰同样需考虑其防潮、防水、保温、隔热等物理性。在室内装饰效果中应充分考虑人们的视觉习惯，注意上轻下重。顶面应力求简洁、完整，保证合理、安全。

4. 后期服务，莫失莫忘

软装设计是一个系统工程，包括设计、采购、物流、摆场、现场验工、后期服务等流程。一名优秀的设计师心中需秉持服务理念。

首先是周到服务。从需求确认、方案设计、产品生产、工程实施到售后服务，需要面面俱到、环环相扣，不能有遗漏或缺失。

其次是创新服务。每个项目的设计要与市场日益变化的需求同步，与客户因人而异的需求同步，还要与行业内标杆企业的发展同步。

再次是专业服务。作为职业人，设计师的一切服务必须体现出鲜明的专业性，为客户提供的解决方案经得起专业标准的衡量，经得起同行的评价，从而为客户创造最大的价值，包括审美的和实用的价值。

最后是跟踪服务。设计是一次性的，服务是持续的。对于项目落成之后发生的问题，设计师要在合同范围内承担责任，在一定的时间里，跟踪服务、解决问题，而不是工程完成，尾款收齐之后，就甩手不管，避而不见。"人生何处不相逢。"能够与客户维持长期关系的设计师肯定最能得到客户信任，为自己打开未来的市场。

获得客户信任是一件很难的事，关键时刻，设计师必须要有自己的担当，具有承担责任的能力。如何越过这些障碍，最终达到项目设计的共赢，需要长期大量的项目实践，但人与人之间的共性却大致相当，在合作中要尽可能减少无谓失误，全方位思考存在的问题和所处的环境，这些都是获得高质量客户群认可的必备条件。

九、如何成为软装行业的复合型人才？

一名优秀的软装设计师应该是复合型人才，能把不同领域的专业知识整合运用到软装设计中。软装设计师应该集花艺设计师、家具设计师、灯光师、生活体验专家、旅行家、销售经理、艺术家、时尚达人、室内设计师等各种身份于一身。为此，设计师必须有意识地自我设计。

1. 良好的个人形象和艺术文化修养

"设计"是一种无形的产品，设计师销售的是自己的创意，但在创意成为作品之前是看不见的，能看见的是设计师本身。因此，良好的个人形象能够帮助设计师提升与客户之间的信任度。对设计师来说，给客户留下的第一印象非常重要，不能不注重塑造个人形象。但这并不意味着设计师必须穿着前卫，甚至造型奇特。设计师要穿着得体，这个"得体"根本上就是同自己设计的内涵和风格相匹配，让客户看见设计师就能联想到最后的软装效果。

设计师必须具有较高的艺术修养，懂得不同地域的文化差异，清楚各种装饰风格的设计原理，结合自己的生活体验，在作品中灵活把握各种风格的文化元素。

2. 拥有扎实的美学基础及专业功底

设计是一项发现美、创造美的职业，设计师的专业水平能使客户对最后效果具有

▲ 图 11-3　培养专业化人才

确定感。很多客户会在交谈时试探设计师的专业性，因此设计师要主动而有分寸地展示自身的专业水平（图 11-3、图 11-4），比如用熟练的手绘展示构思，用专业术语描述硬装中需要改善的不足之处，这样才能及时抓住客户的心理，让客户产生佩服甚至崇拜之感。

3. 具有对时尚的敏感性

设计师需要有设计情趣和敏锐的感受力，多听、多看、多感受，才能产生灵感。当一个人的穿着打扮、家居装饰甚至生活习惯开始被大多数人所效仿，成为某种生活趋势时，就被称为"流行"或"时尚"，它能够将审美增加时间的向度，越来越为现代人所接受。在软装设计中，适当添加时尚元素，会大大提高客户对作品的满意度，产生更多的正面反馈。

▲ 图 11-4　室内设计专业教学场景

4. 拥有良好的表达和沟通能力

大多数业主不具备很高的审美能力，需要设计师通过交流沟通来引导业主产生美感，纠正业主不恰当的审美观念和感知方式，尽可能避免自己的设计和构思遭遇不必要的质疑与修改，帮助业主尽快确定合适的装饰设计方案，以提高工作效率。

5. 善于把握软装与硬装设计的结合

软装设计是室内设计过程的最后一个环节，软装设计不是独立存在的，而是与硬装设计相辅相成的。室内硬装设计师通过对客户意向的分析来确定一个设计主题，软装设计师需要做的是配合硬装设计师更好地营造这个主题的氛围，而绝不能无视硬装设计的事实，孤立地去做软装搭配，最后不但表现不出软装的价值，还拉低了硬装的美感，那就是"成事不足，败事有余"了。

6. 深刻理解装饰元素

软装设计师一般根据主题来选择装饰风格，进而确定材料物品。设计主题的想象是无形的，而材料和物品是有形的。由于能够采用的材料在种类和数量上总是有限的，设计师必须理解各种装饰材料和家居产品的视觉效应。只有当足够数量的装饰材料和家居产品的颜色、质感、规格、价格等特点烙印在设计师的头脑里或者保存在电脑里以后，设计师才能从足够的备选项中找到适合设计主题的产品和材料。如果设计师对装饰材料的制作和生产工艺有一定的了解，那绝对是大有裨益的。只有对装饰元素有充分的了解，才能精准实现设计主题所指引的最终效果。

7. 具备较强的市场营销能力

作为商业服务，软装设计需要市场营销。设计师不仅要做好设计方案，还需要做好设计方案的销售方案，让自己的创意和设计得到更多客户的喜爱，为自己赢得更大的市场。"酒香不怕巷子深。"今天不但需要让酒更香，还需要让酒走出幽深的巷子，在市场上被更多的消费者看见和接受。

软装行业大有可为，软装设计师成为复合型人才是大势所趋，职业人学无止境！

装饰房间还是
美化生活

本讲教师简介：

　　许秀平，金华职业技术学院副教授，工程师、室内高级设计师、室内陈设设计师。目前主要担任室内软装设计、展示设计、手绘效果图等课程教学。

　　主要研究方向：室内软装设计与项目实践，出版专著《古建筑三雕——手绘表现与设计应用》一本；编著教材《室内软装设计项目教程一》《室内软装设计项目教程二》《设计速写》《展示设计》，其中《室内软装设计项目教程二》《设计速写》入选国家职业教育"十三五"规划教材；主持厅局级科研项目3项，市级课题及教改项目多项，申请专利多项，多次指导学生参赛并获奖，发表论文20余篇，完成室内软装设计项目多项。

第十二讲

我也能创新吗?

随着科学技术的飞速发展，各种高端机电装置纷纷涌现。工业机械手灵活自如，能替代人完成各种复杂动作，已在很多领域里得到应用。人体外骨骼可以让小个子背负 50 千克重物，疾步如飞，以后在战场上，给护士装备上人体外骨骼，就能背着伤员奔跑，大大提高了急救的效率，还不会造成自身腰椎和膝盖的损伤。

仅从这两个复杂的机电产品上，可以看出，制造改变世界，并将继续改变世界。

一、制造有多伟大?

纵观人类历史，工具的制作水平始终是文明发展阶段的重要标志。从旧石器时代到新石器时代，人类使用的石器工具除了形状不同，就是制造方式的区别，旧石器采用打制的方法，而新石器用的是研磨的方法，因此后者更加精美。

在新石器时代末期人类发明了一种合金，称为青铜。由于青铜有着较低的熔点，熔融流动性和优良的机械性能，适合用来制造兵器、礼器和各种工具，辉煌的青铜文明由此诞生。

在青铜文明的晚期，古人发现了比青铜机械性能更好的金属——铁，冶铁技术首先被运用在农业和军事领域，比如犁、锄等铁制工具，还有各种箭镞、刀剑等铁制兵器。人类从此进入了铁器时代。

历史以制造来划分，时代以制造来命名，制造在人类进步中发挥着巨大作用。

从古至今，人类使用的工具发生了翻天覆地的变化，现在已进入广泛使用自动化、智能化工具的时代，具有标志性意义的是高度自动化的机床，是先进的制造工具。

工具再重要，也要由人来掌握，更要由人来创造。第一批掌握工具的人了不起，首先发明工具的人更了不起。中华文明史就是以那些最伟大的制造者为里程碑而串联起来的!

中国现存最早专门记载手工技术的文献是《周礼·考工记》，书中有一段记载："有虞氏上陶，夏后氏上匠，殷人上梓，周人上舆。"意思是有虞氏即舜和他的部落擅长制作陶器，夏后氏即大禹和他的部落擅长营造工程，殷人即商朝的始祖和他的部落擅长制作木器，周人即周朝的始祖和他的部落则擅长制造车辆。这说明工匠在当时已是相当普及的职业，各地皆有不同专业的能工巧匠。

距今 4 000 多年前，在夏王朝初期有个叫奚仲的人，因为发明了马车而受到分封，他的封地在薛地，即史书记载的薛国。奚仲是中国有历史记载以来第一个因为发明创造而受到册封的人。

古代的工匠运用聪明才智创造出许多工具，其原理在现代机器上同样可以体现。自古以来四川自贡以出产井盐而著称，要开采埋藏于地底下 200~300 米的井盐需要钻探机械和起重机械。古代工匠利用木材和铁件，制造了专门用于井盐开采的钻探机械和起重机械"天车"，开创了机械钻井的先河。工匠们用冲击式钻井技术破坏岩层，再注水将岩盐融化，通过起重汲水的方式将深埋于地下的岩盐开采上来。据考证，古代自贡地区钻探的盐井超过 13 000 口，其累计深度相当于人工打穿了 400 多座珠穆朗玛峰，最高的"天车"高达 113 米，累计生产食盐 8 000 万吨，有效保证了内陆地区的食盐供应。

古代中国是农业社会，农业生产关乎国运，为了观测星象和制定指导农业生产的历法，古代工匠发明了浑仪、水运仪等各种天文观测仪器；为了保障农业水利灌溉，古代工匠们又制造出水车、筒车等水利机械，较好地满足了农业生产的需求。古代工匠不但发明了用于纺织棉、麻、丝等天然纤维的纺车、织机等机械，还发明了提花机，使得古人不但穿得暖，而且穿得美；古代中国战争频发，工匠们还制造了许多武器装备，比如攻城车、弩炮等，在抵御侵略、反抗外族入侵方面发挥了巨大作用。

中国古代制造技术的发展对中华文明的传承和发展起到了重要作用。

▲ 图 12-1　日常生活离不开制造业

二、制造业对国家意味着什么？

制造业听上去是一个很大的概念，容易让人把握不住。其实现代人在日常生活中接触的大量物品都属于制造业的范畴，小到吸尘器、锂电池电钻、打发器、自行车、按摩椅，大到用来制造这些物品及其零部件的加工机床和组装线，乃至巨大的"加工中心"，即高度自动化的机床，还有修路造桥挖隧道需要用到的挖掘机、盾构机、高铁和飞机，都是制造业的成果（图 12-1）。

联合国安理会有 5 个常任理事国，分别是中国、俄罗斯、英国、法国和美国。今天的中国已是制造业大国，但离制造业强国还有距离，需要继续努力。

制造业强国不是靠自然禀赋，而是靠一代又一代难以计数的一流工匠以不懈的努力和执着的奋斗，支撑起来的。

三、为什么说工匠之魂在于创新?

说起工匠，人们油然而生的想法就是"手艺人"，似乎只要技艺高超就够得上工匠的称号，有人干脆认为"工匠精神就是精益求精"。

如此说法虽然简洁明了，其实欠妥。

工匠确实要有精益求精的精神，但只有精益求精不一定能成为工匠。能够实现历史性突破的卓越工匠不但需要手上的精湛功夫，更需要善于创新的大脑。手脑并用是人类进化的奥秘，也是时代对工匠的要求。虽有精益求精，却无自身和领域的突破，那就离最新的流行词"内卷"不远了。

中国和世界推崇有创新能力和创新成就的工匠乃至巨匠!

詹天佑是中国近现代史上一位杰出的铁路工程专家，毕业于耶鲁大学土木工程系，主持修建了著名的京张铁路。这是中国人主持修建的第一条铁路。詹天佑创造性地采用了人字形轨道的设计方案，解决了火车爬坡的难题。在京张铁路的施工过程中除了铁路的爬坡度大之外，最难的就是隧道挖掘施工。铁路伸展到北京八达岭时，必须开凿隧道，才能继续前行。面对坚硬的花岗岩地质结构，隧道施工异常困难。当时京张铁路施工人员通过在花岗岩断面上打眼、预埋炸药爆破和人工掘进相结合的方式挖掘隧道。相比单纯靠人工挖掘，劳动强度降低了许多，效率也提高了不少。中国工程技术人员和工人凭借聪明才智和异于常人的努力，终于打通隧道，建成了京张铁路。

一个多世纪过去了，为了提高隧道掘进的效率、安全性与工程质量，西方发明了专门用于挖掘隧道的大型机械——盾构机，现在这一设备已经在世界范围内得到广泛使用。盾构机涉及复杂的设计与制造技术，在很长一段时间里，我国并不掌握这一综合制造技术。因为集中开建各种工程，我国对盾构机有着巨大的市场需求，每年都要花费巨额外汇从国外引进盾构设备。好在我国有着一支非常优秀的科学家、工程师和技术工人队伍，通过借鉴先进技术，群策群力，终于实现了盾构机的国产化（图12-2、图 12-3）。

国产盾构机的诞生不仅凭借科学家的理论研究，依托工程师的技术构想，还有赖于一大批工匠的制造技能，他们共同造就了数以万计的创新成果。当年陈毅同志说过："淮海战役的胜利是人民群众用小车推出来的。"国产盾构机的诞生也是千万工匠用头脑、双手和汗水铸就的。工匠之魂，在于创新！

▲ 图 12-2　技术创新案例 1

▲ 图 12-3　技术创新案例 2

四、微创新也能带来改变？

在如盾构机这样的大体量创新成果面前，人们不由自主地会有一种折服之感。而对于日常生产和生活中细微的创新，人们则不容易恰如其分地评估其价值。其实，大体量创新通常是大量细微创新堆积和整合的结果。没有小创新，何来突破？大体量创新能够带来改变，微小的创新同样可以带来意想不到的效果。

几乎没有人不知道电动螺丝刀这种工具，很多人还有亲手使用的体验，但很少有人在这个不起眼的工具上动足脑筋，取得意想不到的效益。

目前市面上销售的各式电动螺丝刀，大部分跟电钻很像，使用时都会遇到同一个问题。由于螺丝的型号各种各样，一把螺丝刀无法适用于所有的螺丝。作为应对办法，生产厂家给一把电动螺丝刀配上十几个螺丝批，以适应不同型号规格的螺丝。毫无疑问，这是一个有效的解决方案，但用下来的效果不尽如人意。新买来的电动螺丝刀用不了多久，十几个螺丝批只剩了几个，因为许多人使用工具后没有及时整理的习惯，电动螺丝刀尚且随手乱放，更何况小小的螺丝批？老问题才解决，新问题就来了。有没有一劳永逸的解决办法呢？

中国宝时得科技有限公司开发了一款外形和结构类似于左轮手枪的 WORX 电动螺丝刀。在类似于用来装子弹的左轮中，设置了十几个螺丝批，面对哪个型号的螺丝，只要将左轮转一下，换到对应的螺丝批位置，自然就用上相应的螺丝批，既不会错，也不会丢，彻底解决了用户在使用中丢失螺丝批的问题，而且通过左轮结构快速切换不同的螺丝批，既方便，又高效（图 12-4）。这个设计获得了世界设计三大奖之一的红点奖，还被授权为国家及国际发明专利。

"左轮"电动螺丝刀巧则巧矣，销售情况如何？

在北美市场，WORX 电动螺丝刀单价最高，还卖得最好，击

▲ 图 12-4　WORX 电动螺丝刀

败了包括博世电动工具在内的一批世界知名品牌工具。这说明创新不一定非得"高大上"，微创新同样可以取得大成功。

值得一说的是，WORX电动螺丝刀在北美地区销量大，同设计者的别具匠心有很大关系。左轮手枪是美国西部片牛仔的标配，也是美国个人英雄主义的象征。WORX电动螺丝刀不但借鉴了左轮手枪的构造，也移植了左轮手枪的外形和气质，这才在解决螺丝批丢失问题的同时，也为自己打开市场注入了文化创意，可谓一举两得。

五、我也能创新吗？

看过成功的商业案例之后，不妨再看看金华职业技术学院机械专业学生的创新发明。

喜欢动手的同学通常知道，拿着电钻在墙上打孔时很难保持钻头与墙面的垂直，而且手会发抖，导致墙孔打偏。如果要求打成与墙面成夹角的倾斜孔则难度更大。老师带学生做项目时就出过这样的题目：设计一款工具解决电钻不同角度打孔的问题。学生通过两个月时间完成了两款手持式钻架的设计，还都具有独创性。

一款是无级调节钻架，可满足在30°～90°范围里任意调节钻孔角度。另一款是可按刻度调节若干钻孔角度值的钻架。这两款钻架都是在老师的指导下由高职学生完成，不但获得了国家专利，其中第二款设计还拿到了全国电动工具设计大赛的银奖。这足以说明创新离高职学生并不遥远。

校园生活中经常可以见到这样一幕，男孩子喜欢打篮球，结束后口渴难忍，跑回家打开冰箱拿饮料时，却发现最想喝的那瓶在最里面，不好拿，只好先把外面的饮料搬出来，拿到最想喝的一瓶后，再把外面的重新放回去。如此操作岂不麻烦？有学生反映这个问题后，老师提议大家设计一款工具，能让人方便取到冰箱最里面想喝的那瓶饮料。

最后，老师带着学生一起设计了一个有若干个滑动托盘的提篮，只要把饮料放在滑动托盘上，连同提篮一起放到冰箱里。取饮料时只需转动托盘，就可以很方便地拿到任何位置的饮料。这款设计完成后也申请了国家专利，目前已经拿到国家实用新型专利证书。

许多学生喜欢吃羊肉串，但是做起来麻烦，需要将羊肉切块、腌制、穿串，再烧烤。于是，老师又指导学生设计了一个自动切肉穿串机，把羊肉串制作流程中最麻烦的部分交给机器去解决。操作时只要把羊肉切成片腌制完成后，放机器上，就可以自动完成切块和穿串的动作，最后拿出串好的羊肉串，直接放在炭火上烤制就行，非常方便。这个设计也已经申报了实用新型专利和发明专利，目前都得到了受理。

这些事例足以说明，只要勤奋学习，认真参与实践、富于想象、追求卓越，高职学生成长为卓越的工匠并非幻想，许多学生已经做出了表率。近年来，金华职业技术学院机电工程学院的老师指导学生创新已经收获了一批成果，参与创新的有 2013 级到 2018 级的学生。机械制造与自动化 158 班，现在已经毕业了，这个班级获得的省级以上的各类创新大赛奖项共有 23 项。杨绍荣教授指导机械制造与自动化 174 班的蔡为钱和 162 班的潘青良同学设计的"圆周运动健身器"获得了世界三大设计奖之一的红点奖。同样由杨绍荣教授指导的机械制造与自动化 142 班的杜凌霄、洪显爵和唐杰瑾 3 位同学设计的"加速滑行分离式代步车"获得了德国纽伦堡国际发明展银奖。高职学生获得世界大奖不是传说！

六、创新也有方法？

能创新当然好，但对于尚未有过创新体验的大学生，有没有什么方法，让更多的人学了之后也能成为创新高手？

一蹴而就、包治百病的方法是没有的。如果有，那就不用人类创新，直接交给机器人或人工智能就行了。

创新没有一定之规，但也有迹可循，掌握一些基本点，确实有助于提高个人的创新能力。这里仅以制造为例，提供一个创新的思考方向。

所谓制造首先指的是某种物品不是自然形成的，而是通过人类有意识加工后才形成的。制造是一个过程，概括起来，大致由三个阶段或环节组成。

首先得有想法，想好了要做什么样的东西，有什么用，怎么把它做出来。

然后，把想法固化下来，呈现在图纸上，标注清楚什么性状、多少尺寸，功能实现方式，到这时实物还看不见，但产品的二维形态已经有了。

最后，按图索骥，让图纸上画的图像变成实际可用的产品。

所有制成品都是经过这三个阶段而生产出来的，想法、图纸和加工是制造业绕不过去的三道关。

创新在这三个阶段中都有体现，但在小产品制造的范围内，创新主要表现在第一和第二两个阶段。

创新先要有想法，没有想法，一切无从着手，最后什么都不会有。

想法从哪里来？从人的需要中来。创新者一定是对人的需求特别敏感，并时刻准备用自己的方法来满足人们需要的人。

比如，浙江临安出产的山核桃，俗称"小核桃"，深受国人喜爱，但剥壳是一道必经的程序，十分麻烦，有些人干脆买核桃肉来吃，结果两三口就吃饱了，还失去了边剥壳边吃的闲情雅致。有没有办法，既能自己剥壳，又不那么麻烦？

乘坐高铁时经常会遇到这样的情况，口渴了去倒了杯开水，但车上提供的开水太烫，不能马上饮用。通常人们都是端着杯子吹气，靠加快水汽蒸发来降温，但效果有限，往往吹了半天才喝上一小口。有没有能让口渴的人尽快喝上杯中开水的方法？

发现需求，找到了问题，再去寻找满足需求的方法和手段，就进入了创新的天地。

其实，市面上销售的 55 度杯也是一种解决方法。55 度杯采用了化学介质热传导的方法降温，事先在杯子的夹层里注满能吸热的化学介质，杯子注入开水之后，热量经过不锈钢杯体传递给化学介质，水温就降下来了。问题是杯子的制造工艺相对复杂，且存在化学介质泄露的可能，不够安全。

别的方法不完美，就给创新留出了空间。

金职院曾经有个学生，整天窝在寝室里玩游戏，老师生怕他荒废专业学习，就给他布置了一项任务，解决山核桃剥壳的难题。设计要求是制作一台手动机器，可以一次装较多的山核桃，先用手摇动，撞破山核桃的外壳，再用手剥除，轻松取出核桃仁。

在老师的悉心指导下，学生用两个多月的努力，终于设计完成了一台手摇撞击式山核桃破壳机。机器主要由自动送料机构、弹簧蓄能结构与凸轮顺序联动机构等组成，实现了山核桃的自动送料和破壳。这个设计拿到了国家实用新型专利，学生很有成就感。

这名学生叫陈澄磊，2018 年拿到了金华市"十佳工业设计师"的荣誉称号，当时在台上领奖的人中间，只有他是 20 岁出头，其他设计师都是 45 岁以上，老师都为这个年轻的设计师感到骄傲。

制造创新的第一个阶段是想法，但再好的想法不会自动实现，需要工程技术人员运用各方面的知识，尤其是基本原理，才能将人的想法转变为机器的运作。这个过程的直观表现是制作图纸。画设计图就是让想法操作化，转变成机器运作的过程，需要技术人员丰富的想象力和别出心裁的创意。

鉴于通过化学介质降温的方法不尽如人意，老师要求机械专业的学生采用纯机械的方法来解决这一问题。最后，在老师的指导下，学生真的设计出了一款可以快速降温的保温杯。

这个与众不同的保温杯在杯底安装了增速齿轮系，用手转动杯底，可以使轮系的主轴转速达到每分钟 600 转以上，再以主轴驱动微型气泵，吸进外部空气，经由滤芯和单向阀，从杯底的气泡发生器进入开水中，气泡在自然升腾到液面再重回大气的过程中将所携带的热量释放出去。实验证明采用这种方式，一杯开水只需 1~2 分钟就能降到可饮用温度，即 40℃左右。

这个杯子用起来颇具趣味性，学生给取了个名字叫"魔趣转转杯"。这款杯子的设计获得了多个专利，同时还获得了 2017 年浙江省大学生工业设计大赛的一等奖，专家评委的意见是：非常有创意。

这两件产品的制造难度都不大，所以创新主要体现在想法及其实现上。关注社会需求，善于发现问题，找到工作原理，突破技术难点，创新就在眼前。

七、高职，"高"在何处？

通过上面举的例子可以看出，现在的工匠至少应具有三种能力：产生想法的能力，将想法固化为设计方案的能力，最后是将设计方案变成产品的能力。

工匠不仅仅是手艺人，他们不但会动手，更会动脑。有人比较了本科、高职和中职的不同，认为本科以动脑为主，主要学习理论知识；中职以动手为主，主要学习操作技能；唯有高职既要动脑，又要动手，既要有想法，又要有技能。让想法通过自己的双手，成为现实，这正是高职之"高"的所在。

要成为能独立解决技术问题的复合型人才，高职的学生必须好好学习，努力实践，知行合一，在未来的职场中发挥自己手脑并用的独特优势！

创新在身边

本讲教师简介：

　　徐振宇，金华职业技术学院教授、工程师，全国模具行业职业教育委员会聘任专家，浙江省机械工程学会理事，浙江省高职教育研究会专家，金华市高层次人才，市机器换人专家组专家，市"百博入企"专家。目前供职于金华职业技术学院机电工程学院，所在班级各项学科/技能竞赛省级以上获奖数、获授权专利数均位列全校第一。

　　主要研究方向：机械创新设计、先进材料成形技术。参与多项企业产品开发，累计创造经济效益千万元。获授权发明专利15项，在审8项，在《中国机械工程》《Materials Express》等国内外期刊上发表论文20余篇，其中EI/SCI收录7篇。先后获中国电动工具设计大赛银奖、三等奖，金华市工业设计大赛一、二等奖。指导学生获省级以上学科竞赛、创新创业类竞赛奖项20余项。

04 | 职业之术

篇首语

　　每个成熟的职业都有一套公认的规范，这是一代代职业人的心血结晶，代代相传，不允许随意改变。其中最为核心的规范是凝结了无数经验和教训的规则，从操作规程、行业准则到法律法规，或小或大，都是"铁律"。一个行业里再精巧、再新潮、再先进的技术，如果违背这些规则都有可能成为徒劳。职业之术是职业人行稳致远的安全保障。

　　大楼建起来了，能否长久，地上的建筑质量当然重要，但地基更加关键。松软的沙滩是无法建造摩天大楼的。辛勤劳动的成果最后对于职业人来说到底意味着什么，是功德碑还是耻辱牌？首先取决于是否遵守了规则。失之毫厘，差之千里，不可不慎。

　　人在职场不自由，这是实情，因为职业人承担不起犯错的"学费"。越是重要的场合，越是容不得任何闪失，越是规则林立，越是不许越雷池一步。药能救命，也能夺命，生死在一念之间，更在职业人的举手投足之时。职场如此紧要怎么可以不"管首管脚"？

规则是一种职场智慧。懂得这个道理的职业人，不但恪守别人制定的合理规则，还会自我制定规则并同样恪守之。不能利用规则避免犯下小错误，才是最大的"自找麻烦"。规则的本意就是以小麻烦免去大麻烦，体现了最高的性价比。

职场规则从来就是"双刃剑"，既可以管住职业人的随意或任性，也可以用来规范被服务者。职业人要自觉遵守规则，还要善于制定规则，维持职场和市场秩序，实现职业人与消费者的双赢。说"规则只是用来制约职业人的"，显然不够全面，但不能约束自己的职业人，是不可能通过规则约束服务对象的。记住，为消费者制定小规则的时候，一定不能违反大规则。

人类需要集体生活，集体生活需要秩序，秩序依靠规则维护，规则分属不同的层次，覆盖不同的范围，彼此有一致之处，也有相互冲突的地方。处理规则与规则的关系也是一种职业，职业人必须保持高度的分寸感，过犹不及。要问如何"在规则的博弈中守住底线"，遵纪守法永远是职场规则的第一条！

第十三讲

功德碑还是耻辱牌?

房子是人们生产生活的必需品。在一些建筑的门口或者墙根部位,树立一块石碑或镶嵌着一块铭牌,上面刻着建设单位、设计单位、监理单位、施工单位的名称,这个牌子意味着所有主要参建单位对这栋房子承担着相应责任。如果房子成为百年建筑,甚至成为一个地方的地标建筑,那么这块牌子就是"功德碑";如果房子没到预期寿命就坍塌了,甚至导致灾难性后果,那么这块牌子就成了"耻辱牌"。

牌子上面只有公司的名称,但工作是由人来完成的,建筑的寿命最终由参与建造者的工作水平决定,建造水平不同,建筑的使用寿命不同。从前些年的统计数据看,我国建筑的平均使用寿命与欧美发达国家有比较大的差距。对未来可能从事这一行业的人来说充满机会和挑战。

一、房子都安全可靠吗?

房子是给人住的,一般人不会怀疑自己所居住房屋的安全性,说明公众对建筑人员的工作还是信任的。我国每年建造的房屋数量比世界上任何一个国家都多,但建造者的素质参差不齐,房屋质量也参差不齐。在建筑行业,房屋在使用过程中倒塌,或者在建造过程中倒塌的事例并不鲜见。

2020 年,在新型冠状病毒引发的肺炎疫情防控的关键阶段,福建泉州的欣佳酒店在 3 月 7 日晚上倒塌,后果非常严重。事故共造成 29 人死亡,42 人受伤,5 000多万元的直接经济损失。同年 8 月 29 日,山西临汾的聚仙饭店发生坍塌,造成 29 人遇难,7 人重伤,21 人轻伤。半年时间里,先后发生两次楼房倒塌并造成重大伤亡,人们不禁提出问题:事故到底是怎么造成的? 我们居住的房子安全吗?

二、理当坚如磐石的房子怎么会倒塌?

房屋的建造过程是由很多人共同劳动的结果,在整个过程当中,你可能只是一个普通的角色，你也可能是一个非常关键的角色，比如设计师。每一个参建人员在建设过程中都会做出一些行为，这些行为也会对建筑产生一定的影响。

▲ 图 13-1　建筑行业的职业道德

国务院事故调查组对福建泉州欣佳酒店倒塌事故进行了调查，查明事故的直接原因是事故责任单位泉州市新星机电工贸有限公司将欣佳酒店建筑物由原 4 层违法增加夹层改建成 7 层，达到极限承载能力并处于坍塌临界状态，加之事发前对底层支承钢柱违规加固，焊接作业引发钢柱失稳破坏，导致建筑物整体坍塌。

事故关键的责任在于酒店的业主，为了增加建筑面积，他要求把 4 层的房子改成 7 层。2020 年 1 月在施工中就出现问题，底下部分柱子发生变形，但未引起重视。原先柱子承重能力是按照 4 层设计的，现在改成 7 层，荷载增加，柱子不堪重负必然倒塌。房子倒塌时，正用作泉州市鲤城区新冠肺炎疫情防控外来人员集中隔离健康观察点。该建筑底下 1 层是商铺，1 月发现柱子变形后，老板并没有重视，在 1 层继续进行装修，还在钢柱上进行焊接作业。结果，在焊接的过程中房子发生倒塌，造成严重后果。

在整个过程中，即使参与楼房建造的工作人员有所警觉，事故很大程度上仍会发生，因为其中违规之处太多。在建筑行业里，因为职业人不当行为造成的事故并不罕见。虽然天灾也会造成建筑损坏，但很多坍塌事故是因为建造质量没有达到国家建筑抗震规范的规定：建筑应该做到"大震不倒、中震可修、小震不坏"。为什么在同样的地震中，有的建筑保存下来了，有的建筑倒塌了？"厚德"方能"载物"，我们的建筑之所以能承重、能抗震，其中也包含着建造者的汗水和职业道德，只有认认真真按照规范的要求建造，才能筑成坚固的大厦，否则房子就有可能坍塌，建造者也会被挂上"耻辱牌"（图 13-1）。

三、为什么要求所有建造者都遵守规范?

国务院事故调查组对福建欣佳酒店倒塌事件的事故认定，认为泉州市新星机电工贸有限公司、欣佳酒店及其实际控制人杨金锵无视国家有关城乡规划、建设、安全生产以及行政许可等法律法规，违法违规建设施工，弄虚作假骗取行政许可，安全生产责任长期不落实。相关工程质量检测、建筑设计、消防检测、装饰设计等中介服务机构违规承接业务、出具虚假报告、制作虚假材料帮助事故企业通过行政审批。这充分说明一次事故的发生往往不是由于某一个原因，而是多个原因叠加的结果。

另外一个案例，2020 年 6 月 27 日，位于佛山市顺德区高新区西部启动区某项目在浇筑屋面构造梁过程中发生坍塌事故，造成 3 人死亡、1 人受伤。房子在建造中倒塌，后果同样严重。

事故的技术原因是施工单位搭设的屋面构造梁柱模板支架不合理，屋面构造梁存在偏心现象，而未采取有效防范措施，当屋面构造梁柱浇筑混凝土时，随着荷载越来越大，产生的偏心力矩也越来越大，斜立杆失稳导致模架向外倾覆倒塌。

事故的责任涉及建造过程的多个环节：

（1）施工单位严重违反安全生产法律法规和有关规定；监理单位工作形同虚设，没有对施工方案和施工过程进行有效监管；

（2）设计单位工作存在重大疏漏，也就是说存在设计缺陷；建设单位未依法履行安全生产职责；

（3）审图单位把关不严，没有发现存在的设计缺陷，导致不合格的图纸投入建设使用；

（4）行业主管部门履职不到位，没有进行跟踪检查和管理；

（5）属地有关协调机构日常服务管理不到位。

在灾难原因分析方面有一个著名的"海因里希法则"：每 1 起造成重伤、死亡或重大财产损失的严重事故背后，必然有 29 起较轻微事故和 300 起事故隐患。

一根链条断裂的时候，未必只是其中最弱的一环出了问题，而是几乎每一个环节都存在缺陷。无数事实证明，每一起重大安全生产事故的背后都有一群不负责任的人存在。

山西临汾聚仙饭店"8·29"重大坍塌事故的主要原因也是违章建设。饭店已经经营了十几年，在未经设计的情况下加盖扩建了五六次。饭店向地下挖了一层，用来做宴会厅，因为地下一层更凉快。然后在原有的一层房屋基础上加盖了彩钢房，所用建筑材料质量不佳酿成惨祸。事故反映出当地建设行政主管部门对违章建筑管理不严，任由违章建造随意施工。

建造是用建筑材料抵抗地心引力的过程。房屋要承重，建造必须遵循基本规律，否则就会造成垮塌这样严重的后果。所以，从事建筑行业必须有扎实的专业知识，知道什么可以做，什么不可以做。

学校里有位老师讲过一件事。家里造房子，原先叫人画了图纸，柱子里面有 8 根钢筋，在造的过程当中，施工单位只放了 4 根钢筋。农村造房子，施工队往往凭经验行事。这位老师觉得不可靠，坚决要求按照图纸施工，采用 8 根钢筋。

只用 4 根钢筋，虽然房子未必立刻倒塌，但在建筑使用周期里，如果遭遇特殊情况，比如地震，4 根钢筋的抵抗能力不可能有 8 根钢筋那么好，倒塌的可能性是存在的。对于设计人员来说，1 根柱子到底应该放多少根钢筋，必须有依据。房子造多高，承载有多重，对应的钢筋数不能随意削减，这就是尊重规律，遵守规则。

四、为什么说遵守规则无小事？

事故有直接原因，也有间接原因。建筑是一个系统工程，需要许多专业人士协同工作，其中有业主、有勘察、有设计、有施工人员。对于施工人员来说，其自身安全就和规则密切相关。

建工学院的同学去工地实习，老师最担心的就是安全问题，所以会在实习前的培训中反复强调基本规则，比如所有人员必须佩戴安全帽，必须穿工装，因为工装袖子有束口，可以防止挂到其他的东西。对于女同学还有特别要求，不能穿高跟鞋，不能穿裙子，不能长发披肩，必须把头发扎起来等。

建筑工地上到处是钢管、架子，要在那里面穿行，穿衣不规范，有可能造成严重的安全事故。有个建筑工地曾经发生类似的安全事故，一个工人从 26 楼直接掉到地下 2 楼，当场死亡。原因就是工人在操作时不小心衣服挂到了支架，重心失稳，从电梯洞口掉了下去。楼房内原来还没安装电梯，在留出的电梯井里每隔一层设置有一张安全网，人即使掉下去，也能掉到网上，足以避免更严重的后果。巧就巧在事发之时，为了安装电梯，刚好把安全网全部拆除了，结果人就毫无阻拦地从 26 楼坠落到地下 2 楼，现场惨不忍睹。

建筑工地上把这样的洞口叫作"老虎口"，意思是一旦掉入，有去无回。这告诉我们，职业行为有准则，不能违反。简单一个着装规范就关系到生命安全，不可掉以轻心。

职业行为的准则是大量实践经验教训的总结，无论哪个行业都有一些基本规则，我们只有真正理解这些规则，并在规则的指导下开展工作，才能称为入行了，否则你就是门外汉，非专业人士。

五、专业事为什么一定要专业人做？

建造过程的主要参与方有设计方、勘察方、施工方，这些单位都有很多专业的人员在做事。建工学院的同学毕业以后，可能会到施工单位或勘察单位去工作，也有可能到设计单位去工作。在工作过程中有很多需要注意的地方，尽管具体承担的岗位不同，但是职责有相通之处，有些事情可以做，有些事情不可以做。

在很多事故中，业主方人员扮演着非常关键的角色。在部分坍塌事故中，业主决策是造成事故的首要原因，所以要负主要责任。业主必须尊重技术，专业的事情必须让专业的人去做，不能瞎指挥。超载的长途巴士不能坐，因为行驶中容易发生安全问题，比如刹车失灵。同样的道理，房子超载，原先的柱子无法承受这么重的东西，就会倒塌。如果业主咨询过坚守专业规则的设计人员，并听取他们的意见，事故是可以避免的。

很多时候，业主为了获得更大的空间，会要求施工队敲掉一堵墙。其实，墙不能随便敲，因为墙体与柱子一样，也需要承重，敲掉承重墙，会让柱子超载，如果柱子承受不住，就会垮塌。

更可怕的是，有些无良装修公司为了博得业主满意，还出馊主意："这堵墙敲掉以后，空间就通透了。"三十几层的高楼，装修时，如果为了重新开个门，把承重的剪力墙敲掉，这是十分危险的。高层或者超高层建筑的剪力墙里配有钢筋，用混凝土从基础一直浇到顶，这样的墙非常重要，如果把整片墙敲掉，势必危及整栋建筑的安全。施工人员不能无视风险而违规作业。

目前，装修行业进入的门槛还不够高，一些没有经过专业培训的人，也进入装修行业从事这项工作。无知者无畏，敢敲掉剪力墙的人十有八九是这样的无知者。现在讲究学科交叉、专业交叉，其重要性部分就体现在这里。从事装饰专业的人学点建筑工程技术的专业知识很有必要。

作为职业人，必须要有广博的专业知识和扎实的专业技能。知识和技能是相互促进的，我们有了知识，我们就会更加清楚行为的后果，就会更加谨慎。例如在建筑工地，临时用电是常事，带电作业有风险。如果工人清楚触电危险，借个胆子也不敢违规带电作业了。专业的人做专业的事，是社会分工的需要，也是把事情做好的需要（图 13-2、图 13-3）。

▲ 图 13-2　建筑工程专业教学场景 1

▲ 图 13-3　建筑工程专业教学场景 2

六、施工人员如何防止玩忽职守?

房子要建起来最终还得靠施工。这个过程也需要严格把关。比如说工地上一定会有质检员,混凝土是否合格、能否交给施工人员,由质检员说了算,质检员必须把住质量关。

2018 年 10 月,济南的一个房地产项目正在建设中,主体建筑已经造好封顶,马上要进入装修阶段,突然车库整个塌陷下去,引发轰动。房子已经预售出去,买这个小区的房子的业主很着急,对房子主体的质量也产生了怀疑,检查下来,这个房子从地下 2 楼到 32 楼所有柱子和梁里,竟然没有一层的混凝土全部合格,合格率不到一半。建筑中混凝土由沙子、石子、水泥拌在一起而形成,是主要受力材料。事故中断裂的那个梁里面竟然有建筑垃圾、废塑料等杂物,这说明整个施工过程出现监管失控。如果监理和质检员都认真负责的话,不可能盖到 32 层才发现问题,应该在第一层的时候就停止施工。施工有项目经理、施工员、质检员和安全员,竟然没有一个人提出问题,让人匪夷所思。

施工团队中每一个人都应该做好自己的事情,做好分内的工作。建工学院的学生毕业后大多去了施工一线,到建筑公司去造房子,每个人都要严格履行职责,关键时刻不忘记问自己一个问题:假如给自己家里盖房子,你敢不敢住?如果对建造的房子,自己都没有信心住,这还算负责任吗?

不管哪个行业的从业者,要么为社会提供产品,要么为社会提供服务。产品和服务都要有益于他人,守好自己的职业岗位是工作的基本要求,否则可能害人害己。

七、建设者如何遵守职业道德?

造房子事实上有一套基本的流程,首先需要勘察,勘察工作就是要知道要造房子的这块地,下面的土的成分是什么。在泥土上造房子和在岩石上肯定是不一样的,所以需要勘察。后面还需要设计,画出图纸,图纸出来后,还要施工,施工中需要有人监督,整个建造过程就是按照这样一个流程来完成的。

这里讲一个建筑论证的例子。有个城市建造轻轨,轨道控制中心大楼的屋顶即将进入施工。屋顶由钢结构框架构成,每一个构件大概有 40 吨。当初,施工单位认为构件重量为 33 吨,所以按照 35 吨论证了吊装方案。构件出厂后,发现实际重量是 40 吨。要把 40 吨的大家伙从地面上整体吊装到 6 层楼高,难度不小,风险很大,需要重新认证施工方案。

参加论证的专家特别关心起重机的工作位置能否承受得了重压。专家发现施工单位提供的报告中有一个数据：吊车停车位地基承载力为 250 千帕，就追问这个数字怎么得到的。施工方答复说，这是根据经验估计的。

如此答复让专家大为吃惊。这个数字万一估大了，实际吊装时地面承受不了，一旦发生翻车事故，后果不堪设想。所以，任何方案的论证不是随便签个字就好了，专家们就得较真才行。

勘察工作要给设计提供报告，地基到底能够承担多少荷载，比如一根基桩要承受 3 000 吨的荷载，必须通过静载实验才能确定。这需要把一个个沙袋堆到承台上面去，堆足 3 000 吨，可能花费十几天的时间，最后得到一个数据，一张图表，确定基桩能不能承受 3 000 吨。然后再把沙袋全部搬走。做这个实验要花十几万甚至二十几万元，成本不低。但这个时间和钱都必须花。有缺陷却没有提前发现，后面损失会更大。勘察工作必须严谨。

目前建筑行业在有些方面还存在一些问题，由于业务量太大，有的检测机构，包括勘察机构，可能提供虚假报告，没有经过实验，数据是直接捏造出来的。

勘察机构给设计人员提供依据，而设计人员也有职业基本规范。比如现在强调创新，但不能把别人的设计直接搬过来，这样做叫抄袭，涉及职业道德问题。

另外，设计人员的创新不能违反规范，比如房子的楼梯设置必须符合消防要求。楼梯是逃生通道，万一发生火灾，必须确保人员能够及时疏散。

设计人员需要非常严谨，比如结构计算，房子有多重，梁有多大承载力，都必须经过科学计算，然后才能给出结论，而不能拍脑袋决定。

设计人员乃至建筑行业所有从业者要遵守法律法规，廉洁自律，不能透露商业机密，也不能在工程招投标中指定特殊材料，或者和承包商串通多用材料，造成浪费。

从业者在职业活动中不但必须遵守法律规定，也应该遵守职业道德。道德是调节个人与自我、他人、社会和自然界之间关系的行为规范的总和，渗透于各种社会关系中，既对人们的行为产生规范作用，也是用于评价人的思想和行为的标准；既是对个人在职业活动中的行为要求，也是对一个行业所承担的社会责任的规定。建筑行业的人需要了解建筑行业的职业道德要求，树立正确的建造观，为社会建造符合需要的"放心建筑"。现在对一般的建筑要求安全、适用、耐久、美观、经济，还要兼顾环保。其中有些属于强制性规定，有些就是社会对建造企业和从业者的道德要求（图13-4）。

▲ 图 13-4　遵守职业道德

　　良好的道德表现会反哺职业人的成长。在职业活动中遵纪守法、严谨执业，在提高个人品行的同时也有助于形成良好的职业声誉，更容易获得职务提升。而企业有了良好声誉，也更能在市场竞争中胜出。中国建筑行业中并不缺乏杰出的人才，所以人民大会堂、国家大剧院、国家体育场、上海中心大厦这样的优秀建筑才能雄踞在中华大地。

八、时间、金钱、生命，哪个更重要？

　　学好专业基础是将来成为合格职业人的前提。在职业生涯中专业素质都有用武之地，特别是安全知识、遵章守纪意识等。建筑人必须时刻警觉建造过程中的危险，触电、高处坠落、物体打击等事故随时有可能发生，绝不可掉以轻心。在建筑行业，职业人要做到"四不伤害"，即不伤害自己，不伤害别人，不被别人伤害，还要保护他人不被伤害。没有安全就没有一切。

建筑工地上，很多事故的发生往往是因为鲁莽行事。杭州某工地曾发生一次事故，钢筋运到工地，卸车需要塔吊，结果在卸车过程中造成物体坠落致人死亡事故。在建筑行业里，塔吊的操作工被列入特种作业人员，需要得到特殊上岗许可。由于当时运输车急着要走，跟车的小伙子自称以前开过塔吊，私自跑上去驾驶，把钢筋钩了起来。钢筋很重，吊运过程中，由于没有做好捆绑，发生吊钩脱落，钢筋从空中掉落，当场造成人员伤亡，酿成严重事故。

武汉曾经发生一起施工电梯冲顶事故，也是因为漠视安全规范、鲁莽行事。现在有许多高层建筑，建造中的房屋没有安装正式电梯，工人要到工作面上去，必须乘坐施工电梯。施工电梯理应由专业司机来操作，但工人为了赶时间，额定承载10个人的电梯挤进19个人，而且司机不在，民工自己开，结果整个电梯从轨道上脱落，由高处直接坠落地面，19人无一生还。

学生实习前，老师会一再强调，不该摸的机械不要去摸，道理就在这里。时间、金钱都很重要，但生命只有一次，不能因为图方便、省时间、多挣钱，心存侥幸，违反规则，最后悔之晚矣。在职业活动中创新是值得鼓励的，但冒险蛮干必须制止。

九、如何守住法律底线?

职业人必须诚信守法。造房屋，政府给你一块地，造多少建筑面积是有规定的，不能突破这个底线，否则会受到政府主管部门的处罚。福建欣佳酒店倒塌事件，事实上就是投机取巧的行为，报批的是4层，实际改成7层。如果不出事，业主肯定能增加营业收入，所以铤而走险，结果栽大了。业主方的工作人员，必须知道法律底线在哪里，不能突破。

现在建筑规范已经细到一块砖头、一粒沙子，如果所有职业人都能按照这些规范行事，应该是能保证建筑质量的。之所以还有这么多的事故，就因为还有人没有遵章守纪，未能严格按照规定去做。

建筑行业要求建筑工程师遵守职业道德，不得贿赂监管部门人员和检测机构。有的无良施工方为了使用不合格的材料以营利，贿赂检测机构，结果对社会造成很大危害。我国建筑工程总体业务量大，检测机构的业务量也是非常大的，如果说检测机构检测到某一批钢筋有质量问题，但在接受施工方贿赂之后，技术人员把数据修改了，让这批钢筋拿到复检检验合格证，用到工程上去就损害了消费者利益，还可能造成安全隐患。

施工人员不能偷工减料。每年8月，钱塘江大潮如约而至。钱塘江海堤需要抵抗大潮的冲击力，保护周边土地的安全。20 世纪 90 年代初，曾经发生这样一件事情。按照要求，海堤工程桩基础应该用混凝土浇筑，挖个孔把钢筋放下去，再把混凝土浇进去，桩基应该深达五十米。由于当时检测技术不成熟，没办法检测桩插入地下的部分到底有多深。直到 20 世纪 90 年代后期，建筑领域出现一种新技术，叫桩基完整性检测技术，再去检查，发现海堤桩打得特别短，最多也就七八米深。后来还开挖了一根桩出来，发现这个桩除了上面一节是混凝土，下面全是淤泥。这是典型的偷工减料，万一在大浪冲击下溃堤，后果不堪设想。

前几年杭州有个小区，居民在装修时，把原有窗户拆掉，把上面的梁也敲破了。正常情况下，梁里面应该放钢筋，结果发现梁里面放的竟然是毛竹片。钢筋的强度跟毛竹片的强度天差地别，用毛竹片代替钢筋迟早会造成事故，构成犯罪的，将被依法追究刑事责任。

施工监理承担着监督施工单位人员行为的职责，如果监理人员玩忽职守，乱管瞎管，就会把别人置于危险当中。建筑行业有一项基本规则，就是事故未经处理，绝不放过，责任人未经处理，绝不放过。每一起事故发生后都有一批责任人会被处理，有的人需要承担刑事责任，有的人会被党纪政纪处分，这就是职业风险。对此，职业人必须有清醒认识。行业都有自己的特点，行业也都有自己的风险，只是行业不同，风险不一样而已。不管从事哪个行业，都要做守规矩的职业人。

最后，回到规则和技术的关系上来。其实，许多规则背后都有技术支撑，如果不遵守这个规则，再好的技术都没用。楼建得好好的，但是楼一垮塌，用的材料再好、施工技术再好，全部化为乌有，甚至还会把人命给搭进去。规则是任何一个行业的底层逻辑，也就是最基本的技术。底层逻辑出现问题，其他所有技术都等于零。为保证混凝土强度，技术上对用水、沙子等原材料都有明确的要求，但操作者置若罔闻，偏偏不按照规范做，所有技术要求形同虚设。至于行贿，更是对所有技术的冲击。好好干活，根本不需要行贿。行贿无非为了在技术上做手脚。遵守规则做不到，谈论技术就是多余的。所以，任何一个职业最基本的技术就体现在规则上，只有遵守规则，才能保证技术和技术的运用效果。

做守规矩的
职业人

本讲教师简介：

张卫民，金华职业技术学院建筑工程学院副教授，高级工程师，一级建造师，注册咨询工程师。目前担任金华职业技术学院智慧建造专业群主任，建筑工程技术专业主任。

主要研究方向：建筑工程施工与管理，建筑工程技术职业教育。主要擅长危险性较大的建筑工程专项施工方案编制与评估，建筑工程防灾减灾和危房鉴定，装配式建造技术推广等工作，具备装配式建筑构件制作与安装 1＋X 证书考评员资格。主持浙江省课堂教学改革研究项目 1 项，厅局级项目 4 项，发表科研论文 20 余篇，其中 EI 收录 4 篇，SCI 收录 1 篇，主编出版《土力学与基础工程》《钢筋混凝土结构施工》《建筑装饰工程施工》《高职高专土建类专业毕业实践指导》等教材 4 部，获评浙江省新形态教材 1 部。

第十四讲

职场为什么要管头管脚？

药品是特殊商品，关系到人的用药安全有效和身体健康，一个优质的药品可以治病救人，而一个劣质的药品，轻则贻误病情，重则置人死地。

问题是，除了生产企业之外，一般人尤其是患者很难知道某个药品的质量情况。从外观上根本判断不了；做检验，自己又没条件；看用药效果，可能到时已晚；观察副作用，是药三分毒。

患者没有办法判断药品优劣，只能信赖药品的检验程序，只有检验合格的药品才能上市，但检验合格又如何保证药品安全性和有效性？

要搞清楚这个问题，需要引入一个概念：GMP。GMP 是英文 Good Manufacture Practice 的简称，翻译成中文就是"良好制造规范"。在制药行业里，GMP 就是《药品生产质量管理规范》。

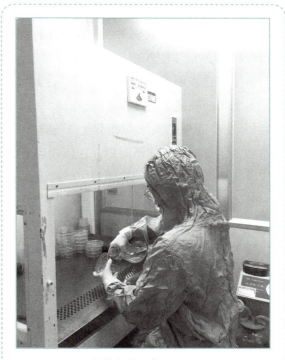

▲ 图 14-1　制药行业工作人员

药品的生产必须在符合 GMP 要求的车间生产，原料的采购、生产、销售和使用各个环节必须符合 GMP 的要求，才能持续生产出符合要求的药品。GMP 是制药过程的最低要求，它只有原则性的规定，对如何达到要求没有具体的做法指导，需要企业通过制定系列制度来规范生产过程，才能达到这个要求。

制药行业对职工的"管头管脚"，由此而来（图 14-1）。

一、药企规矩何其多，何其严？

GMP 给进入洁净生产区的人员提出了各种各样的禁止性规定。

1. 不能化妆，不能喷香水，不能涂指甲油等。总之，任何可能污染洁净区的化学用品都不能随着员工进入工作区。

可能有人要提出疑问："粉质化妆品会掉粉，不能用，可以理解。喷一下香水应该没什么关系，在车间里，全身防护，香水有什么妨碍？"有妨碍。香水的成分主要是小分子香料，会随着空气散发，先污染洁净空气，再随空气影响药品质量，发生串味污染。

2. 禁止留长指甲，不得佩戴首饰，不得戴手表，也不能把手机带入工作场所。

3. 任何进入生产区的人员均应当按照规定更衣，而且工作服的选材、式样及穿戴方式应当与所从事的工作和空气洁净度级别要求相适应。

比如，注射剂车间要求衣服必须是连帽的，医用手套扎住袖口，鞋套扎住裤脚，戴口罩眼罩，身体皮肤不能暴露在空气中。固体口服制剂车间的着装，衣服是分体的，裤子穿在衣服外面，医用手套扎住袖口，口罩要遮盖口、鼻，帽子要遮住眉毛，鞋子不能当拖鞋拖，等等。

4. 在车间里，操作人员不允许随意行动，规定坐着的只能坐着，规定站着的只能站着，工作期间身体不能靠在任何物体上，不能跑，不能跳，不能做与操作无关的动作，甚至开门都只能用胳膊肘去触碰。

5. 洗手有规定动作，所谓"九步洗手法"。

（1）用清水润湿双手及手腕以上 10 厘米；

（2）均匀涂洗手液，掌心相对，手指并拢相互摩擦；

（3）手心对手背沿指缝相互摩擦交换进行；

（4）掌心相对，双手交叉，沿指缝相互摩擦；

（5）弯曲手指关节，在另一手掌旋转搓擦，交换进行；

（6）一手握另一手大拇指旋转搓擦，交换进行；

（7）搓洗手腕，交换进行；

（8）将手及手腕用水冲洗干净；

（9）然后在烘手器下吹干，喷消毒剂对手进行消毒。

类似的规定还有很多。

药厂这么管束职工有必要吗？

其实，不止药厂，像这样严格要求的行业很多。比如化妆品生产、食品加工、半导体制造、手机等精密电子产品制造，乃至医疗、餐饮行业都有类似的要求，只不过制药行业在某些环节上要求更严格而已。

归根结底，职业上的规矩是因为技术要求，严格管理人的行为、装束，目的就是为了把人对洁净空气的污染降到最低（图14-2、图14-3）。

有一个案例。某省药监局派出一位专家，到企业进行日常监督检查。首先，质保部要给她出具进入洁净室的通行单，没有通行单，任何人不能进入洁净室。

进车间时，需要经过质量监督员这一关。看到专家化着淡妆，佩戴着精致的项链，质量监督员当即给专家进行了培训，内容包括"进出洁净室程序、手清洁消毒程序、工作服穿戴规范"等，还给她指定了一个放置外衣、首饰的柜子，请专家摘下项链，放在保管柜中；另外为其提供湿纸巾，完成卸妆。检查通过后，引导专家严格执行完"进入更外衣—手清洁—更洁净服—手消毒—风淋"的程序，流程结束后，专家才进入洁净室。

当时，这位专家指出，质量监督员很负责，规范执行到位，但她在洗手时，没做到"九步洗手法"，工作服穿戴存在顺序错误，先穿上裤子，

▲ 图 14-2　制药行业规范多、规范严 1

▲ 图 14-3　制药行业规范多、规范严 2

再穿衣服，而质量监督员没有给予纠正，这说明在规范执行上还存在漏洞。这些错误相当于考卷上的改错题，只要有一道题没有改出来，就得扣分。在实际生产流程中，任何失误都可能导致一批药品受污染而报废。

二、数据填写也这么挑剔？

药品生产企业在人、厂房、机器、物料、规章、环境等方面都有一整套非常严格的管理要求，其中必定涉及数据。而数据管理恰恰是药品生产管理中非常重要的环节，无论是《药品管理法》《药品生产监督管理办法》，还是《药品生产质量管理规范》都有明确规定。比如，记录应当及时填写，内容真实，字迹清晰、易读，不易擦除。

记录应当保持清洁，不得撕毁和任意涂改。记录填写的任何更改都应当签注姓名和日期，并使原有信息仍清晰可辨，必要时，应当说明更改的理由。记录如需重新誊写，则原有记录不得销毁，应当作为重新誊写记录的附件保存（图14-4）。

学生做实验记录时难免写错数字，有的会在写错的地方涂黑或打叉，重新写上正确数字；有的直接在错误数字上修改；有的用修正液或者修正带把错误数字涂白；更有用胶带把错误数字粘贴后撕除，再写上正确的。这样的做法在制药行业是违规的，会被认定为篡改数据，涉嫌数据做假，涉及的药品会被认定为假药。

严格管理是为了防止人为差错，一旦出现差错，必须及时纠正错误，分析出错原因，还要提出整改和防范措施，并对相关员工进行教育培训，确保同样的错误不出现第二次。在药厂，出错一次，改正了，并有防范措施，不会追究。但凡出现第二次，必须处罚。

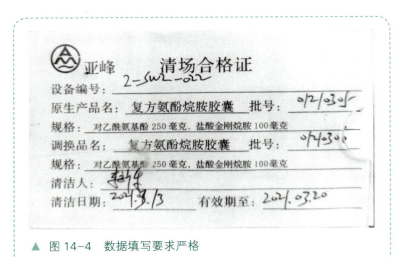

▲ 图14-4 数据填写要求严格

依据这个原则，在数据管理上，药厂制定了数据记录标准操作程序，明确规定数据记错要进行规范更改，在原数据的上面画一道横线，保证原数据清晰可辨，写上正确的数据，在旁边签上名字和日期，这才是规范的数据修改方法。

对于需要重复书写的记录，比如一些药品生产过程的检查记录，8：40检查时，药品包装完好、批号清晰、没有瑕疵、边缘整齐，检查人员记录好后签上名字，这是规范的记录方式。过了半小时再次检查，结果和前面一样，都为合格。这时，有的操作人员会觉得记录同样内容过于麻烦，便用两点来代替，这是不允许的。尽管检查结果一样，记录也不能有任何省略，每次都必须按照检查的实际结果填写表格，次数再多也要逐项填写。

药厂在设计表格时，会留下一些空格，有时没那么多数据需要填写，多出来的空格也必须逐格划上一个斜杠，代表这个空格没有数据，不允许在多个空格上划一条长杠来代替。从这些关于数据记录的要求中，可以看出药厂对记录数据的严谨性。

现在药品生产自动化程度越来越高，人工操作越来越少，特别是在外包装部门，操作都由机器人完成，操作工只要注意观察机器是否正常，定时记录就行。操作工人闲得没事，又没有手机看，把记录反过来，在上面画一朵花或一只狗什么的，也是不允许的。

有的员工非常认真负责，怕数据记错，先用铅笔在空白表格上填写数据，事后再用签字笔描上去，也不行，这样会被认为是随意填写数据，涉嫌数据作假。因为铅笔容易擦除，允许修改，存在编造的可能。

有一年，金华市的一家药厂接受国外机构核查，专家随机抽取一本车间批生产记录，检查生产原始数据，结果就遇到这种情况。专家坚持认为记录造假，把当事人叫过来解释，当事人有口难辩。后来企业为了证明当事人出于保持记录整洁才这样做，拿出其他班次的很多记录来佐证，证明数据的真实性，专家才勉强认同，但仍把记录不规范作为缺陷项写入核查报告。对企业来说，这个缺陷项是很致命的，代表着当次该项核查不通过，需要整改，三个月后复查，以充分证据说明缺陷项已经整改，才能过关。

数据记录要及时，不能写"回忆录"，记录的内容必须真实、完整和整洁，字迹要清晰，不容易擦除，等等。即便如此细致严格，也不能保证万无一失，员工之所以仍有违规行为，往往是因为侥幸心理，甚至认为纠结于细枝末节纯属矫情。从专业角度来看，数据编造绝非小事，一旦事发，将会"吃不了兜着走"。

三、编造数据会有什么后果？

我曾经在企业担任质量受权人，其中一项职责是审核批生产记录和批检验记录，掌握着药品能否放行的决定权。有一次，我在审查批检验记录时，发现产品微生物限度检查项目的检验数据记录有异常，虽然没有发现数据涂改，也没有证据证明造假，但我直观感觉到数据异常。

当天晚上，我到化验室调出培养基称量记录，把微生物检验原始记录与培养箱里的放置培养的表面皿数量进行比对，发现培养基的称量数据有缺失，少了四次。第二天上班，我要求微生物检验员提供记录上已经在检验，但还没有到观察时间的两批细菌培养皿进行核对，结果他拿不出来。这就坐实了他在微生物检验上编造了检验数据。事后他承认在 4 个批次上数据造假的事实。

未经检验就随意填写检验数据，可能会导致药物微生物限量超标而未能被及时检验出来，存在不合格药品作为合格药品流入市场的可能性。万一微生物超标，到病人口中，可能危害身体，导致严重的药品生产质量事故。

未做微生物检验，却出示已经检验的记录，这是弄虚作假行为。在药品管理法中有这样一条规定：编造生产、检验记录按生产假药处罚。

事后，微生物检验员在被问及这样做的原因时，回答说自己做微生物检验三个多月，没有发现一批不合格，因为车间生产质量管理规范，制造过程严谨，生产出来的药品都是合格的。所以他想，少做两批微生物检验也无妨。这就是侥幸心理。

更可怕的是，侥幸心理有惯性，一次做假，未被发现，就会接连做假，最后总有出事的一天，如果是在质量放行阶段被发现，企业还有改正的机会；如果对患者造成伤害，任谁都承担不起责任。按照规定，每一批产品所有项目必须全部检验。没有经过检验的产品不允许放行销售；如果签字放行，那就按假药处罚。

《中华人民共和国药品管理法》第一百一十六条规定：生产、销售假药的，没收违法生产、销售的药品和违法所得，责令停产停业整顿，吊销药品批准证明文件，并处违法生产、销售的药品货值金额十五倍以上三十倍以下的罚款；货值金额不足十万元的，按十万元计算；情节严重的，吊销药品生产许可证、药品经营许可证或者医疗机构制剂许可证，十年内不受理其相应申请。

第一百一十八条规定：生产、销售假药，或者生产、销售劣药且情节严重的，对法定代表人、主要负责人、直接负责的主管人员和其他责任人员，没收违法行为发生期间自本单位所获收入，并处所获收入百分之三十以上三倍以下的罚款，终身禁止从事药品生产经营活动，并可以由公安机关处五日以上十五日以下的拘留。

车间生产一批药的价值大约是 90 万元，罚款最高可达 2 700 万元，4 批一起罚，罚款可以超过 1 亿元。这只是罚款，连续四批假药，属于情节严重的行为，将受到吊销许可证的处罚，那就不是一个药、一个车间不能生产，而是整个厂都得关门。不但当事人，而且检查核查人员、相关管理人员和企业负责人都会受到重罚。一人违规，将会让一家企业几百员工为之买单。

所幸这起造假行为在质量放行环节中就被发现并得到及时制止，没有造成严重后果。即便如此，微生物检验员也因为编造检验数据，情节严重，扣除当月奖金并开除，化验室主任和质量部经理也被扣除当月奖金。

《药品生产质量管理规范》对质量受权人有资质要求：质量受权人应当至少具有药学或相关专业本科学历（或中级专业技术职称或执业药师资格），具有至少五年从事药品生产和质量管理的实践经验，从事过药品生产过程控制和质量检验工作。质量受权人应当具有必要的专业理论知识，并经过与产品放行有关的培训，方能独立履行其职责。

质量受权人必须有深厚的专业功底，生产过程的每一个工艺参数都应当铭记于心，有一定的心理学能力，还要有敏锐的洞察力。一个人进行数据造假时，心理是紧张的。若要人不知，除非己莫为。所以，任何时候都不要有侥幸心理。

四、出现数据偏差可以随意掩盖吗？

在药厂，有一项很重要的工作是物料平衡，生产过程中所有的原料、辅料、包装材料的数量必须是平衡的，要求使用量、结存量和损耗量的总和必须和领用量一致，必须做到账物、物卡、账卡数量相符，但工作中出现数据不相吻合的情况也不罕见。一般碰到这种情况，正确的做法是先核验称量器具，反复核对，确保称量没有差错，然后向上级报告数据偏差情况，由质量监督部门调查偏差原因，做出处理意见，提出整改和防范措施。但总有一些员工自以为是、掩耳盗铃，将小错酿成大错。

有位化验员按规范要求，与化验室主任和试剂保管员一起从保险柜中领出三氧化二砷对照品，用于配制三氧化二砷标准溶液，检测药品中的重金属含量。他在称量复核时，发现称量所得的数据比收发记录中的数据多了 2.05 克。

按照要求，碰到这种情况，要么自己反复核对，确保称量没有差错；要么向化验室主任报告，调查出现偏差的原因。因为上一次领用的也是他，他以为是自己记录出错，为了掩盖差错，他把多出来的三氧化二砷倒入水池，用自来水冲掉。这样一来，表面上数据就平衡了。随后，他按要求填写称量记录，剩下的三氧化二砷送回到保险柜保管。

其实，这样的行为会导致一系列严重后果。首先，三氧化二砷俗名砒霜，为剧毒试剂，管控特别严格，要求双人双锁在保险柜中存放，领用时必须三人核对，用毕及时归还，数量上做到账、物、卡一致。

其次，三氧化二砷通过污水管进入污水处理系统，普通的污水受污染后，变成有毒废水，在不知情的情况下，剧毒物质可能未经处理就排入河流中，对作物、河水造成严重的重金属污染。

最后，因为擅自处理掉 2.05 克的三氧化二砷，后面称量时肯定会发现数据的偏差，从而追究三氧化二砷的去向。0.01 克三氧化二砷就可以致人中毒，0.04 克足以致人死亡，2.05 克三氧化二砷如果流失出去被人恶意利用更令人不寒而栗。

这件事后来还是东窗事发了，其他化验员为配制三氧化二砷做对照溶液，领取后称量复核时，发现数量比记录上的少了 2.05 克。他再一次校验天平后称量，数据前后一致，再用其他天平进行核对，确认称量准确。这时，他向质保部报告三氧化二砷数量偏差情况，质保部立即着手调查，向使用过三氧化二砷的当事人询问，三个人都否认自己使用过程中称量有差错。因为涉及的是剧毒化学品，厂里选择了报警，警方来后，前面那位化验员才承认曾将称量不符的那部分三氧化二砷倒入水池的事实。

幸运的是，药厂平时只有一些清洗设备的废水，废水要储存到一定的数量才进行处理，当月还没有进行污水处理。质保部当下对废水中的三氧化二砷进行测定，设备部对废水的容量进行估算。经过核算，在废水池中的三氧化二砷量和倒入水池的量基本吻合，这才确认了 2.05 克三氧化二砷的去向。

这起事件虽然没有造成重大的危害，但化验员擅自处置剧毒物品的行为因为严重违反了剧毒物品安全管理规定、偏差管理规程和《医疗用毒性药品管理办法》等规定，企业仍然予以严厉处罚，除了扣除当月奖金之外，还劝其主动离职。至于那些有毒废水，请专业公司进行无害化处理增加了很大的成本。同时企业也发现规程上的漏洞，及时修改有毒试剂发放领用操作规程，规定剧毒试剂的称量，必须由两个人核对签名认可，从制度上杜绝此类事情的发生。

通过这两起事件，可以发现人或多或少会有侥幸心理，一次违章如果未被发现，胆子会越来越大，最终会出事。侥幸和不幸同名，侥幸次数多了肯定有不幸的后果。很多细节上的疏忽虽然没有立刻显现出后果，但"千里堤坝，溃于蚁穴"。出现此类违章，其中一个原因是企业缺乏关键环节和规章的执行力的监督检查。最关键的还是化验员规则意识的缺乏，既然知道剧毒物品的管制规定，也具有三氧化二砷的安全性方面专业知识，就不应该侥幸行事。一个无视规则、敢编造数据的检验员，不管开除还是离职，他的职业生涯基本到头了。

五、如何确保没有数据记录的细节做到位？

越简单的事情，往往越难坚持做到，清洁这种看似简单的工作，却是保障药品卫生安全的核心。

清场和清洁在药厂是一项非常重要的工作。新员工入职，除了常规的培训之外，有一项很重要的培训，就是清洁培训。药厂对人管头管脚，清洁从人开始，对设备、地面、墙面的清洁都有严格规定。特别是对关键设备的清洁，其清洁方法和清洁有效期要通过验证，证明所使用的清洁剂、清洁方法，能够把上一批次的产品残留完全清除掉，要求每次清洁结束，由车间技术员，质量监督员检查确认清洁情况，并记录检查结果。确定清洁完全后，操作人员方可挂上填上清洁的日期和有效期的"已清洁"标识。在下一批次生产之前，操作人员要先检查设备清洁状况，确定清洁是否在有效期内，并经车间技术员、质量监督员检查确认，如果超出清洁有效期，应当重新清洁，确保设备和生产场所没有上批次物料残留。这些清洁记录、检查记录中虽然没有具体的数据，但对药品质量的保证起着举足轻重的作用，清洁的疏忽会酿成严重的药品质量事故（图14-5）。

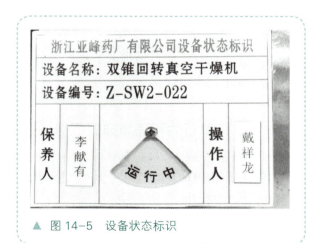

▲ 图14-5 设备状态标识

2007年7月6日，国家药品不良反应监测中心收到广西不良反应监测中心的报告，广西医科大学第一附属医院鞘内注射标识为上海医药（集团）有限公司华联制药厂生产的注射用氨甲蝶呤后，出现软瘫的不良事件。鞘内注射氨甲蝶呤和阿糖胞苷在临床上，用于急性白血病、淋巴癌和绒毛膜癌的常规治疗。鞘内注射是注射在脊椎中的，质量要求非常高。

卫生部（现为卫计委）和国家监督管理局分别展开调查，7月6日到12日上海药品监督管理局对药厂进行全面的检查，药品检

测都没有发现异常，而且对多项认为可能的污染物质排查也没发现异常。

7月17日，上海市药品监督管理局对华联药厂的氨甲蝶呤生产环境做了一个全面的检查，也没发现异常，原料、产品的配方、生产工艺流程、生产设备以及企业自检，自检记录、各个批号的产量、数量以及它的流向完全符合要求。这时大家疑惑了：生产过程一切正常，产品怎么会导致软瘫的不良反应？

随后，上海药监局对注射剂车间3月和4月的产品生产情况进行分析，4个问题批号的产品在生产之前都生产过另一个抗癌药——硫酸长春新碱。

上海药监局通过分析生产情况和产品检测结果，发现在生产阿糖胞苷和氨甲蝶呤之前，设备在生产过硫酸长春新碱后没有经过彻底的清洁清场，而且换品种之后也没有对上一品种产品的残留进行检测，才导致硫酸长春新碱的尾液混入氨甲蝶呤和阿糖胞苷中，造成了重大的药品生产质量责任事故。

最后，因为硫酸长春新碱的尾液混入氨甲蝶呤和阿糖胞苷中，华联药厂被认定为生产假药，情节严重，被处以吊销产品生产许可证、注销批准文号的处罚，同时企业相关责任人受到刑事处罚。药厂就此关门，几百号人失业。

在大多数人眼里，清洁是一件简单的事情，而且清洁记录没有数据，具有隐蔽性，很容易被忽视，也很难通过清洁记录发现问题，有记录不等于有操作。假如，华联药厂每次生产后，操作人员按照验证的清洁方法进行彻底的设备清洁，检查人员认真履行清洁核查职责，把清洁这件简单的事情做好，还会有这起严重不良反应事件吗？可是，药厂不生产后悔药，永远不会给"假如"机会。只有把细节时刻做到位，才能保证不出事故。

六、违章行为和违章数据躲得过去吗？

在药厂，每种药品的每个生产批量均应有经企业批准的工艺规程，工艺规程的制定应当以注册批准的工艺为依据，不得任意更改。如需更改，应当按照相关的规程修订、审核、批准。工艺规程是生产的法律，其中每一项参数均经过工艺验证，只要严格按照验证的工艺条件生产，就能够始终如一地生产出符合注册要求的合格药品。作为生产人员必须不折不扣地执行工艺规程，按规程操作，依操作如实记录，不得有半点马虎。如果出现生产人员违章操作，而且没有如实记录相关违章数据的情况，质量管理人员需要火眼金睛，及时喊停，不要酿成大错。

2006年，青海、黑龙江、广西、浙江、山东等省、自治区的陆续报告，部分患者使用了安徽华源生产的欣弗注射液——克林霉素磷酸酯注射液之后，先后出现了胸闷、心悸、过敏性休克、肝肾功能损害等严重不良反应。欣弗注射液在临床上主要治疗敏感的革兰氏阳性菌引起的感染疾病，如扁桃体炎、肺炎、急性支气管炎等。

国家药品监督管理局会同安徽省药品监督管理局对华源制药公司的生产现场进行检查。结果在记录上发现了 2006 年的 6 月到 7 月生产的欣弗注射液都没有按照批准的工艺参数进行灭菌，擅自降低了灭菌温度，缩短了灭菌时间，增加灭菌柜的装载容量，影响灭菌的效果。经中国药品生物检定所对欣弗注射液进行检测，结果表明欣弗注射液中含有细菌和热原。

原来，按照批准的工艺参数要求，灭菌柜的装载量是 5 层，105 ℃灭菌 30 分钟，即灭菌温度升到 105 ℃后需要保持 30 分钟，冷却到常温后才可以出柜，然后换入一批新注射剂进行灭菌。这样操作耗时长，产能小。因为 6、7 月份欣弗销量剧增，生产部门要求车间加班加点生产，车间技术员让操作人员把灭菌的温度、时间适当的降一点，于是车间操作人员将欣弗注射液装载量增加到 7 层，增加了每锅次灭菌数量，同时把灭菌温度和时间改成 100 ℃ 5 分钟、99.5 ℃ 4 分钟、104 ℃ 4 分钟至 1 分钟不等。这样一来，生产时间缩短，产量提高了，但后果是灭菌不完全，导致欣弗注射液中有细菌和热原，病人使用后出现严重不良反应。

华源制药因为违规受到重罚：违章生产的欣弗注射液按劣药论处，按规处以罚款，企业停产整顿，2 000 多员工回家待岗；收回注射剂车间 GMP 证书，撤销欣弗注射液批准文号，相关人员依法处理。

究其原因，华源制药虽然通过了 GMP 的认证，但没有把 GMP 要求落到实处，整个生产过程缺乏对生产工艺的执行力监督，多个监督环节对违章行为和违章工艺参数视而不见。相关人员不但缺乏最基本的注射剂生产专业知识，还藐视规则，忽视注射剂的安全性，置患者健康和生命于不顾。其实，只要多个监督环节中任何一个环节能够坚持规则，都可以避免这起严重不良反应事件的发生。

如果生产人员没有改变灭菌工艺；如果技术人员不允许车间擅自改变工艺；如果质量监督员及时制止违章行为；如果质量放行人看到记录上的违章数据，指出违章情况，拒绝签字放行。总之这些岗位上任何一个人坚守职责、遵守规则，都可以防止这起恶性事故的发生。遗憾的是这些岗位都失守了。雪崩之下，没有一片雪花是无辜的。

这里展示的药厂规则只是冰山一角。以生命为代价的药物灾难促成了 GMP 的诞生，这是一个理应得到良好执行的生产标准。药物灾难事件一再发生，促使 GMP 不断完善，力图从制度上杜绝人为差错、混淆、污染和交叉污染的发生，也开启了药品生产质量管理上事无巨细的管头管脚。从机构与人员、健康、卫生、培训到原料的采购、供应商、厂房设施设备、物料、质量控制、生产、验证、文件、记录以及自检等，GMP 都给出了严格而细致的原则性规定。

在此基础上，药厂又根据 GMP 要求制定与本企业生产药品相关的可操作性强的各项标准操作规程，要求通过培训的员工按照制定的标准操作规程操作，能够始终如一地达到 GMP 要求。而且要求必须全员全过程参与，不允许任何一个人置身事外，包括清洁工。生产药品符合 GMP 是最低门槛，制药人严格执行 GMP，永远在路上。

在药厂，经常会听到这样一句话：药品的质量不是检验出来的，而是制造出来的，更是管理出来的。因为检验只是事后证明，而严谨的设计、规范化的制造、严格的管理、严密的衔接才是造就优质药品品质的保障（图 14-6）。

因为有规则意识，才会去学习行业专业知识；因为有专业知识的积累，才会敬畏规则；因为敬畏规则，才会成为规则的自觉遵守人；因为自觉遵守规则，才会成为行业的佼佼者。

一个自觉遵守规则的从业者，才是一个合格的职业人！

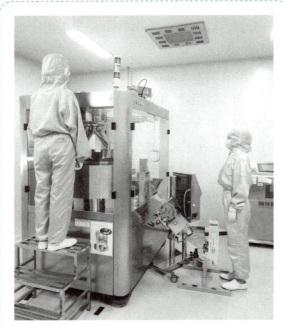

▲ 图 14-6 做合格职业人

违规必受重罚，
守规方是正道

本讲教师简介：

　　陈鋆，金华职业技术学院副教授，执业药师、高级工程师，全国石油和化工教育"教学名师"。目前担任生物制药专业教师，浙江省特别许可化学品考核专家，金华市化妆品协会专家团队成员，浙江工业大学－宗科愿藏红花研发中心副主任。

　　主要研究方向：天然药物提取分离技术及其在化妆品中的应用，作为专家组成员对金华地区的几十家制药、化工企业进行监控化学品特别许可核查；为台州铭妆化装品有限公司、杭州宗科愿生物科技开发有限公司等多家化妆品生产企业提供员工培训和技术服务。曾获得学校"十佳教师""十佳班主任"等荣誉称号。指导学生参加多届全国高职高专"发明杯"大学生创新创业大赛获得一等奖 4 项。

第十五讲

规则只是用来约束人的吗？

据统计，金华职业技术学院 2018 届毕业生就工资水平而言，软件技术专业的毕业生以月薪 6 596.77 元排名第一；计算机应用技术专业的毕业生以月薪 5 616.67 元在全院排名第七。计算机应用及软件技术专业的学生毕业后，大多会进入软件公司。入职伊始，公司就会配备专属电脑，电脑上预先安装了工作所需的全部软件，员工不用操心电脑合适与否的问题。同时，公司要求，员工不得在这台电脑里另行安装任何软件，包括 QQ、微信等聊天软件，上班期间不允许自带电脑进公司，离开工位时必须锁定电脑。

薪水较高，还配电脑，软件公司果然财大气粗。但为何设置这些规矩呢？

一为避免公司资料泄露。

二为防止员工工作时间不务正业。

三为方便公司统一管理系统权限和软件安装以及更新迭代。

四为避免员工个人电脑上可能存在的病毒侵入公司的系统。

软件行业规则多多，这只能算员工入职后的"杀威棒"，更紧要的规矩在后面。

一、保存与备份：举手之劳也叫规矩？

可能出乎许多人的想象，软件行业的第一条规则，就是要求程序员编写代码时必须做到随时保存、定期备份。

对这条规则，刚入职的员工和资深工程师有不一样的看法。新进的员工认为，保存自然是必须的，辛辛苦苦写成的代码，要是丢了，加班返工，岂不是冤枉？即便公司不要求，自己也不敢掉以轻心。但频频备份就没有必要了，保存在公司的电脑里很安全，定期备份太麻烦，等项目完成后集中做个备份，就可以了。

资深工程师认为，平时工作是随时 Ctrl + S（保存的快捷键），其必要性没什么可说的。对于备份，通常每完成一个功能就备份一次代码，有修改，再备份一次，一天也许会备份 N 次，无论如何，每天一次是底线。

新员工和老专家对保存看法一致，对备份的意见却相去甚远。

学校有个毕业生从事健康医疗行业信息化工作。每当将项目交付给甲方医院时，总会要求医院将数据库每天备份一次。因为他们曾经遇到过这样的情况，一家医院没有及时备份数据库，结果遇到极端天气，服务器出现故障，数据库消失殆尽。事后虽经软件公司极力修复，还是有三个月的数据无法恢复。

技术在不断地革新，现在有了容灾系统，可以在相隔较远的异地，建立两套或多套功能相同的信息系统，互相之间进行健康状态监视和功能切换，当一处系统因意外（如火灾、地震等）停止工作时，整个应用系统可以切换到另一处，使得该系统可以继续正常工作，以此防止各种意外带来的损失。但在这个案例中，如果医院事先能定期备份数据库，便无须容灾系统，更不会出现全院动员补录数据的场面。备份的重要性可见一斑。

就其性质而言，保存和备份都是把当下文件储存下来。区别仅在于保存是储存在工作电脑上，只有一份，一旦电脑出问题，只此一份的文件会从此湮灭。而备份是给文件做一个副本，储存在工作电脑之外的其他介质中，可以有两份乃至多份，即便丢失一份，还有备用的，不同介质同时出现故障的概率远比一台电脑出问题的概率要小得多。

个人日常使用的备份和程序员的备份在原理上没有区别，区别只在于备份储存的介质可能有所不同。生活中备份文件的手段，除了在同一台电脑中设置多份相同的文件以外，还可以保存在 U 盘或移动硬盘等移动存储设备中，或是邮箱、网盘、云端存储中。

软件公司不允许员工带个人电脑，也不允许带 U 盘、移动硬盘，所以这些手段都用不上。程序员开发的代码通常备份在公司内部服务器的代码仓库里，不但存取方便，也利于软件的协同开发和项目管理。

计算机相关专业的教师从学期第一次课起就会重复提醒学生养成保存和备份的习惯，并上升到职业人素养的高度，即便如此，仍屡屡目睹学生因不以为然而没有及时保存和备份导致文档丢失之后崩溃的一幕。

学校每学期开设实训课，要求学生集中完成项目任务，于实训结束之前，提交报告。实训报告是在 Word 软件里面写的，提交的是电子版。

有一年，在最后一次实训课上，学生们正在机房电脑里写实训报告，老师耳听得一声："好嘞！"抬头只见一个学生很自得地敲了一下回车，报告完成，小有成就感。孰料，紧接着一声惨叫："哎呀，重启了！"

老师忙问："保存了没？"

"没保存，电脑就重启了。"

机房的电脑有还原卡，电脑关机或重启后直接恢复到安装状态，不会保存学生的

▲ 图 15-1　计算机应用技术及软件技术专业课堂教学 1

任何文件。

学生可怜巴巴地看着老师，老师报之以慈祥的目光，说的却是："好同情你啊，请在下课之前，重新写一份实训报告交上来。"

学生只能带着沮丧的心情，在 Word 里重新写了一份实训报告，还好，赶在下课之前交了。

老师猜测，因为时间仓促，重写的实训报告没有原来的好，但就职业人素质养成来说，这次经历应该比报告撰写有更长远的效应。

遭遇如此悲剧的学生绝非少数。有个学生做了一个非常复杂的 PPT 作为课程作业，里面有大量字体修改、图片精确对齐等操作。她没有保存就出去吃饭了，回来发现笔记本电脑没电了，做好的 PPT 因为没有保存全部丢失。好在她心理素质不错，平复情绪之后，重新做了一个。这次经历让她从此养成了及时保存的习惯（图 15-1、图 15-2、图 15-3）。

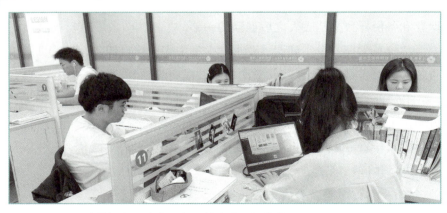

▲ 图 15-2　计算机应用技术及软件技术专业课堂教学 2

还有一个学生在做班级的综合测评表格时没有保存，这是一个复杂的 Excel 表格，制作过程中突然发生软件故障，Excel 意外关闭，表格数据全部丢失，他只能返工重来。

虽然在返工过程中，学生的软件操作水平会有所提高，但他们多花了一倍的时间，还有可能在截止时间前无法完成工作，造成较大的打击。学生们在丢失数据后往往会抱怨自己运气不好，早知道就提前保存了。可是时间如同流水，不会给人第二次跳进同一条河的机会。唯一的补救办法除了重做作业之外，是告诫自己下次一定及时保存。有

▲ 图 15-3　计算机应用技术及软件技术专业课堂教学 3

意思的是，有的学生丢失过一次数据之后，就再没发生同样的失误。而有的同学丢失过两次、三次甚至更多次数据！这让老师无法想象他们在未来职场上的表现和遭遇。

其实，在第一次遭遇数据丢失后，就应该给自己制定一个硬性规则：在电脑上制作任何文件都一定要及时保存。有的学生从此具备了"及时保存"这个职业素养，但并非所有学生都有这样的自觉性和执行力，难怪会丢失数据。其实，执行自己制定的规则要比执行外部强加的规则更不容易。

有过因为疏于保存而丢失数据的惨痛经历后，绝大多数学生都在大学期间养成了及时保存的习惯，但还是容易忽略备份。

有个学生参加全省大学生多媒体作品竞赛，临近提交作品的时候，电脑突发故障送修，作品不知所踪。事先他觉得保存在自己电脑里很安全，没做任何备份。现在没办法，只能在最后的几天里加班返工，重新制作，最后的结果显而易见。

不仅仅是大学生，有位作家花费几个月时间，即将完成一本书的创作，就在这时，存储这本书稿的硬盘发生故障，数据损坏，书稿丢了。不过，他是个意志坚强的人，又花了几个月时间，把书重写了一遍。这个故事乍一听相当励志，说不定重写的作品比原来的

更精彩。但仔细想想，在操作层面上看来，事先做好文件的备份工作，纯属举手之劳，重复劳动是完全可以避免的。说得残忍些，用同样的工夫再写一本，岂不更好！

在信息化时代，人们的工作、生活离不开电子产品，但电子产品和软件的故障说来就来、没有预兆，更不会预告。在学习阶段犯这种低级错误，还有补救机会，在工作中如果因此丢失重要文档，公司会允许吗？

2018 年 9 月，某公司一位运维工程师，在接到变更需求的指令后，操作时错选了数据库，打算删除原有的数据库语句，却因为手误，光标回跳到数据库，在没看清楚所选内容的情况下，一键下去执行删除，还忽略了弹窗提醒，顺手按下回车键，导致整个生产数据库被删掉。随即系统发生故障，系统中临时车线上发车功能顿时无法使用，持续时间长达 590 分钟。最后，这位运维工程师被开除，并在公司内部被通报批评。

当时这件事在业内十分轰动，值得拿来分析一下。固然这位工程师的误操作错得离谱，属于一错再错，没有给自己任何挽回的机会。但只要他在误操作发生前做了备份，还有机会起用备用库，至少系统不会持续那么长时间无法使用。这起事故造成的后果十分惨痛，公司受到严重损失，事故者也被"跑路"了。

大数据时代，数据是最宝贵的资源，小到一个 Word 文档、一张老照片，大到一个信息化系统、一个数据库，都非常重要。而数据存在于介质中叫资源，数据从介质中消失了，就叫损失。要防止数据从资源变成损失，就要记得保存和备份！

二、代码格式：有必要随时给人添麻烦吗？

软件行业对代码格式有种种规则，比如，程序块要采用缩进的风格编写，缩进的空格数为 4 格。也就是说代码的左侧要按照代码的层级采用缩进的格式书写。以 Web 前端的 HTML（超文本标记语言）为例，HTML 中的标签关系有两种，一种是嵌套关系，也叫父子关系，就是子级标签写在父级标签的里面，父级标签包裹着子级标签，此时子级标签需要向右缩进 4 格书写。还有一种标签关系是并列关系，也叫兄弟关系，就是标签间是并列、平行的关系。这类标签书写时左侧要对齐。常见的不符合规范的代码写法是代码不换行，即在同一行里写很多条代码语句；再有就是代码不缩进或者乱缩进，从整体上看不出代码的层次关系，代码可读性差。

在软件公司里，新员工和资深工程师对代码书写格式的态度也不一样。新进员工觉得，功能实现了就好，格式无所谓。而资深工程师有一种执念，在帮同事改 bug（代码错误、程序漏洞）时，如果遇到对方代码风格不规范，会忍不住在帮对方修改 bug 的同时，把代码格式也一并改规范了，因此需要多花很多时间，所以，特别希望

```
204     width: 160px;height: 42px;
205     background: url('../image/sxjs_tab.png');
206     display: flex;align-items: center;
207     justify-content: center;margin: 0 15px;cursor: pointer;}
208
209  .tab-wrapper .learn-history-tab .item span {font-size: 18px;
210     color: #ffffff;}
211
212  .tab-wrapper .tab-container {width: 1000px;margin: 0 auto;}
213
214  .tab-wrapper .tab-container .title {letter-spacing: 0px;padding: 0px;
215     color: rgb(0, 0, 0);font-size: 20px;font-weight: normal;
216     line-height: 100px;cursor: initial;margin: 0 auto;
217     text-align: center;text-indent: 0em;}
218
219  .tab-wrapper .tab-container .content {letter-spacing: 0px;
220     padding: 0px;color: rgb(0, 0, 0);font-size: 16px;
221     font-weight: normal;line-height: 40px;cursor: initial;
222     margin: 0px;text-align: left;text-indent: 0em;}
223
224  .tab-wrapper .tab-container .image-list {display: flex;
225     margin: 20px 0 0 0;justify-content: space-between;}
226
227  .tab-wrapper .tab-container .image-list .image-item {width: 180px;
228     height: 180px;cursor: pointer;position: relative;}
229
230  .tab-wrapper .tab-container .image-list .mzd {background: url('../ima
231     background-size: cover;background-position: center 50%;}
232
233  .tab-wrapper .tab-container .image-list .zel {
234     background: url('../image/zel.jpg');
        background-size: cover;
```

▲ 图 15-4　代码格式的意义

同事不仅把代码功能写好，格式也要规范。在这一点上，软件公司的态度非常明确：编程规范就在那，必须严格执行，绝不含糊，更不姑息。职场有规矩，不讲个性，讲服从（图 15-4）。

新职工身上存在的种种与工作不相适应的习惯，很大程度上是在学生期间养成的。几乎每个专业都有学生在平时撰写实训报告、小论文，甚至课堂反馈、发信息时，没考虑到格式规范的问题。

在 Word 中撰写报告时，常常会忽略"段落首行空两格"，还不会正确使用标点符号，不是一"逗"到底，就是连逗号都没有。有的学生习惯用空格代替标点符号，有的发信息时，为了避免使用标点符号，写几个字就发一条，一个完整的意思通常需要几条信息来表达，像连珠炮一样，无端打乱了信息接受方的思维节奏，甚至造成误读。如此做派不仅有违中文书写规范，还有失礼貌，在职业活动中是绝对不允许的。与其进入职场再"痛改前非"，不如今天在日常学习和生活中，就养成遵守格式规范的好习惯。

三、代码注释：自己做的也会忘记？

软件行业还有关于代码注释的规则，程序员在编写代码的过程中，必须写下注释，一般情况下，源程序有效注释量必须在 20% 以上。这条规则不一定为外人所知晓，但在行业内则是经验乃至教学的结晶。

在一家软件公司里，有位员工深得老板信任，但同事都嫌弃他。评价两极分化不是没有原因的。此人业务能力出众，工作效率超高，代码错误率极低，很少有 bug，老板自然喜之不尽。问题是，代码固然写得不错，他却从来不写注释，而正是这个习惯让同事头痛不已。

给代码写注释在软件公司里是一件极为重要的事情。软件运行需要后期维护，还会有二次开发、版本升级。如果只有代码，没有注释，同事们无论在软件维护时，还是二次开发中，都无法快速了解代码的意思，只能逐条读取，工作效率太低。业务能力再强，因为习惯不好，也会经常被同事抱怨。

在购物网站首页的明显位置上，会出现一张图，点击左边和右边的小箭头可以分别切换到上一张图、下一张图，图的底部有一排小圆点，点击可以切换到对应的图，再点击图片，就可以进入到相应的页面。网页上这个功能区域叫作大图轮播。打开大图轮播的代码，可以看到在由数字和符号构成的代码中夹杂着一些文字，有的在双斜杠"//"后面，有的在"<! ————>"中间，这些文字就是注释。

比如，有一段代码上方，在双斜杠后面有文字"循环模式"，说明这条语句执行的是循环，大图轮播在播完所有图片后，会继续循环播出。另一条程序代码的上面有"两秒"含义的字样，表示大图轮播以两秒钟切换一次的速度播出，如果需要修改，可以在下面的代码中修改时间。

大图轮播底部的小圆点叫作分页器，在一段代码的上面写着一条注释语句："如果需要分页器。"表明下面的代码是用来添加分页器的，如果不需要的话，可以删掉。

类似的，在负责添加前进、后退按钮的代码上方也有注释文字。可以帮助人们快速了解程序代码的功能。

大型软件公司要求程序中 20% 以上的代码必须有注释，也就是说，不需要每一条语句都注释，但关键的代码功能必须加注释。注释的作用就是对代码进行解释和说明，目的是让人们能够更加轻松地了解代码，提高程序代码的可读性。按照行业规则，修改代码时，必须一并修改注释。

写不写注释对于程序执行没有影响。注释不是给计算机写的，而是给人写的。而且不只是写给同事看，还是写给软件开发者自己看的。一段时间之后，再回看自己写的代码，开发者自己可能也记不清楚当时的编程思路。就像要不是翻出一年前的日记本，很难想起当时有过的情绪一样。编程也是一样的道理，时间久了，开发者记不清当时使用了什么方法，要重新理解，也只能逐行阅读，才能记起当时设计的代码功能。

软件工程师不喜欢写程序注释，主要有以下几种理由。

首先，过于自信："我的代码看起来就像诗集，优雅得不需要注释。"但是，他忘记了人都是会遗忘的，一年之后他也未必想得起来"这首诗"是怎么写成的。

其次，嫌写注释麻烦："有这个时间不如多写几条代码！"没想过写注释固然花费时间，没注释从头阅读代码更费时间。

最后，说不定还有一点小私心："写注释不是为别人作嫁衣吗？以后让别的同事来接替我的工作？算了算了，还是不写了吧，让他一条一条地读去吧。"

如此这般操作之后，同事们看他的没写注释的代码时，感受到的就不是什么"诗集"，而是一团"乱麻"。在逐条理解代码的过程中，同事实际上是按照自己的逻辑，去理解代码的意思，与开发者当初的思路完全不一样。这个摸索的过程比自己重新编写代码还要费工夫，工作效率因此大为降低。

在软件行业中，一个编程工程师如果习惯于不写注释的话，在小公司或许会被容忍，但在大型公司里是做不长的。因为项目交付给甲方时，注释是交付要求的一部分，代码没有注释，意味着项目没有最后完成，自然无法交付。无论技术多优秀，大企业也不会聘用无法交付项目的职工。

四、软件测试：哪壶不开提哪壶？

软件上线前必须通过测试，这在行业内也是一条死规矩。

软件测试就是在软件上线之前，检查有没有 bug，好不好用，会不会出现没想到的问题，把问题事先找出来，免得上线之后被动，甚至酿成大错。

从事软件测试岗位的人叫软件测试工程师，其主要职责是找到软件中的错误或缺陷，及时给予修正，以保证软件的质量。

程序的调试与测试是软件生存周期中一个重要阶段，但很多时候，软件测试容易被忽略，因为老板一心想着上线抢占市场，时间就是金钱，测试影响效率，代码编得好好的，测试快速走一遍就行，不耽误上线才是硬道理。项目没有经过测试，或者没有经过严格测试就上线的情形，并不罕见。这其实是在给自己埋雷，说不定什么时候，雷就炸了。

2000 年，日本东京证券所开发了一个证券交易系统，里面隐藏了一个不起眼的 bug，5 年之后，在一次不经意的操作中，证券公司因此损失了 400 亿日元。

系统 2000 年上线，2005 年的一个普通交易日，一个普通股票交易员做出了一个普通误操作。他原本想将一只股票以每股 61 万日元的价格出售，实际操作时把指令搞反了，变成以 1 日元的价格卖掉 61 万股股票。这个系统不允许输入 1 日元这个指令，但会自动把 1 日元调整为 57 万日元。两分钟之后，当交易员发现问题时，木已成舟，交易无法撤销了，最终公司损失了 400 亿日元。

如果软件经过严格测试，找出了 bug，即便误操作发生，这 400 亿日元的损失还是有可能避免的。但世上没有后悔药，现在只能总结经验教训了。

软件开发是一项复杂的作业，在开发的各个环节都有对应的工作岗位，由相应的工作人员来担当相应的工作职责。复盘这个证券交易系统的整个开发流程，可以看到在软件的 bug 背后是开发过程本身的 bug。

在软件开发的前期，产品经理肯定知道"1 元是不可以输入的"这条业务要求，可是在需求设计的环节，没有给出相应的提示说明。他设计的解决方案是遇到输入 1 日元的指令时，系统自动调整为 57 万日元，这个 57 万日元的依据从何而来？

在编写代码的阶段中，开发工程师也没有充分考虑到异常流程的处理方式，更没有对其单独进行测试。

最后在软件上线之前，测试工程师的职责是找 bug，但没有在黑盒测试中，对边界值做充分验证，因此未能将这个 bug 暴露出来。

软件测试有多重策略，其中之一是 AB 测试。简单地说，就是对同一个软件的多个版本进行用户使用效果的收集、分析和评估，从中找到各项指标最优的版本予以最后采用。

每一个软件都有界面，网站有界面，手机上的 App 也有界面，AB 测试主要适用于这些前端界面，它指的是在同一个时间段内，选择相同或相似的目标人群，比如这个系统是面向年轻人开发的，那么就找一些年轻人来测试；如果说这个网站的主要用户是中老年人，就找一些中老年人来测试。事先会给这个界面做出几个不同的版本，一般至少做出两个不同版本。经过测试之后，先收集这些数据，然后根据用户体验程度和其他业务数据，确定一个效果最好的版本，投入运行。AB 测试看起来只是一个好中选优的过程，其实不尽然，处理不好，同样也会造成重大损失。

2014 年 2 月，有个销售类的网站要改版上线，改版后的网站在内容和视觉效果上都有全新的呈现，但最大的改变体现在网站首页上。在旧版本网站的首页上有个区域是用户注册区，而新改版的网站首页上去掉了用户注册区，将其移到一个单独的页面上，还增加了很多内容。对于这个改变，开发者并没有深入全面地考虑，也没有针对注册步骤对用户的影响做足够的调研测试。上线之前由于时间仓促，没有准备多个版本，还觉得新版的页面设计很不错，肯定受用户欢迎，所以就没有做 AB 测试。

新网站上线之后，管理者很快发现用户转化率降低了，访问网站并进行注册的用户占比相对老版出现减少的情况，与预期效果存在很大差异。起初管理者认为这不是一个大问题，按照以往的规律，每年最大注册量集中在一月，之后逐渐下降，到秋季会逐渐回升。这是因为网站系由小企业季节性业务所驱动，而其中很多业务在年初展开，所以新用户的注册量变化有较强的季节属性，存在所谓的淡季和旺季。

但经过一段时间的运行后发现，夏天申请人数的下降幅度比往年同期大得多，而且到秋天也没有出现季节性回升，这就说明一定存在别的原因。

转眼到了 2015 年，上半年的数据仍然没有任何起色，虽然公司对此进行多次讨论，但没有采取任何改善的动作。直到 2015 年 7 月，在网站首页重新上线了注册表并进行 AB 测试，结果收到了立竿见影的成效：首页有注册表的注册率相比首页没有注册表的，提升了 16%。随后公司马上根据 AB 测试调整首页设计，效果清晰可见。

在技术层面，这个案例给出的教训是：让用户越能简单快捷地访问网站，越能促使他们成为付费用户，所以新版首页也必须设置便于用户注册的区域。这个认识虽有价值，但只具有表层的意义。

在规则层面，更需要反思的是，为什么没有针对改版做 AB 测试？这导致在很长一段时间里，管理者都没有掌握改版的效果和影响，更没有及时作出调整。若早在2014 年 2 月进行新旧版本的 AB 测试，有可能在几周内就发现新版本数据表现差的问题，不至于影响那么久。

在其他行业也都有类似于软件测试的工作环节，比如质检员的质检工作。软件测试工程师就是软件的质检员。在任何一个只追求数量、进度或效率的企业中，质检工作都容易被忽视，甚至被嫌弃。结果往往是欲速而不达，效率未必提高，损失却接踵而来。

规则约束职业人，规则也保护职业人。职业人如果遵守规则，就不用返工，不容易出错，不会拖企业的后腿，也不会造成重大损失，当然更不会被让自己被开除。所以，做一个职业人从遵守规则、敬畏规则开始！

软件公司的
特殊规定

本讲教师简介：

　　胡平，金华职业技术学院副教授，金华市"321专业技术人才工程"第三层次培养对象，校级"学生最喜欢的老师"。

　　主要研究方向：图像处理与模式识别、深度学习和智能机器人。主持厅局级课题3项，获软件著作权3项，获金华市自然科学论文二、三等奖多次。主编教材3本，其中1本为浙江省"十三五"新形态教材。建设省在线开放课程《Web前端开发（HTML5＋CSS3）》，获浙江省信息化教学设计大赛一等奖，获浙江省职业教育优秀教学成果一等奖。指导学生在全国云计算职业技能大赛、浙江省"挑战杯"创新创业竞赛、浙江省大学生多媒体竞赛等大赛中多次获奖，指导学生参与浙江省新苗计划项目1项。

第十六讲

职场规则是自找麻烦吗？

随着国家经济发展和个人收入的增加，休闲旅游成为风尚，导游职业也成为许多年轻人的选择。但真要问导游是个什么样的职业？那就众说纷纭了。

有人说，导游是服务他人的工作，这个说法没错，但说得比较笼统，因为所有职业都是为他人服务，没有为自己服务的。

有人说导游主要工作内容是游山玩水、吃喝玩乐。这也没错，确实导游逢山游山，逢水玩水，但绝非自己不掏钱。

有人说导游给旅客介绍某个好玩的地方，给人介绍风景，了解文化。这种说法有点靠谱，但导游并非完全追求这类精神享受。

还有人说导游是地方文化的普及者，听上去就是一个地方形象大使了，但那么多导游带队前来，谁认得准哪位是正宗大使？

说了那么的多，点出的都是导游职业光鲜亮丽的一面，真正身在行业中的人，甘苦自知。

任何一份职业都有它舒适和辛苦的地方，世界上没有完美的职业。但如果说哪个行业同时在幸福和痛苦中，那旅游肯定名列前茅。

导游的真正特殊性在于其工作自由度很高。

导游带着团出去，全团人员的衣食住行都需要导游负责。在这个过程当中，导游不像坐办公室的白领，有领导指导和监督，导游需要自己解决问题，甚至自己制定规则。

独自带团出行，让导游担心的问题不少，其中最大的莫过于安全问题。可以毫不夸张地说，这是悬在旅行社头上的"达摩克利斯之剑"。小的安全事故就会耗费旅行社大量的人力和财力，给导游员的身心带来严重的伤害。而重大安全事故不但会让全社员工多年辛劳"打水漂"，极端情况下甚至会直接导致旅行社停业。因此，在旅游过程中，导游员必须把"安全第一，预防为主"的思想贯穿到操作的各个环节中，事先做好各种防漏补缺工作，降低风险。为此，给自己和游客制定明确的规则就成为必要。立法、守法和执法融为一体，这是导游职业的内在要求，制定规则绝对不是自找麻烦，而是在保护游客的同时，进行自我保护的良策（图16-1、图16-2）。

▲ 图 16-1　导游工作场景 1

▲ 图 16-2　导游工作场景 2

一、人数：如何保证一个都不少？

导游带团出去，无论是坐火车、乘飞机，还是上景点、去场馆，都必须把游客安安全全地带出去，平平安安地带回来。

带团的第一步是接团，就是导游到火车站、飞机场去接客人或团队，不能接晚了，更不能漏接了，提前到达，准时接站，才能给客人留下良好的第一印象。

导游上团前需要认真仔细地阅读行程计划单，弄清接团时间、地点、人数、抵达或离开的交通工具及时间、团队标准，务必准备好导游证、团旗、喇叭、制服、委派单、意见表等，并提前与接团的司机取得联系，如行程单上没有标注清楚的，必须提前跟办公室或办事处联系好。即便是这样，意外还是会在不经意中发生。

有这样一个案例。某大学举办国际会议，通过介绍人，邀请到了行业领域一位重量级嘉宾詹姆斯教授来做主旨演讲。这是一位 75 岁的英国人，年级偏大，不懂中文，他的手机到了国内无法使用，所以介绍人对会议主办方千叮咛万嘱咐：接站人员一定要按时到达，准时无误地把詹姆斯教授接到学校。

会议主办方对此非常重视，专门派两个人去机场迎接，一位专职司机和一位会英文的老师。他们按照对方给的时间地点提前到了机场，在出站口等候了好长时间，却没有接到詹姆斯教授，一时不知如何是好。

这时，校方却接到了介绍人的电话，焦急地询问："你们的人在哪？詹姆斯教授已经在那等了十几分钟了，怎么还不见你们的人出现？现在詹姆斯教授是借了别人的手机打给我电话的！"显然，介绍人对主办方的接待工作十分不满。

明明接站人员准时、准点到达机场等候，可为什么没接到呢？

后来才知道，詹姆斯教授出站时，人流拥挤，没有注意到接站的人员，走出了那个出站口，而接站的人员同样没有注意到教授，结果错过了。

正规旅游团在接客时，一定会准备一块接机牌，把客人名字打在上面，让人一看便知。但学校老师不是专业的导游，没想到打牌子，所以发生了这样的事情。接站看上去小事一桩，其中还是有很多细节的东西需要注意的。

作为旅游专业的老师，我曾经接到任务，去机场接中外合作办学项目的外教老师苏珊，她是从加拿大飞过来的。我先跟她取得联系，获悉她到达的机场和时间。我需要在 2 月 24 日从金华出发，于 16：20 之前到达上海浦东机场一号航站楼，迎接苏珊老师。

上海浦东机场有一号和二号两个航站楼，每一个航站楼里还有多个出站口对应不同的航班，为了避免忙中出错，我带上姓名牌，提前两个小时到达航站楼。为求保险，我还要了一张客人的照片。航班到达后，足足等了 40 分钟，才看到汹涌的人潮出来。因为国际航班客人需要办理入境、领取行李、出关手续等，差不多要半小时的时间。苏珊老师一出现在出口，双方几乎第一时间就看到了对方：我认出了她，她看见了我举着的牌子。没有任何波折，就顺利完成了接机的任务。

教科书上不会如此详细地介绍，但承担这项工作的人员需要提前做好细致的准备工作。一个有经验的导游在拿到接站任务单时，一定会按照自己定的规则，启动整个流程：

第一，仔细阅读接待计划，包括日期、时间、地点，确认航班或列车的信息。

第二，临到接站的那一天，提前查询飞机或列车到点的信息，万一晚点，可以预做准备。

第三，提前抵达车站或机场，手举明显的接站牌，名字一定要准确，字体要大，让人一目了然。

第四，对于单个或重要的客人，提前索要照片，先有个印象，到时方便辨认。

整个流程必须细化到每一个环节，确保万无一失。

如果接团，那准备要更加充分周密。导游拿到计划和协调部门派给的任务单时，一定要仔细看清楚，有不明白的地方当场问计调人员。关注的重点通常有：

第一，核实总共接多少人，客人乘坐的交通工具、班次以及到达时间。

第二，确定客人来自哪些地方，需要送去哪里。

第三，核实司机车牌号和联系方式。

第四，提前给客人发短信，告知在出口处有人等候，举什么样的旗子，方便到时寻找，并提醒客人拿好随身携带的行李和托运行李。

第五，提前到达机场，与师傅确认好停车地点，告知当晚客人的入住酒店，然后去到达出口处等候客人。

第六，抵达机场或车站时查看大屏幕上的时刻表，或者在手机软件上查看班次，看是否准时到达，有没有延误。若延误，则要耐心等待；若取消，与调度员联系，方可回去。

第七，提前抵达接站地点，手举导游旗，站在醒目的位置。必要时可用接站牌，接站牌要正规、整洁，字迹大而清晰。尽量不要用白纸黑字，会让被接者感到不受尊重。看到游客了，要主动上前委婉询问，简单介绍自己并致意问候。

第八，在带领团队前往上车点时，导游员要主动为游客拎行李，但是游客手中的外套、提包或密码箱则没有必要"代劳"。导游员在引导时，应主动走在外侧，请游客行走于内侧。在单行道行进时，导游员行走在前面，使游客行走于其后，以便为游客带路。在转弯或有楼梯时，导游员要提前示意或提醒游客。引导时不要影响游客观赏的视线，且要按客人的步速行进。客人上车时导游员要恭候在车门旁，搀扶或协助老弱客人上车，游客先登车，导游人员后登车。上车后，导游员应协助游客就座。待客人坐稳后，再检查一下行李架上的行李物品是否放稳。礼貌地清点人数，客人带齐后再请司机开车。

接送站虽然不算复杂，也不太容易出现问题，但一旦出现，必定是大问题。接站失误会影响团队中所有游客的旅游情绪，在你之后的带团过程中增加沟通障碍，送站则更为关键，一旦因为导游的工作失误而导致误机误站，所产生的损失包括补票费、住宿费和餐费等将全部由导游承担，"一失足成千古恨"！

二、时间：如何保证一分都不差？

问起旅游爱好者，什么是旅游中最糟糕的经历，有一种现象一定会被提到，那就是整团的人都到了，就一两个游客没到，而且还是屡教不改的"老油条"。

去年 1 月，我去了巴厘岛，整个岛面积很大。到了那里，我同许多人一样，选择参加当地的一日游团，第一天的行程是游玩蓝梦岛。这个岛屿最出名的景点叫"恶魔眼泪"。到达景点后，导游让游客自由活动，可以进行拍照等活动，约定 14：00 准时集合，出发去下一个景点。

14：00 之前，大多数游客都回到下车的地方集合，可是团里的两位游客，让大家等了十几分钟，还没有到，导游打他们电话，不通。遇到这样的情况，导游该不该让全团的人等他们两个人？这就需要导游用智慧去解决了。

曾经有一位中国游客在英国跟了一个当地的团队，说好 12：00 集合，这位游客仅仅晚了两分钟，车子已经开走。因为自己迟到了，只能自掏腰包打车回伦敦，这就是英国旅行团的作风。

说好的时间，谁都不能迟到，如果不到，导游不会打电话来找，只看时间，过时不候，开车走人。有过如此遭遇的游客，下次一定会引以为戒。英国导游态度很明确，我按照合同规定的时间安排活动，到时必须出发去下一个目的地，不能因为照顾一个不守时的游客而耽误更多守时游客的时间，影响他们的旅游感受。凡事按照合同来，只要在合同里写清楚了，游客没有按时到达，属于违约，导游没有义务等候。

显然，在中国同样的事情会有不同的处理方式。有一个旅游团，导游带大家到景点的时间是上午 10：00，告知餐厅地点的同时，约定必须在下午 1：00 之前到餐厅吃午饭，如有迟到，5分钟罚款100元，10分钟罚款200元。结果有游客向报社投诉，记者去采访时，导游解释了，事情的起因是前一天有人迟到，引起其他游客很大的意见，所以提出这样的惩罚办法，但只是警告，并没有执行。

尽管如此，旅行社所在地的旅游执法大队还是表示，如果此事调查属实，执法部门将对该导游作出处理。后来据悉，旅行社对该导游做出停团30天的处理。

国情不同，处理的方式自然不同，这没有什么可以抱怨的。破解这种两难的关键在于，不要等问题发生，再让自己陷入两边不讨好的困境。聪明的办法是提前设置规则，避免类似情况发生。

导游带团出行时，第一，一定要提前告知客人集合的时间，如果没有明确告知，责任由导游承担。

第二，告知一遍，还不够，"重要的事情必须说三遍"，反复强调。

第三，如果住酒店，可以安排酒店打电话进客房叫早，导游在餐厅观察客人有没有都来用餐。

第四，可以在微信群里提醒客人早上的集合时间，以免记错或遗忘。

第五，到上车的时间，提前计算清楚多少人上车，适当提醒在用餐的客人，防止迟到。

所有这些措施都只具有防范的作用，真遇到游客姗姗来迟甚至迟迟不到的情况，第一次只能与之沟通，有经验的导游会用幽默的方式化解："下次迟到，可能就没有办法等了。"加以提醒，照顾其面子。动之以情，晓之以理，让他清楚客人出来旅游都希望按照合同游玩到所有的景点，而且玩足时间，无论谁影响别人都不好。像英国导游那样直接走人，不符合中国国情，中国导游不敢这么做。

有意思的是，中国导游不敢这么做，因为游客会投诉，主管部门会处罚。但中国游客遇到英国导游这么做，却没有投诉，只会发朋友圈抱怨。原因很简单，英国旅游公司会把游客的所有权利和义务详细列入合同，如果合同中有不准迟到这一项，那么游客迟到就形同违约，必须自己承担由此引起的所有后果。

中国旅游团与游客在这些细节上不是没有协议，就是格式条款，笼而统之，不涉细节，结果无法执行。规则存在于执行中，没有规则，或者有了规则不能执行，也是枉然。

导游给自己制定规则，没问题，那属于自律，但要给游客制定规则时，一定要注意，涉及个人利益的底线规则必须在合同中体现，导游不能随便制定对游客的惩罚性规则，否则即便带好了一个团队，却有可能给个人乃至旅行社带来重大损失，不可不察。

三、钱财：如何保证一元都不错？

一块钱都不少，说的是既不多收客人一分钱，也不少收客人一分钱，财务平衡是导游带团的重要要求之一。

某年"十一"长假期间，几个游客带着孩子参加旅行团，来到安吉县的一个公园，成人必须购票进入，问题在于团里有 3 个小孩，要不要买票，怎么买票，麻烦就来了。3 个小孩中 1 个身高 1.1 米，一个身高 1.3 米，还有 1 个 1.45 米。按照乐园门票的规定，成人票 270 元，儿童票 175 元，身高为 1.4 米以下的儿童可使用儿童票，而 1 米以下的儿童免票。这就是说，身高从 1 米到 1.4 米都需要购买儿童票。按照这个标准，团里 3 个孩子都需要买票，而且其中 1 个要买成人票，2 个要买儿童票。看上去都是孩子，但游玩公园的成本则相去甚远。

在这种情况下，导游在购买门票时，如果事先不了解公园的规定，不掌握孩子准确的身高，麻烦就来了，一旦买错或者少买了门票，多次往返，耽误大家时间不说，还会让身高超了一点，就必须购买成人票的孩子的家长很不满意："一样是孩子，凭什么相差那么大？"

接下来，旅行团到了宁波市的一家公园，这家公园规定身高 1.1 米至 1.4 米的孩子必须购买儿童票，团里最矮小的孩子可以免费。如果导游了解不仔细，多买了一张票，事后被家长发现，将难以解释。鉴于目前不同景区对于儿童票的身高限制不一，带团的导游必须提前精准掌握信息，才能为游客免去不必要的开支，也为自己减少无谓的麻烦。

进门有麻烦，进了景区也需要仔细。游乐园所有设备都有相应的身高标准。这就是说即便买了门票，也不是所有游乐设备孩子都能玩。所以，团队里有小孩的话，一定要提前告知家长，否则会让人很生气："大人小孩都花了门票钱，小孩却玩不成，那进来干吗？这不要人嘛！"所以，导游需要对整个行程中所有收费项目和相应标准以及对游客的适用情况，预先有详尽的了解，才能让大家高高兴兴来，快快乐乐回。

另外，团队出行经常会遇到单房差，比如 5 个人同行，两两成对，入住两张床的标准间，正好，1 个人落单，就比较麻烦。要是单人住一间，必须承担整间房的费用，相比其他人只需要付半间房的价格，就有了所谓的"单房差"。导游必须提前跟客人谈好，避免到时出现不愉快。

出行使用交通工具，在购买飞机票、火车票时对未成年人也有儿童票规定。按铁路方面的规定，每一名成年旅客可以免费携带一名身高不足 1.2 米的儿童。孩子不用买票，家长自然高兴，但是孩子也没有自己的位置，只能跟家长挤一个位置。如果一个成年人携带的身高不足1.2米的儿童超过一名时，只能有一名儿童免费，其他儿童需要购买儿童票，而儿童票是有独立位置的。这些细节都需要提前同游客说明。

导游在带团出行的过程中，需要支付很多费用，吃的、住的、门票等，所有费用都要清楚记录，一笔不落，并保管好票据，最后回公司报账。刚入职的导游感觉最苦恼的事情就是报账，靠事后回忆发生的每一笔费用，很难轧平账目，最后往往只能自己吃亏。几次带团后有经验了，知道在整个过程的每一个环节，只要发生费用，就当场记录，这也是个人从经历中提炼形成的一些规则。

"一元都不少"还涉及客人的财产安全。为了保证游客随身携带的现金安全，导游要在接团之后宣讲注意事项时，就建议大家给自己制定规则，每天只拿出当天可能用到的现金，放在易拿的地方，而把大部分现金放在贴身安全处，不要向他人特别是陌生人提起。这样可以分散风险，即使遭窃也能保住大部分现金。如果携带信用卡或使用旅行支票、手机支付来代替现金，那就更加安全。

如果游客身上带有贵重物品，导游要提醒他们不要将贵重物品连同一般物品进行托运，而应随身携带。入住饭店后，也不要将贵重物品放在客房内。外出游览时，可以存放在饭店的贵重物品保管处或小保险箱内。如此等等，原来属于个人应该自己打理的一切细节，带团之后，导游就不能不为大家设想周到，这样才能保证"一元都不少"。

四、物件：如何做到一件都不落？

旅游出行，人不能丢，钱不能丢，行李物品也不能落下。

有个游客去欧洲游，到了瑞士，早上跟着旅游团退了房，坐着大巴上了高速，突然发现昨天买的那块十几万元的瑞士表没带上，好在酒店服务员发现后交到了前台。他稍稍安心之后，迫不及待地想取回手表，但高速上不能走回头路，只能等大巴到一个出口，驶出高速之后，他再独自打车回酒店，取回手表。国外服务业收费价格昂贵，他来回打一趟车花了几千元钱。针对类似的情况，导游需要从一开始就提醒游客注意保管好个人物品，尤其在酒店退房之前，要提醒游客仔细检查清点自己的每一件物品特别是新买的东西。在这方面，有经验的导游给游客制定的规则已经成为了标准。

规则1：防遗漏

离开酒店，在大巴发车前，导游会让全体游客做一套"广播操"，摸摸脖子，看项链在不在，摸摸耳朵，看耳环在不在，摸摸手腕，看手表、手镯、手链在不在，防止任何贵重物品遗漏。

规则 2：防丢失

携带贵重物品入住酒店时，应及时在总台办理贵重物品寄存手续，行李物品不要脱离视线，离开房间须随手关门，并保管好钥匙。不让陌生人进入房间。出门时带好房间钥匙，贵重物品随身保存或寄存，不要托付他人去自己房间取东西。要求楼层服务员不要给未持钥匙的人开房门，防止不法之徒打着"钥匙忘带了""我们是一个团的"等借口偷盗客人财物。睡前关好门窗，搭上门扣，以防小偷入室偷盗财物。

规则 3：防损坏

比如玩涉水项目，手机要套上防水袋，不要因为手机具有防水功能就大意。在泡温泉、玩漂流、过泼水节等场合，都要提前做好防护措施，防止贵重物品损坏。

规则 4：防盗窃

出门在外书包要背在胸前，不要放在背后，保证拉链拉好，口袋里不要放钱包、手机。导游不要随便替客人保管身份证、护照等重要证件，需要使用时，由全陪或领队收取，用完后及时归还。

导游带团是一项工作，也是一门艺术。从在出站口把游客接出来开始，到最后一天把游客送入进站口为止，整个过程的每个细节都需要导游独立处置。处置得当，各方的肯定、赞誉，以后的任务单会纷至沓来；处置不当，则是游客投诉、媒体批评、公司处罚，个人损失惨重。为了确保圆满完成任务，不让自己陷入被动境地，导游不仅要给自己立规矩，还要给游客制定规则，让整个团队中的每一位游客在各种场合都有规则可寻，不因个人习惯而耽误大家、影响自己。规则绝对不是自找麻烦，而是让客人满意、让自己高兴的必要之举、聪明之举。

对于一个优秀的导游来说，有一个规则无论如何不能忘记，那就是及时总结。每带完了一个团，就要抓紧写一篇心得，记录带团过程中经历的大小事情，遭遇的意外、碰到的困难、得到的收获、吸取的教训，甚至可以详细到团队住宿饭店的评价、司机的信息、上团的收入、游客的特点，等等。坚守这个规则而至于成为习惯，经历可以成为经验，资料可以成为教材，不但在带团技能上成长得比别人快，而且可以为以后成为管理者乃至创业者奠定基础。

导游职业的底线

本讲教师简介：

　　顾敏艳，金华职业技术学院副教授，校"十佳教师"。指导学生参加"全国职业院校技能大赛"，获中餐摆台一等奖、全国旅游院校技能大赛英文导游一等奖、鸡尾酒调制一等奖，指导学生获"世界旅行及旅游业合作组织"（Global Travel and Tourism Partnership，简称 GTTP）2018年案例研究大赛一等奖。教授《旅游文化》和《酒店信息化管理实务》等课程。曾在青岛海景花园大酒店、广州白天鹅宾馆、宁波南苑集团等多家酒店挂职轮岗，是金华市酒店星评员、金华市餐饮技师、前厅服务员考评员、高级茶艺师、中级导游员。

第十七讲

如何在规则的博弈中守住底线？

在当今社会民间借贷日益常见，少则几百几千，多则百万千万，在大量的民间借贷中，难免会碰到欠钱不还的情况，债权人苦苦哀求未必有用，暴力讨债违法犯罪，只有通过诉讼、仲裁等司法途径，才能维护自身合法权益。问题是普通人很少接触专业法律知识，想起诉就面临一系列问题，比如，到哪里起诉？凭什么材料起诉？法律法规对双方争议纠纷有什么规定？如此等等。这时候就需要找一位律师来帮忙。

律师是指接受委托或者指定，为当事人提供诉讼代理或者辩护业务等专业法律服务的人员，律师的主要工作就是在法律规则的范围内为当事人谋求合法利益的最大化。从某种意义上说，律师是一种在规则博弈中谋求生存之道的职业，不能守住底线，其本身就将成为规则的制裁对象。

律师在工作过程中需要面对形形色色的利益纠纷与法律难题，可能会碰到有合法或不合法诉求的委托人，或主动或被动地卷入尖锐矛盾之中，在这一过程中，律师如何坚守法律，在妥善地维护委托人合法权益的同时保护好自己，是一个现实问题。

律师不是诉讼的利益相关方，之所以介入诉讼，是受人委托而为之。律师代理诉讼服务从流程上看，有四个阶段。律师执业的每个阶段各有其关键之处，坑坑洼洼、沟沟坎坎也各有其独特之处，不可不察。

第一个阶段是接受委托。律师与委托人沟通，听取委托人关于案件基本情况的陈述，审查相关证据材料，并根据了解到的事实及材料，向委托人阐述其法律意见，告知诉讼风险，在双方沟通顺畅并能够互相信任的前提下，律师接受委托人的委托，正式介入相关案件的处理。

第二个阶段是庭前准备。这一阶段律师主要完成开庭前的准备工作，比如收集证据，拟定起诉状或答辩状等法律文书，期间也可与案件的另一方沟通，尝试调解。

第三个阶段是依法参加庭审。律师可以在法庭调查、辩论等庭审流程中通过举证质证、发表代理或辩护意见等方式维护委托人合法权益。

第四个也就是最后一个阶段是收尾。庭审结束，律师需要完成案件结案，进行资料归档、经验总结，若需上诉，可先行帮助委托人拟定上诉材料。

在不同的案件处理阶段，律师都应该严格遵守执业规则，避免掉入职场陷阱。

一、接受委托：律师同委托人该如何互动？

委托人或主动或被动进入诉讼，其主要目的是维护自己的利益。律师接受委托，通过向委托人提供专业的诉讼代理服务从而获取报酬，也是为了利益。在诉讼双方之间存在利益博弈，在委托人与律师之间也可能会出现利益冲突。想要处理双方的关系及可能出现的矛盾，律师需要从一开始就恪守基本规则，慎听慎言。

1. 委托人的话不可以全信

委托人找律师，希望律师帮他实现凭自己实现不了的利益，自然需要向律师介绍案件具体情况，但人会有趋利避害的本性，委托人的陈述与客观事实以及证据是否完全相符，其中是否有隐瞒或虚构，并不那么容易判断。若律师此时全盘轻信委托人的一面之词，在以后的案件办理过程中难免陷入被动，甚至给自身带来法律风险。

比如在某起民间借贷案件中，委托人告知律师其与借款人是普通朋友关系，应借款人需要而出借款项，年利率大概15%，实际出借金额与借条金额一致，律师审核过借条、转账凭证等证据材料后觉得案件事实清楚，该案就是一起普通的民间借贷纠纷，决定接受代理。

委托人见律师决定受理，立刻表示案件就全拜托律师了，开庭那天他有事不方便出庭，希望律师好好代理，以后还有很多这类案子要委托。委托人的最后一句话让律师有所警惕，如果只是朋友间的借贷往来怎么会有很多这类案件？

于是律师托词公章被领导带走，双方另约明天签订代理协议。待委托人走后，律师立刻对该委托人的涉案信息进行了检索，发现他有大量的民间借贷纠纷，在其作为原告的案件中，借款人普遍陈述是通过资金掮客与委托人相识，实际借款的年利率超过80%，且实际出借款项只是借条金额的85%，存在"砍头息"的情况，甚至不少案件中的借款人陈述已还款项远超实际出借金额，同时该委托人作为借款人而被起诉的民间借贷案件也不在少数。从上述案件情况可以看出，该委托人涉嫌非法吸收公众存款后，再向不特定人高利放贷牟利，其行为涉嫌犯罪。

第二日委托人按约又找到律师，律师就上述案件情况向委托人进行了询问，委托人东拉西扯了半天，却无法提供合理解释，律师这时已经心里有数，于是拒绝了案件代理。

可以想象假若上述民间借贷案件的律师轻信委托人的一面之词，轻率地根据其陈述的事实提起了该案诉讼，甚至因律师费的诱惑而代理了该委托人其他的大量同类案件，则该律师很可能陷入巨大的法律风险，在委托人被相关部门查处后，该律师甚至有被认定为同案犯的风险。

所以，律师面对委托人的时候，必须认真听取其陈述，但是一定要保持客观理智，进行独立思考，不能轻信任何一面之词，要立足证据，审慎推断，还原案件基本情况，这是律师在接受委托阶段必须遵守的规则。

2. 律师不可随便许诺

委托人向律师介绍的情况不能全信，律师对委托人也不能什么话都说，这里同样需要遵守规则。

律师的经济收入主要来自律师服务费用，但对不少律师来说，案源是稀缺的，为了留住客户，有的律师刻意隐瞒委托人可能面临的案件诉讼风险，以明示或暗示的方法向委托人承诺案件胜诉结果。用这样的方法，律师从业初期可以多接到一些案子，但其所要承担的压力和风险将大为上升。

一位律师在其职业生涯中会接手无数个案子，特定案子不过是其职业生涯中需要处理的大量案件之一，许多时候只是一件普通的工作任务，多一件不多，少一件不少。但对委托人来说，这起案件却可能关乎其身家性命，甚至一辈子心血能否保住，都要看诉讼结果。律师信心满满地向委托人承诺胜诉结果，会无限拔高委托人对案件的不合理预期。然而，任何一个案件的诉讼结果存在多方面影响因素，其中有承办律师能控制的因素，如诉讼策略、法理分析、证据提交等，也有律师暂时不了解或者不可控制的因素，如对方当事人的抗辩策略、法官对相关法律的理解、对争议事实的判断和倾向性、甚至司法政策的变化，等等。任一因素都有可能对案件的最终结果产生实质性的影响，而这些影响都是律师在接受案件委托时所无法预料的。当案件结果因各种原因导致无法达到委托人预期时，巨大的心理落差可能导致委托人将案件败诉的责任全部归咎于承办律师，并进而采取投诉、控诉等方式来追究承办律师的责任。

律师在诉前向当事人承诺诉讼结果是一种未做职业风险规避的行为，是执业不专业的体现，它所带来的风险、结果可能远超轻率做出胜诉承诺的律师的想象。实践中曾有些律师为了接到案子，甚至向委托人虚假陈述其与承办法官间的特殊关系并大包大揽地承诺案件结果，最终在案件败诉后被委托人以诈骗为由控诉到公安机关，此时该律师面对的就不仅是退回律师费的问题，甚至还要赔偿委托人损失，在行业内也将声名扫地，更严重的是，还可能承担刑事责任。

故此，对于案源暂时缺乏的律师来说，承诺诉讼结果的做法，最终未必能够增加

▲ 图 17-1　律师工作场景

案源数量，不如加强努力，提升自我，用专业的法律知识和认真耐心的工作态度来获得委托人的信任，用扎实的工作和出众的能力来克服诸多不确定性因素对案件的影响。

这要求律师在接受案件委托时，严格遵守《律师执业管理办法》《律师执业行为规范》中明确的规则，不仅不得向委托人就案件的判决结果作出任何形式的承诺，而且应当根据自身的专业知识，结合所了解的案件情况，向委托人书面告知其可能遇到的诉讼风险，在委托人能够接受相关诉讼风险的前提下，再与委托人建立代理关系，这不仅是对委托人的负责，也是保护自身的应有措施（图 17-1）。

二、庭前准备：律师应该选择什么策略？

法律诉讼需要斗智斗勇，所以才有那么多小说影视以此为题。作为职业人，律师在上庭之前必须做好充分准备，在法律的范围内，努力为委托人争取最好的结果。但诉讼中情况瞬息万变，律师不可能绝对掌控局面，娴熟利用规则，灵活应变，是一位专业律师的必备素质。

1. 对抗到底未必是最佳策略

律师在接手案件后，所要做的主要工作是协助当事人解决矛盾，定纷止争，通过诉讼取得对委托人有利的判决结果，只是实现委托人权益的方式之一，还未必是最优途径，律师应当思考除了与委托人携手与另一方抗争到底之外，是否可以采用调解、和解等更加缓和的方法化解双方纠纷。

据官方数据显示，从 2013 年至今，浙江省各类调解组织受理的矛盾纠纷有 360 万余件，调解成功率高达 98% 以上。可见调解不仅可以成为化解纠纷的重要方式，甚至可以成为主要方式，而且对于纠纷各方而言，调解结案是各方妥协的结果，达成的协议也比较容易得到共同遵守。因此相对判决，调解在矛盾的真正化解上有着无法比拟的优势。

尤其是在婚姻家庭类案件中，律师更要重视调解的意义，家庭纠纷处理不当或强硬结案，不仅可能会导致当事人双方长期处于矛盾纷争之中，还可能会导致家庭成员彼此间做出极端行为。因此，律师应先尝试调解双方的矛盾，尤其对于仅因一时冲动而无深层次矛盾的家庭纠纷，应尽量平复当事人情绪并予以适当劝阻，只有在确实无法和平解决时再考虑诉讼这一途径。

尽量通过调解等方式在庭外化解矛盾并非律师执业过程中的硬性要求，客观地说，调解过程还会产生额外的工作量，部分律师因此对于调解工作持消极态度。但这里的底线是，律师可以不去主动尝试化解矛盾，但至少不能为了个人情绪或为了无止境地追求委托人利益最大化，通过不当或过激的言行激化当事人之间的矛盾，尤其在委托人态度有所松动时更不能如此。否则，不仅不利于案件的解决，有时甚至会因为对方当事人在感情上或者情绪上接受不了，而将怨恨转移到"寸步不让"甚至"步步紧逼"的律师身上，从而给律师自身带来风险。

查阅这些年的相关报道，对方当事人报复律师的案件每年都有发生，甚至出现非法关押、拘禁、人身伤害等恶性案件。导致这些事件发生的主因固然是对方当事人法律意识淡薄，但其中一些案件的律师言行有些"咄咄逼人"也是诱因。因此律师在为委托人服务的时候也应发挥平衡和沟通的作用，而不是一味地和对方"战斗到底"，不考虑实际情况就进行无止境的逼迫，不仅不利于纠纷平和顺利地解决，也是对自身安全不负责任的表现。

所以律师在代理案件过程中，应尽自己的能力去化解当事人之间的纠纷，至少不能因自身的不当言行去激化矛盾，这是律师必须遵守的职业规则之一。

2. 当事人说"看着办"，不能当真

律师准备诉讼材料时，有时会遇到当事人让律师自己"看着办"的情况。

"看着办"这三个字看上去简单，其实有着两层含义。第一层含义是让律师帮忙把把关；第二层含义则是让律师帮忙决定一些事情。

作为一个律师来说，遇到这种情况一是要仔细认真地把案件中所有的问题思考清楚，确认各类材料甚至每个细节均无纰漏和瑕疵；二是可以为事情的决策向当事人提供相关建议，但最终的决定一定要当事人自己做出，相关法律文书也一定要当事人签字确认，从而避免不必要的执业风险。如果律师执业不够认真谨慎，有负当事人的信任甚至给其造成了较大损失，也会给自己带来巨大麻烦。

所以，委托人让你"看着办"，你绝不能"随便办"。

深圳市曾发生过一起工程纠纷，承办律师因为一个小小失误被委托人索赔达百万元之巨。该律师的委托人是案件的原告，诉请被告深圳某公司支付100多万元工程欠款，但律师在写被告名称时，误把深圳某分公司写成深圳某实业公司。该案因各种原因断断续续审理一年多，最后因为被告对象错误被驳回起诉。当原告再起诉时，已经超过诉讼时效，导致起诉被驳回，委托人一怒之下将承办律师及律所告上了法庭，要求律师赔偿因其失误导致的损失，索赔金额达236万元。

2004年也曾发生过一起类似的案件，该案件的索赔金额高达800余万，创下国内律师行业迄今为止所遭遇的最高昂赔偿费。2001年河北三河某公司拟与北京某房地产公司合作开发一个住宅小区项目，为查清对方底细，三河某公司聘请北京某律所作为法律顾问展开调查，律所审查后作出结论：房地产项目确实在该北京某公司名下。三河某公司遂向北京某公司支付了1亿元项目转让费，买下该房地产项目，同时向律所支付了100万元律师费。8个月后，三河某公司却发现北京某公司并不是该项目所有人，三河某公司拱手交出的1个亿被人骗走，其实这个骗局并非天衣无缝，但律师因执业不够认真谨慎，未能识破。按规定，从事房地产开发，首先要取得房地产开发的土地使用权，房地产开发企业承担开发项目有资质等级的要求，但承办律师并没对项目的土地使用权状况和北京某公司是否具有资质等级进行审查，仅仅依据失效的市计委批复，就认定北京某公司拥有该住宅项目。三河某公司认为律师工作敷衍，已严重违约，遂于2004年将该律师所3名合伙人告上法庭，要求返还律师费并赔偿损失900万元，法院支持了三河公司诉求，3名律师事务所合伙人被法院一审判令赔偿客户800万元损失，并返还100万元律师费，后该律所也因此无法继续经营最后注销。

由此可见，律师对每一份法律文书、每一个细节问题都要高度重视，字斟句酌，以避免不必要的麻烦。"细节决定成败"这句话在律师身上有着最直观的体现。

此外，律师在工作过程中，不管现在当事人有多信任你，双方目前关系有多密切，在没有得到当事人明确书面授权的情况下，也不要擅自替当事人决策，以免事后当事人在案件结果不理想的情况下，转而追究承办律师的责任。重要的法律文书在经过自身的反复审核之后还须委托人签字确认，委托人签字确认这一行为在法律上代表着委托人对陈述事实的认可或赞同，能有效减少律师的执业风险。

三、案件庭审：如何摆正自己的位置？

到案件庭审阶段，律师介入的程度更深了，如何严守规则、行为得当，对于确保诉讼顺利进行和自身安全更显重要。

1. 做一个法律意义上的好人

"好人""坏人"是日常生活中用来对一个人进行道德评价的用语。"好人"指的是做事符合道德要求的人，而"坏人"指的是一些从事不法活动，品质恶劣的人，那些有过抢劫、强奸、杀人放火等犯罪行为的人，都属于"坏人"。现在的问题是，在刑事法庭上，为这些坏人提供法律服务的律师怎么算？应该同样为他们辩护？还是应该秉持正义配合公诉机关对其痛斥要求严惩？那些帮"坏人"辩护，维护其权益的律师还是一名"好人"吗？

其实，一名通常意义上的"坏人"，在法庭判决生效之前同样保有相应的合法权益，其中就有辩护权。辩护权是《刑事诉讼法》赋予当事人及其辩护人针对控诉而进行申辩活动的权利，指法律赋予犯罪嫌疑人、被告人根据事实和法律，针对指控、起诉进行申述、辩解和反驳，提出证明自己无罪或者罪轻的材料和意见，维护自己合法权益的诉讼权利。赋予犯罪嫌疑人辩护权，才能有效维护程序的公平与正义，才能最大限度地防止冤假错案的发生。站在法庭上的仅是犯罪嫌疑人，未经生效判决不能认定其就是罪犯。即使被裁决为罪犯，也仍有申诉权和辩护权。

近期有起案件引起了律师行业的关注，案件被告人涉嫌贩卖毒品，一位律师接受指派为被告人出庭辩护，在辩护词中写道："可怜之人必有可恨之处，辩护人认为小大之狱，应察民情民心，但自古律法只对心地善良之人宽饶其情，凡不悔其罪，不善其心之人，只能以刑罚诛其恶行恶念，然有宵小之辈，冷漠公义，甚有邪恶之徒，杀人贩毒，泯灭人性，实为国之忧，民之害也，安可恕乎？……综上，辩护人认为一审判决事实清楚，证据确实充分，法律适用正确，定罪量刑准确。"

若是站在普通公众的角度来说，也许会认为这名律师心怀正义，满腔热血，但以职业律师的标准来衡量，其行为似有不妥。一个辩护人或者代理人在法庭上倒戈，完全以公诉方的立场发表意见，那就是对委托人一方合法权益的漠视，有悖于法律职业的从业规则。哪怕律师的委托人是通常意义上的"坏人"，律师也应当依法维护每一个委托人的合法权益，而非带着感情色彩，公开批判当事人的行为。这是一个法律工作者的职业规则。有时候社会公众对律师的辩护工作不太认可，感觉上似乎在为坏人说话而对抗法律。其实现代法律就是一套在规则框架内进行博弈或对抗的制度，尤其注重公共权力与个体权利的平衡，从长远来看，辩护制度有利于国家法制的正常运转和健康发展，有利于实现整体意义上的公正公平和程序正义。所以，律师不能根据通常意义上的"好人"或"坏人"判断，来决定自己在庭审中的站位，既然是辩护律师，就必须依法维护当事人的合法权益，尽自己所能为当事人辩护，这是律师的应尽之责。

2. 法律服务不能越出法律的边界

俗语云："收人钱财，与人消灾。"很多委托人认为律师收了律师费，就得按要求办事，无论要求本身合不合理，律师都必须想方设法完成，否则凭什么当律师收钱？有这种想法的委托人不在少数，但如果律师真的为了赚钱，无原则地满足委托人的要求，事情很可能失控，职业风险也会直线上升。

根据公开材料查询可见，2017年江苏某律所的一名律师在会见时按照犯罪嫌疑人的要求，将其妻子写的一封信私自夹带给犯罪嫌疑人，后被看守所的民警发现，最终该律师被处暂停会员权利的处罚。

近期浙江省一位律师在看守所会见犯罪嫌疑人时，违反看守所会见规定，向犯罪嫌疑人提供香烟、帮助其向外传递纸条，以及用手机免提的方式帮助向外打电话，后经律师协会调查认定，根据《律师协会会员违规行为处分规则（试行）》第三十五条（一），同样给予了中止会员权利九个月的纪律处分。

万幸的是上述两名律师送传递的物品及信息不涉及案件情况，所以未被追究其他责任。接下来的几名律师的行为就触犯了法律的底线，最终被追究了刑事责任。

第一起案件是一起货款纠纷。原告不知道是故意还是遗忘，在被告已经清偿相应货款的情况下，依然委托律师起诉被告支付货款，而在诉讼过程中，由于法院一直无法联系上被告，只能公告送达诉讼文书并进行了缺席审理。而原告的律师考虑到原告证据并不充分，为了胜诉竟然找了两个证人作伪证，证明欠款属实且原告起诉前进行了催收，但被告拒绝清偿。法院根据证人证言及其他相关证据判决原告胜诉并判令被告支付货款，在执行过程中法院终于联系上了被告，被告大为吃惊立刻申请再审。再审查明该律师与两名证人串通做了伪证，最后该律师因伪造证据罪被判处了6个月的有期徒刑。

第二起案件则与"套路贷"有关。被害人向犯罪团伙实际借款28万元，而犯罪

▲ 图 17-2　恪守职业规范

团伙却让被害人写了 70 万元的借条，并制造 70 万元的转账记录，在被害人无力继续偿还的情况下，该团伙根据被害人的借条和转账记录委托律师起诉，该律师在明知事情原委的情况下，仍以虚假事实向法院提起诉讼，最终警方在打掉该犯罪团伙后，认定该律师是该团伙的共犯并将其移交公诉，法院最后判决该律师行为构成诈骗罪，判其三年有期徒刑。

所以，律师应当清晰了解行业的规范要求，将其烂熟于心，时刻保持必要的警惕和自省，严格要求自己恪守职业规范，否则不仅会葬送职业生涯，严重的还要承担法律责任（图 17-2）。对于律师而言，虽然各类规则和规范很多，但是牢记并遵守这些基本规则，也是对自身的有效保护，尤其是要牢记在办案过程中无论委托人许诺了何种诱人的报酬，一定要坚持"事实陈述不撒谎，证据的提交不造假，非法利益不牟取"，从而最大可能地避免刑事风险。

3. 迟到的代价承受不起

"守时"在所有的工作中都有要求，能否守时也会影响他人对职业人工作态度等方面的评价。对律师工作来说，"守时"或者说注重委托人的期限利益保护尤为重要，如果在一些重要时间节点上

"迟到",可能给委托人造成严重损失。

现行法律规范中有很多时限性要求。比如,上诉必须在一审判决书送达之日起15天内提起,一旦超过15天,一审判决即生效。

还有,在法院开庭时,原告必须准时出庭,无正当理由而未能按时出庭,则视为撤诉;如果被告不按时出庭,则视为放弃抗辩,法院将缺席审理并作出判决。

再如,诉讼也有时效的规定,在权利受到侵害之后,应该在知道或应当知道权利受侵害之日起的三年内行使权利,否则将因超过诉讼时效而丧失胜诉权。

诸如此类的规定不胜枚举,如果律师缺乏时间概念,在办理相关法律事务过程中"迟到",可能导致严重后果,给委托人和自身都带来巨大麻烦。

在一个民间借贷案件中,借款人向出借人借钱时,借款人找到一个有较强经济实力的保证人,在借款人还款逾期后,出借人催讨四个月多月无果后委托律师起诉,但是出借人和承办律师都没注意到保证期间只剩一个多月的情况,两个月后才提交起诉材料,导致出借人虽胜诉,但借款人却没有能力履行,而有能力履行的保证人则因起诉时已经超过保证期间而免除了保证责任。出借人因该律师的失误将律师告上了法庭,法院判决认为,双方建立诉讼委托代理合同关系后,如律师及时提起诉讼,借款保证期间尚未过,保证人将不会免责,律师接受委托后理应勤勉尽责,注意到该诉讼中可能存在的保证期间问题,其根据诉讼立案的需要应提醒、催告委托人办理书面授权手续、预交诉讼费,现承办律所未能提供相应证据证明其履行了提示催告义务,故对出借人民间借贷纠纷案的迟延起诉存在一定的过错,该过错体现为疏忽大意的过失,因而判令承办律所退还了2万多的律师费,赔偿了出借人23万余元。

还有一起租赁纠纷同样因律师缺乏时间观念,因而导致严重后果。该案被告承租厂房后未按合同约定时间支付全部租金,于是出租方起诉解除合同并要求被告腾空归还厂房。事实上被告未按约支付全部租金有其正当的抗辩理由,因为原告方未按照合同约定安装货梯导致厂房的二三楼无法正常使用。在此情况下,考虑到被告为厂房的使用已经投入巨资进行装修且有合理的抗辩理由,法院大概率是不会判令解除合同的,但被告律师因记错开庭时间而未能出庭,导致法院仅听取了原告方的意见,并对原告方所提供的证据进行书面审查后认为,违约事实成立,进而判令被告腾空归还厂房,被告因此承受巨大损失。

古语云:"凡百事之成也,必在敬之,其败也,必在慢之。"所谓敬之,就是兢兢业业,按时完成任务;所谓慢之,就是轻慢,轻慢则往往造成拖拖拉拉,不守时间,许多时候,事情失败的重要原因即在于此。律师要高度重视和严格遵守法律中关于时间和期限的要求,否则不仅会导致当事人的权利因逾期而受损,也会导致自身要承担损失赔偿责任。

　　律师的工作核心是防范纠纷和化解纠纷，在法律规则的框架内为委托人的合法利益而博弈。在这一过程中律师也应注重自身风险的防范，遵守执业规则，尊重事实与法律，"规则"不仅是对律师的约束，也是对律师的保护。在执业中，律师务必牢记"控制风险、严守规则、尊重事实、依法维权"，在守法合规的前提下，谋求当事人合法权益和自身权益。

守住规则底线，
实现法律公正

本讲教师简介：

　　闫巍，执业律师，讲师，常年担任各级政府部门、各类企事业单位的法律顾问。

　　主要研究方向：民商法、行政法等相关领域的理论及实务问题，曾主编或参编过《经济法》《商事法律运用》等多部法学专业教材，发表相关论文 10 余篇，主持完成各级课题 10 余项。

后记

　　这是一本教材。

　　这不是一本传统意义上的教材。

　　《你我职业人》是金华职业技术学院于 2020 年开设的同名系列通识课的配套教材。"你我职业人"系列通识课定位于以课程思政为导向，以案例介绍为主要内容，以培养学生对职业教育和职业的正确认识、情感和态度为目标。

　　"你我职业人"由四门课程组成，分别为"职业之道""职业之德""职业之艺""职业之术"。课程采取"项链模式"，由课程思政专家统一设计，并担任现场主持，每门课七讲，由全校不同专业的 28 位优秀教师分别主讲。课程已同步制成慕课，在 2021 年春季，作为公共选修课，以混合课堂的形式向全校各专业的学生开放。

　　《你我职业人》是在第一轮课堂教学的基础上，挑选 17 位教师的讲授内容，经过增删修改之后统合而成。仿照课程结构，全书由四大板块组成，保留通识课的定位和课程思政的导向，定位于混合课堂的教学用书。

　　通识课、课程思政和混合课堂，"你我职业人"的三大课程属性，决定了《你我职业人》的教材体例和写作风格。

　　首先，通识教育在中国有着深厚的文化土壤，探索有中国特色的高职通识课教材对于发展中国高职教育具有特别的意义。

　　追求通识从来都是传统中国教育的核心目标。"通"是中国传统文化中的最高境界，就是在日常生活中，说一个人能举一反三、融会贯通，乃至一通百通。反之，如果形容一个人学问没做到家，只需要一个词："不通"。

　　对于高职教育来说，通识更加重要。虽然国家高度重视职业教育，经济发展迫切需要高等职业人才，但至今社会对高职教育和高职生仍持有某种偏见，简单视之为技术教育和技术人才，动手能力强于动脑能力。其实，高职教育的定位既是让学生动手，也要动脑，让其用自己的双手实现自己的创意。

由于现代教育学科分野过细，专业间壁垒森严，要实现手脑并用，不能不首先突破结构性障碍，实现跨学科、跨专业、跨行业融合。通识因此成为高职教育的内在要求，通识课也因此成为高职课程体系不可缺少的组成部分。

相比基础课和专业课，通识课不强调系统性、知识性、技能性和专业性，而更着意拓宽学生视野、培育他们的兴趣、激发其探究的好奇心和想象力。

人文素质培养是当下中国高职教育尤需强化的。

在应试教育格局下，高职教育往往不是我国高中学生和家长的首要选择。不像在职业教育强国，比如德国，中学阶段向职业教育的分流完全基于学生和家长的意愿。在中国，无论学生、家长、社会，还是教育界本身，对高职教育都缺乏足够的认同。面对如此现实，高职院校在课程体系中必须加强培养学生对现代职业、职业教育和职业生涯的情感和态度。既有的"职业概论"之类的基础课虽然对现代职业的性质和特点做了系统介绍，但过于追求系统性，偏重抽象知识，难以激发学生的兴趣，更难以形成对职业和高职教育的情感认同。现实需要新型的通识课和通识课教材来填补这一空白。

《你我职业人》利用17个行业的丰富案例，将现代职业的不同面相鲜活地呈现给学生，让未来的职业人近距离感受和全方位认识他们即将跨入的职业世界，引导他们在心理、认识和能力上为职业生涯做好准备。

其次，课程思政是高校落实立德树人根本任务的战略举措，也是实现"三全育人"的重要载体，教学和教材建设需要同步跟进。

教育部在《高等学校课程思政建设指导纲要》中，要求各类课程"坚持学生中心、产出导向、持续改进，不断提升学生的课程学习体验、学习效果"。《你我职业人》兼顾教学的过程与结果，将着眼知识传授的"教书"和着眼人格养成的"育人"融为一体，在全面介绍不同职业的特点和要求的过程中，深度切入时下高职学生普遍存在的三个困惑：高职教育何在？专业学习价值何在？职业生涯前途何在？

当下，国家经济发展和产业升级迫切需要加强职业教育，相关政策次第出台，但总体社会环境仍然偏冷。许多人固执地认为，高职生是高考的失败者，在就业市场上处于天然劣势地位，如果所学专业不如人意，其职业乃至人生前景就更加黯淡。如此负面乃至消极的社会心态必然影响高职学生，如若得不到转变，学校和教师花再大力气，学生没有积极性，学习效果欠佳，毕业之时难以找到心仪的岗位，起薪上不去，不仅影响个人生活，更会给"职业教育不行"或"高职学生不行"之类观点提供佐证，形成典型的负反馈效应。

为了打破这种形同"预言自然实现"的魔咒，金华职业技术学院决定开设一门利用教师亲身经历和职场鲜活案例着力塑造学生思想观念和情感态度的通识课。"你我职业人"以全新的理念、内容和形式走进课堂。

根据通识课的课程属性，"你我职业人"虽然设置在公共基础学院，但任课教师遴选自全校 13 个学院的 28 个专业。高职教育的突出优势之一是资深教师同时也是职场高手，有条件将所在职业的性质、特点和要求结合亲身经历的实例讲实讲活。"你我职业人"一改原有课程偏重知识、强调专业、讲究体系，而对学生实际存在的困惑把握不准、认识不透、回应不到位等不足，采取今天职业人与未来职业人直接对话的方式展现职业的现实场景，反思个人职场奋斗的经历，分享职业生涯中积累的人生智慧。

在长期的教学过程中，任课教师深切认识到，今天的高职生需要学习各种知识，但更需要学习专业知识和职业技能的内在动力，而这绝对不是知识教育本身能够实现的：不把瓶塞打开，灌水再猛又有何用？要激发学生的学习动力，必须首先打开学生的心结，破解"知识于我何用""学习与我何干"的难题。"养气"，培育孟子所说的"浩然之气"，构成"提升学生的课程学习体验、学习效果"的第一步。

基于这样的判断，"课程思政"取向的"你我职业人"采取了不同于"职业概论"的教学策略，不但注重传授关于职业的"实然"知识，更强调传递支撑职业学习的"应然"观念，融"知识性课程"与"规范性课程"为一体，平衡不同的讲授内容和叙事风格，兼顾实证性与人文性、逻辑性与情感性，在推理与熏陶双重形式的作用下，于潜移默化中推动学生的内在变化。

学校和教师的苦心造诣最后得到了学生的认可。有学生在"职业之道"最后一讲的课后作业中写道："一门课转眼就结束了，感觉没学到什么，但又感觉改变了许多。"

没感觉学到，却感觉到了改变，两者的反差正是课程思政"润物细无声"的体现。

顺便说一下，全书各讲全部以问句作为题目，目的是让学生在看到题目的瞬间就不由自主地进入思索状态。教育心理学的研究成果汗牛充栋，但在教学和教材中如何用好心理学方法上还有很大的探索空间。课程思政要求隐形教育，需要在更多细节上更好地应用心理学方法。

最后，混合课堂是高等教育的教学新形态，对于优化教育资源配置、提高教学效率、养成学生自主学习的能力有明显优势，但也面临着一系列挑战。做好混合式教学的教材，填补线上线下之间的空白，既有当下价值，又有长远意义。

　　"你我职业人"在第一轮教学现场中就同步制作慕课，为混合式教学做好了准备。我们深知，如此集中全校优质师资打造一门课，没有教学手段上的相应变革和完善，不要说推广，连持续都成问题。即便各位教授高风亮节，自觉教书育人，坚持每学期参与"你我职业人"的教学，但以他们有限的时间和精力，也没办法覆盖全体学生。只有辅之以现代信息技术，利用线上教学手段来完成覆盖率，才能实现更大范围的复制和推广。

　　广义上，教学是课程的一部分；狭义上，课程与教学又各有分工，属性也有所不同。简单地说，在线下的教学场景中，课程是静态的，教学是动态的；课程是道路，教学是路上跑的车；课程可以归入空间范畴，教学明显属于时间范畴。一旦到了线上，教学的时间属性就消失不见了。

　　在线下教学中，一方面，教师的声波消失在空气中，学生无法追回，只能在记忆中寻找，这是笔记的重要性所在；另一方面，教师与学生时刻进行着互动，会自觉或不自觉地根据学生的反应调整自己，更不用说直接回答学生的疑惑和问题。这说明教学是活的，面对不同学生，即便同一门课程的同一讲，也不会出现内容和进程完全一样的情形。

　　在线上，教师的讲授可以回放，而教师与学生的互动却无法再现。这意味着在双重向度上，教学的时间属性不见了，教学在更严格的意义上成为狭义的课程的一部分。

　　这就是为什么一度红火的网课没有像最初想象的那样完全取代线下教学，甚至有"出师未捷身先死"之虞。原因就是慕课回放在便利学生的同时，也松懈了他们听课的专注，而缺乏师生互动、生生互动更容易让学生游离出学习的心理场。作为补救和改进措施，结合线上线下各自优势的混合课堂应运而生。

混合课堂要求大部分教学在线上完成，同时保持一定时间的线下教学时长。其实，当下的线下教学也已经采用大量的线上教学资源，比如视频；还有各种线上技术，比如弹窗。身在线下，信息却经由网络向课堂反馈。

线上线下融为一体的教学场景给教材提出了新的问题。教材本是课程的一部分，在便利教学的同时制约着教学。教材代表着教学中不变的内容，所以是固定的，而教学必须根据学生的学习习惯和接受水平在教材的基础上有所变通，所以是活的。在教学意义上，教材遵循知识的形式逻辑，而教学服从学生的认知逻辑。知识逻辑犹如运河，必须笔直通畅，学习才有效率；而认知逻辑则像黄河，"九曲十八弯"才是思维的常态。

在教学属于时间范畴的线下教学中，一方面教材代表了学生的学习归宿，经由"九曲十八弯"的认知逻辑，终究还要归于"大运河"的知识逻辑；另一方面，教材也给学生提供一种安全感，教师的声音会消失在空气中，但学生还可以到教材中寻找关键索引，虽然未必能够完整找回。

现在的问题是，线上教学本身失去了时间属性，可以无限次回放，而教学本身的"九曲十八弯"也失去了活性，课堂讲授的固有局限呈现出进一步固化的趋势，在这样的情况下，教材的功能定位和表现形式不能不有所调整和变化。除非教师完全按照讲稿一字不差地照本宣科（这正是慕课视频的通病，在某种意义上慕课可以视为是传统教学的"返祖"），否则表达的粗疏、逻辑的跳脱总是难免的。通过教材来弥补上述的缺陷因此成为混合课堂的选择。

混合课堂的教材需要更加严谨，以弥补线上教学灵活有余之不足，也需要更加可读，以便让一时找不到视频或在视频前心不在焉的学生走神时有一种学习路径上的替代。

由于"你我职业人"的通识课和课程思政属性，《你我职业人》不着重强调专业性、知识性和系统性，而是更致力于培养学生的内在素质。为了在补足教师课堂教学内容的前提下，保持乃至增强其可读性，让学生在言语和文字的双重传输中接受信息，优化学习效果、提升教学效率，《你我职业人》最终形成了如今的体例和风格。

对教材编写的目的加以说明后，也需要就编写过程做一简要说明。集中不同专业背景的教师共同讲授一门课、编写一本教材需要方法论保证，才能避免做成"系列讲座"。为此，课程团队从一开始就注重整体的策划和统筹。整个课程由顾骏教授统一策划和设计，并担任各讲的学理主持，串连起专业老师的"珍珠"，保证了系列课程的结构完整、逻辑贯通和风格一致。

课程四个板块既各有侧重，又彼此呼应，形成分中有合、合中有分的格局。"职业之道"着重展示现代职业的基本道理，"职业之德"突出成功的从业者所需要的职业素质，"职业之艺"强调的是现代职业在传承与创新的结合点上精益求精的要求，而"职业之术"则揭示了职业活动中不可须臾缺失的规则和对规则的遵守。各板块的具体定位和内容请参见对应的"篇首语"，在此不赘。

《你我职业人》作为高职院校探索通识教学、课程思政和混合课堂综合建设的一种尝试，其价值有待检验。希望这项努力对高职教育在相关方向上的创新、对高职教育本身的发展有抛砖引玉之效。

顾　骏
2021 年 1 月 18 日

致谢

教材付梓之日，内心充满欢欣。

这是一本荟萃"名家""名师"打造的精品教材，也是一本适合高职学生了解职业教育和职场生涯的通识读本。

《你我职业人》由全国知名课程思政教育、社会学专家顾骏教授策划和设计，参与教学的都是具有副高以上职称或博士学位的优秀教师，他们当中有全国模范教师、省级教学名师、教坛新秀、优秀教师、省级专业带头人等，师资力量雄厚，阵容强大。

全书除了第一讲由上海大学管理学院刘寅斌副教授撰写之外，其余各讲均由金华职业技术学院的教师根据课堂速记稿增删而定。在此基础上，顾骏根据全书体例结构和文字风格的要求做了较大幅度的修改，增强了整体性、学理性和可读性，最后配上导读、篇首语、结语和后记。

金华职业技术学院副校长成军教授贯彻教育部的指示精神，积极推进通识课程的课程思政建设，在课程建设和教材写作上给予信任、指导和关怀，在此表示感谢。

金职院教务处张雁平处长、赵敏笑副处长落实教育部要求，关心学生成长，重视通识课建设，积极探索高职课程思政之路，在"你我职业人"的课程开发中发挥了动员、组织和教学保障作用，在此表示感谢。

金职院公共基础学院黄欣、曹叶嘉、汪依霄等老师在教务管理和联络主讲教师等方面承担了大量的后勤支持工作，在此表示感谢。

《你我职业人》还得到学校诸多领导和教师的支持和帮助，尤其是参与课堂教学但没有参与教材编写的老师，他们的成果不仅体现在课堂上、慕课中，也融入了教材里，在此一并表示感谢。

上海大学管理学院刘寅斌副教授，作为有影响力的自媒体作者和多家大企业的咨询顾问，受邀前来授课并提供文稿。在此，为他对高职教育和未来职业人的热心和关注，致以特别谢忱。

高等教育出版社的李聪聪分社长不遗余力地推动这本书的出版，郭润明编辑认真负责地加工并多次提出修改建议，在此一并表示最衷心的感谢。

最后，还要感谢每一位素不相识的读者，能在这里相遇也是一种缘份。如果本书能对你的专业学习、职业生涯起到一点点帮助，将是我们出版这本教材的最大意义！

倪淑萍

2021 年 5 月 18 日

郑重声明

高等教育出版社依法对本书享有专有出版权。任何未经许可的复制、销售行为均违反《中华人民共和国著作权法》，其行为人将承担相应的民事责任和行政责任；构成犯罪的，将被依法追究刑事责任。为了维护市场秩序，保护读者的合法权益，避免读者误用盗版书造成不良后果，我社将配合行政执法部门和司法机关对违法犯罪的单位和个人进行严厉打击。社会各界人士如发现上述侵权行为，希望及时举报，本社将奖励举报有功人员。

反盗版举报电话　（010）58581999　58582371　58582488

反盗版举报传真　（010）82086060

反盗版举报邮箱　dd@hep.com.cn

通信地址　北京市西城区德外大街 4 号
　　　　　高等教育出版社法律事务与版权管理部

邮政编码　100120

防伪查询说明

用户购书后刮开封底防伪涂层，利用手机微信等软件扫描二维码，会跳转至防伪查询网页，获得所购图书详细信息。也可将防伪二维码下的 20 位密码按从左到右、从上到下的顺序发送短信至 106695881280，免费查询所购图书真伪。

反盗版短信举报

编辑短信"JB，图书名称，出版社，购买地点"发送至 10669588128

防伪客服电话

（010）58582300

资源服务提示

授课教师如需获得本书配套教学资源，请登录"高等教育出版社产品信息检索系统"（http://xuanshu.hep.com.cn/）搜索本书并下载资源，首次使用本系统的用户，请先注册并进行教师资格认证。

联系我们

资源服务电子邮箱：songchen@hep.com.cn

编辑邮箱：guorm@hep.com.cn